复杂环境下盾构施工技术及信息化智能反馈研究

胥 明　詹 涛　史洪涛　姜谙男　主编

吉林大学出版社

·长春·

图书在版编目(CIP)数据

复杂环境下盾构施工技术及信息化智能反馈研究／胥明等主编. —长春：吉林大学出版社，2023.8
ISBN 978-7-5768-1989-2

Ⅰ.①复… Ⅱ.①胥… Ⅲ.①智能技术－应用－盾构法－研究 Ⅳ.①U455.43－39

中国国家版本馆CIP数据核字(2023)第154365号

书　　名：	复杂环境下盾构施工技术及信息化智能反馈研究
	FUZA HUANJING XIA DUNGOU SHIGONG JISHU JI XINXIHUA ZHINENG FANKUI YANJIU
作　　者：	胥　明　詹　涛　史洪涛　姜谙男
策划编辑：	刘子贵
责任编辑：	刘守秀
责任校对：	单海霞
装帧设计：	海之星图文
出版发行：	吉林大学出版社
社　　址：	长春市人民大街4059号
邮政编码：	130021
发行电话：	0431－89580028/29/21
网　　址：	http://www.jlup.com.cn
电子邮箱：	jldxcbs@sina.com
印　　刷：	天津和萱印刷有限公司
开　　本：	787mm×1092mm　1/16
印　　张：	13.25
字　　数：	270千字
版　　次：	2023年8月　第1版
印　　次：	2023年8月　第1次
书　　号：	ISBN 978-7-5768-1989-2
定　　价：	68.00元

版权所有　翻印必究

编 委 会

主　编：胥　明　詹　涛　史洪涛　姜谙男
副主编：吴招锋　陈登开　尹水金　姚　元　王发星　李德生
　　　　　孟小鹏
编　委：（排名不分先后）
　　　　万友生　谢丽辉　李垂岙　薛　勇　李　亮　金冬根
　　　　徐敏达　谢　润　罗志伟　王占兵　余志勇　单生彪
　　　　查春华　徐　波　吴　疆　贺　烽　陈　峰　万　平
　　　　何瑜钦　张晗秋　刘彦辉　叶　帅　程利民　陈志兰
　　　　龙子奇　熊昌根　万志轩　王江辉　冯云鹏　蒋腾飞
主编单位：南昌轨道交通集团有限公司地铁项目管理分公司
参编单位：中铁建大桥工程局集团第一工程有限公司
　　　　　　大连海事大学
　　　　　　中铁二局集团有限公司
　　　　　　中铁五局集团有限公司
　　　　　　中铁广州工程局集团有限公司
　　　　　　中建三局基础设施建设投资有限公司
　　　　　　中铁上海工程局集团有限公司

前 言

在建筑物密集的繁华市区和复杂地质地铁隧道的施工方法中,盾构法与浅埋暗挖法相比,更具有优势。盾构法具有对周围环境影响小、自动化程度高、施工快速、质量好、安全环保等优点,但是盾构法施工也有其自身的短处。与常规设备不同,盾构机是根据具体施工对象定制的特种设备,盾构的设计与施工必须与工程地质紧密结合,与工程特点相匹配,才能充分发挥盾构的优势,保证盾构法施工的质量与安全。在盾构隧道施工实践中也会出现各式各样的问题,一旦发生事故,影响更大,处置周期更长。因此,盾构施工同样需要不断提高其施工技术,不断总结经验,这样才能充分发挥盾构法的优势,不断克服自身的缺点和不足。

全书共分6章,第1章介绍了复杂环境下盾构施工的研究背景、国内外研究现状以及主要研究内容。第2章介绍了一种盾构机整体始发与接收施工技术。第3章介绍了多元信息盾构施工监测预警及可视化管理。第4章介绍了流固耦合地层盾构施工稳定性分析与施工技术。第5章介绍了上软下硬地层盾构施工反分析及参数优化。第6章介绍了下穿建(构)筑物盾构隧道动态施工及地层加固。

本书出版得到中铁建大桥工程局集团第一工程有限公司的大力支持,特此致谢。

目 录

第1章 概 述 ……………………………………………………………（1）

 1.1 复杂环境下盾构施工的研究背景 …………………………………（1）

 1.2 国内外研究现状 ……………………………………………………（2）

  1.2.1 盾构施工技术研究现状 ………………………………………（2）

  1.2.2 隧道信息化施工监测研究现状 ………………………………（3）

  1.2.3 流固耦合地层盾构施工研究现状 ……………………………（3）

  1.2.4 盾构施工反分析及参数优化研究现状 ………………………（4）

  1.2.5 盾构隧道施工下穿构筑物研究现状 …………………………（5）

 1.3 主要研究内容 ………………………………………………………（6）

第2章 盾构机整体始发与接收施工技术 …………………………………（8）

 2.1 引言 …………………………………………………………………（8）

 2.2 盾构原理及力学效应 ………………………………………………（8）

  2.2.1 盾构机基本原理 ………………………………………………（9）

  2.2.2 盾构施工的力学效应 …………………………………………（10）

 2.3 盾构机整体始发与接收技术的特点 ………………………………（12）

 2.4 适用范围 ……………………………………………………………（13）

 2.5 应用实例 ……………………………………………………………（13）

  2.5.1 工艺原理 ………………………………………………………（13）

  2.5.2 施工工艺流程 …………………………………………………（14）

  2.5.3 在小间距隧道区间风井内曲线始发方案施工要点 …………（15）

2.5.4 在同一始发井内完成两台盾构机先后始发方案施工要点 …………… (18)
2.5.5 空推盾构机通过矿山法隧道接收方案施工要点 ………………… (20)
2.5.6 盾构机通过分离岛式暗挖车站方案施工要点 …………………… (21)
2.5.7 盾构机在暗挖车站横通道内平移接收方案施工要点 …………… (24)
2.5.8 设备与材料 ………………………………………………………… (28)
2.5.9 质量控制 …………………………………………………………… (28)
2.5.10 安全措施 ………………………………………………………… (29)
2.5.11 环保措施 ………………………………………………………… (29)
2.6 小结 …………………………………………………………………………… (30)

第3章 多元信息盾构施工监测预警及可视化管理 ………………………… (31)

3.1 引言 …………………………………………………………………………… (31)
3.2 隧道监测布置 ………………………………………………………………… (32)
   3.2.1 隧道监测目的及意义 ……………………………………………… (32)
   3.2.2 监测项目 …………………………………………………………… (33)
3.3 多元信息自动化监测 ………………………………………………………… (33)
   3.3.1 施工地质复杂性 …………………………………………………… (33)
   3.3.2 隧道工程多元自动化监测的特点 ………………………………… (34)
   3.3.3 多元信息自动化监测系统硬件构成 ……………………………… (36)
   3.3.4 多元信息自动化监测系统软件构建 ……………………………… (40)
   3.3.5 自动化监测手机客户端 …………………………………………… (42)
   3.3.6 多元信息自动化监测测点及装置布置方案 ……………………… (44)
   3.3.7 自动化监测的现场安装及数据曲线的查询 ……………………… (46)
3.4 可视化管理系统开发工具的选择及需求分析 ……………………………… (49)
   3.4.1 开发工具的选择 …………………………………………………… (49)
   3.4.2 系统需求分析 ……………………………………………………… (51)
   3.4.3 系统体系结构设计 ………………………………………………… (51)
3.5 可视化关键技术 ……………………………………………………………… (54)
   3.5.1 隧道施工过程三维可视化围岩分级技术 ………………………… (54)
   3.5.2 基于DE-FEM方法的围岩参数反分析 …………………………… (62)
   3.5.3 三维点坐标拾取 …………………………………………………… (64)

目 录

- 3.5.4 云数据库技术 …………………………………………………… (65)
- 3.5.5 导出数据到 FLAC 3D 的技术 …………………………………… (67)
- 3.5.6 隧道虚拟漫游技术 ………………………………………………… (68)
- 3.6 自动化监测系统的应用 ………………………………………………… (69)
  - 3.6.1 施工自动化监测装置的研发 ……………………………………… (69)
  - 3.6.2 自动化采集系统的应用 …………………………………………… (71)
- 3.7 超前预警技术 …………………………………………………………… (75)
  - 3.7.1 隧道监测信息时间序列预测方法 ………………………………… (77)
  - 3.7.2 隧道监测信息进化-支持向量机模型预测实例 ………………… (80)
- 3.8 小结 ……………………………………………………………………… (84)

第4章 流固耦合地层盾构施工稳定性分析与施工技术 …………………… (86)

- 4.1 引言 ……………………………………………………………………… (86)
- 4.2 隧道围岩稳定性定量评价方法 ………………………………………… (87)
  - 4.2.1 隧道围岩稳定性评价指标 ………………………………………… (87)
  - 4.2.2 单元状态指标定量评价方法 ……………………………………… (88)
  - 4.2.3 单元状态指标 ZSI 的推导 ………………………………………… (89)
- 4.3 基于单元状态指标的流固耦合数值模拟与隧道工程应用 …………… (93)
  - 4.3.1 隧道工程中流固耦合作用 ………………………………………… (93)
  - 4.3.2 FLAC 3D 流固耦合数值模拟理论 ………………………………… (93)
  - 4.3.3 流固耦合过程中渗透系数的变化 ………………………………… (95)
  - 4.3.4 数值模型的建立 …………………………………………………… (96)
  - 4.3.5 计算参数和开挖步骤 ……………………………………………… (97)
  - 4.3.6 计算结果与分析 …………………………………………………… (99)
- 4.4 针对地下水盾构开挖面的施工方案建议 ……………………………… (104)
  - 4.4.1 富水地层盾构施工风险预测 ……………………………………… (104)
  - 4.4.2 富水地层盾构施工参数 …………………………………………… (105)
- 4.5 穿越复杂地层盾构施工技术措施 ……………………………………… (107)
  - 4.5.1 穿越上软下硬地层盾构施工技术措施 …………………………… (107)
  - 4.5.2 穿越松软地层盾构施工技术措施 ………………………………… (109)
  - 4.5.3 穿越硬岩地层盾构施工技术措施 ………………………………… (110)

4.5.4 盾构开挖面的控制原则 …………………………………………… (112)

4.6 小结 ……………………………………………………………………… (112)

第5章 上软下硬地层盾构施工反分析及参数优化 ………………… (113)

5.1 引言 ……………………………………………………………………… (113)

5.2 地质参数敏感性分析及参数反演 …………………………………… (114)

    5.2.1 正交试验设计 …………………………………………………… (114)

    5.2.2 均匀试验设计 …………………………………………………… (114)

    5.2.3 地质参数敏感性反分析 ………………………………………… (115)

5.3 上软下硬地层地铁盾构施工反分析 ………………………………… (119)

    5.3.1 差异进化算法 …………………………………………………… (119)

    5.3.2 基于差异进化算法的地质参数识别方法 …………………… (120)

    5.3.3 参数拟合 ………………………………………………………… (121)

    5.3.4 差异进化算法搜索地质力学参数 …………………………… (126)

    5.3.5 地质力学参数的确定 …………………………………………… (130)

5.4 上软下硬地层盾构施工工艺控制要点 ……………………………… (131)

    5.4.1 盾构施工区间建筑物、桥梁、管线处理措施 ……………… (132)

    5.4.2 上软下硬地层盾构施工控制地表沉降的措施 ……………… (132)

5.5 现场工程监测评价 …………………………………………………… (136)

    5.5.1 施工监测 ………………………………………………………… (136)

    5.5.2 可能出现的工程状况及应急技术措施 ……………………… (137)

5.6 小结 ……………………………………………………………………… (137)

第6章 下穿建(构)筑物盾构隧道动态施工及地层加固 …………… (139)

6.1 引言 ……………………………………………………………………… (139)

6.2 盾构隧道施工对路桥影响的基本理论 ……………………………… (139)

    6.2.1 地层损失引起的地表沉降 …………………………………… (139)

    6.2.2 地层损失沉降 …………………………………………………… (140)

    6.2.3 土体损失理论地表沉降预测 ………………………………… (140)

    6.2.4 固结沉降 ………………………………………………………… (141)

    6.2.5 间隙参数 GAP …………………………………………………… (142)

目录

6.2.6 盾构施工引起地层损失的因素 …………………………………… (142)

6.3 盾构施工对地表沉降影响分析 ………………………………………… (143)

 6.3.1 盾构隧道施工过程数值模型建立 …………………………… (143)

 6.3.2 模型验证 ……………………………………………………… (146)

 6.3.3 盾构开挖过程中位移沉降规律 ……………………………… (146)

 6.3.4 盾构施工地表沉降的影响因素研究 ………………………… (152)

 6.3.5 土仓压力对地表沉降的影响 ………………………………… (159)

 6.3.6 施工过程地表沉降的控制措施 ……………………………… (161)

6.4 盾构施工对桥桩构筑物的影响 ………………………………………… (163)

 6.4.1 有限元盾构等效模拟及桩单元建立 ………………………… (163)

 6.4.2 盾构施工过铁路桥段对桥桩影响模拟分析 ………………… (167)

6.5 盾构施工下穿既有铁路的数值模拟及施工控制研究 ………………… (179)

 6.5.1 建立数值模型 ………………………………………………… (179)

 6.5.2 不同支护方式的对比分析 …………………………………… (182)

 6.5.3 土仓压力对开挖的影响 ……………………………………… (184)

 6.5.4 模型测点沉降变形值分析 …………………………………… (187)

6.6 铁路路基注浆加固技术 ………………………………………………… (189)

 6.6.1 注浆机理概述 ………………………………………………… (189)

 6.6.2 路基加固采用的注浆方式和注浆材料 ……………………… (190)

6.7 小结 ……………………………………………………………………… (192)

参考文献 ……………………………………………………………………… (193)

第 1 章 概 述

1.1 复杂环境下盾构施工的研究背景

据我国 2020 年城市轨道交通建设的相关数据统计，截止到 2019 年，有 35 个城市的轨道交通线路已通车，为居民的日常生活提供了便利。同时，目前在建的轨道线路将近 170 条，总里程长度约为 5 000 km。在地铁、磁悬浮列车、有轨电车、轻轨等 7 种轨道交通形式中，地铁长度长达 3 880 km，占总公里数的 78%。城市轨道交通为解决城市交通拥堵问题而多建于地下，由此出现的诸如盾构法、明挖法和暗挖法等是目前城市隧道最常见的施工方法。盾构法因其安全性高、施工成本低和能在各种地层环境下工作等明显优势在国内外的地铁隧道建设中大量使用。对于我国而言，地铁工程的建设在国家政策的影响下如火如荼地展开，盾构法也为我国地铁施工起到重要作用。

在建筑物密集的繁华市中心以及复杂地质条件下的隧道建设过程中，盾构法较暗挖法更具有优势。盾构法具有施工高效、自动化程度高和对周围环境影响小等优点，但是盾构法施工对周围环境适应性要求高。与常规设备有所不同，盾构机是根据具体施工目标而量身定做的特殊机械设备，盾构的设计和施工需要与工程地质条件紧密联系，与实际施工特点相符才能发挥盾构的优势，从而确保盾构法施工的安全和质量。

传统的岩土工程监测手段以人工为主，监测周期长、容易出现人为误差，难以有效地避免岩土工程事故，也不利于监测人员的安全。复杂条件下盾构施工技术还不成熟，相关的规范和经验还不完善，处理措施有一定盲目性，容易造成重大的经济损失和安全事故。

由于盾构施工引起的地层移动会影响周围建筑、道路、管线等，这种危害和事故仍然时有发生，隧道自身也会因施工不当产生不良后果。我国具有 960 万平方公里的广袤领土，各地区的地形地貌有很大差异，在修筑地铁隧道时会面临复杂的地质状况，其中上软下硬地层、流固耦合地层是具有代表性的两种地质条件。

1.2 国内外研究现状

随着城市化进程的推进，人口的增多使城市变得愈加拥挤，地铁作为新兴的交通工具，颇受人们的关注。盾构法作为地铁建设的主要施工方法，在施工过程中会存在盾构施工技术的革新、隧道信息化施工及监测、流固耦合地层盾构施工稳定性、盾构施工反分析及参数优化、隧道施工对既有构筑物的影响等问题。针对以上问题，国内外学者进行了以下研究。

1.2.1 盾构施工技术研究现状

盾构隧道施工法是指使用盾构机，在隧道掘进开挖的同时，控制开挖面及围岩不发生坍塌失稳的一种施工方法。在实际操作中，利用盾构机内拼装管片形成衬砌、实施壁后注浆，维护隧道结构的稳定性，从而不扰动围岩而修筑隧道。

盾构法施工技术自1806年由英国工程师布鲁诺创立并应用于英国泰晤士河水底隧道以来，已经有200多年的发展历史。该技术由于对地面结构影响性小，无须占用大量施工场地，受到了各国技术人员的青睐，施工技术也在不断地成熟与发展。

20世纪五六十年代以来，盾构法施工在我国沿海和内陆城市逐步得到应用，我国盾构法施工技术在各类工程实际中得到迅速发展。Maidl等(2015)阐述了中国机械化施工隧道的主要进展情况，对泥水平衡盾构和土压平衡盾构的设计原则和各个部分的主要功能都作了说明。胡胜利(2002)以巴黎A86公路隧道工程施工等几个重点工程为例，根据工程的实际情况对盾构机做出了针对性、适应性强的选择。陈英盈(2004)首先简要阐述了盾构设备的基本结构，并给出了各设备主要技术参数选型的规定。连鹏远(2019)以郑州轨道交通4号线某盾构区间为研究对象，基于盾构穿越富水砂岩层的情况，提出盾构、土体和施工参数等方面的措施，实践证明相关措施效果良好。潘真(2020)对土压平衡盾构施工中渣土改良技术进行研究，根据多项试验研究结果，确定并提出了渣土改良的一些参考指标，提高了土压盾构施工的适应性。夏鹏举等(2021)针对泥水盾构在软硬不均地层施工时，常会出现环流系统滞排、刀具磨损严重、掘进速度慢等难题，提出了盾构机与刀盘刀具选型思路，通过提高泥浆密度可以增强泥浆的携渣能力，有效缓解泥水环流系统滞排问题。

综上所述，目前盾构法施工技术在不断地进步与发展，如何选择经济合理的盾构机以及解决盾构的适应性、渣土改良等方面的研究已有开展，主要是针对特定工程的地质条件。由于我国幅员辽阔，不同地区的水文地质条件各不相同，面对复杂的地质情况，不能套用已有的经验，需要有针对性地开展相关研究，以便对施工进行指导。

1.2.2 隧道信息化施工监测研究现状

地铁隧道是目前土建工程中需要解决的最有挑战性的工程之一，隧道在施工过程中的变形和安全监测正受到学者和专家们越来越多的关注。隧道施工过程中的变形监测和分析将会是我国地铁隧道建设的重点研究方向。隧道监测涉及地下工程、城市轨道工程、工程测量学、信息科学等多学科知识，对其开展造成了一定的困难。随着高铁和地铁隧道的建设，特别是复杂环境下隧道的施工，传统的人工监测不能满足目前大量的监测需求，随着监测技术的快速发展，逐渐向自动化监测、智能化数据处理方向发展。

Ariznavarreta-fernández 等（2016）利用自动化监测技术对露天矿边坡开采过程中进行不间断监测，监测边坡的变形情况，取得较好的效果。Sugimoto 等（2018）运用激光多普勒测振仪和长程声学装置，进行非接触式声学监测，可以探测到混凝土的内部结构缺陷。Attard 等（2018）利用自动采集系统对边坡实现自动化监测边坡变形，并将监测数据结果和人工监测数据结果进行比较，证明了自动化监测的精确度。Afshani 等（2019）运用 GNSS 自动化监测系统对铁路桥的变形进行自动化监测，取得了较好的监测效果。Zhang 等（2018）运用 CCD 自动化监测系统对高架桥进行监测，对桥桩变形的远距离监测取得了较好的监测效果。Xu 等（2019）提出高斯滤波用来识别地面激光扫描点中的裂纹。Nuttens 等（2016）使用激光测距仪进行隧道收敛监控，精度偏差为±0.34 mm。Zrelli 等（2017）运用无线传感器进行隧道健康监测，并运用土木技术和无线传感器对隧道的损伤进行监测。Higuchi 等（2007）将光纤传感器沿着线路布置在边坡内，采用反射计监测光纤弯曲的损耗，运用算法计算边坡每个土层的位移值。Mehta 等（2007）运用无线监测系统监测山体滑坡变形和岩石的压力变化，得出无线监测系统对山体滑坡监测具有可行性。

已有自动化监测技术较少看到盾构施工引起地表和管片沉降的监测。这是因为盾构自动化施工工艺与一般的隧道监测有所不同，由于桥梁、大坝等自动化监测与隧道工程监测也有所不同，所以只能作为参考。虽然隧道工程中也有运用自动化监测的项目，但总体还是比较少。而且针对不同地质条件的隧道采取的自动化监测方案也会有所差异。

1.2.3 流固耦合地层盾构施工研究现状

在地下工程中，流固耦合问题是困扰技术人员的难题之一。地下隧道的开挖使地下水被排出，破坏了处于平衡状态的含水系统，孔隙水压力减小，有效应力发生变化，岩土体产生变形。岩土体的力学性质、贮水性和渗透性质都会发生改变。随着隧道工程建设的不断发展，流固耦合问题日益引起关注。

宋锦虎等(2013)建立了包括各种盾构施工参数影响的分析模型，并将不同施工参数情况下超孔压计算结果与实测值进行了对比，验证了模型的合理性。邓宗伟等(2013)对由于开挖面泥水渗流所引起的隧道开挖位移场进行计算分析，他们认为泥水介质向开挖面前方土体渗流时，将引起隧道地表附加沉降。黄振恩等(2018)通过控制变量法，分析流固耦合条件下开挖面不同支护压力比和不同隧道覆径比对隧道开挖面变形及地表沉降的影响规律，并探讨了流固耦合效应下开挖面失稳破坏模式。王金安等(2020)采用流体体积函数方法(VOF)追踪流体动态运动水面，并结合数值计算，对工程施工各个阶段进行了计算分析，得出了通过加强拱腰上方土层的支护来保证隧道施工安全的结论。曹校勇等(2022)采用有限差分软件进行流固耦合模拟分析，研究不同工况、泥浆支护压力比下地层孔隙水压力、地层竖向应力、地表位移变化规律。

目前，学者们对盾构隧道的流固耦合问题进行了大量的研究，从施工引起的开挖面变形、地表沉降出发，分析开挖面的失稳机理和渗流场对开挖面的影响。但模拟和试验多为单一地层，较少考虑复合地层的影响，复杂地质条件下的流固耦合问题需要进一步探讨。

1.2.4 盾构施工反分析及参数优化研究现状

反分析方法是在施工过程中，利用位移或应力的监测数据，计算原始的地应力或力学参数。随着监测装置的更新迭代，位移与应力数据的获取变得简单、经济，能反映具体问题的实际情况，所以近年来反分析方法得到了广泛的应用。

张云(2001)根据盾构法隧道的施工特点，选择等代层的厚度和弹性模量作为反分析参数，他认为反分析所获得的等代层参数可较好地用于模拟盾构法隧道施工时地层位移随开挖面推进的动态变化。Shang等(2002)利用开发的反分析技术对隧道周围岩体的地应力和弹性模量反演分析。钟小春等(2006)建立了一种管片土压力反演分析方法，根据相对易于测定的管片内力实测数据，采用最优化方法反演作用在管片上的土压力的大小和分布。邹春华等(2010)提出了基于位移反分析法的盾构掘进面土压力计算方法。李晓霖等(2014)根据工程实施过程中的监测数据，分别对盾构隧道环向和纵向的内力进行了分析。曹净等(2017)将地面沉降作为实测目标，考虑同步注浆压力和衬砌管片外围注浆体硬化过程对地面沉降的影响，利用反分析得到的土层参数分析预测了临近开挖断面的地面沉降。

综上所述,反分析方法主要应用在盾构隧道施工过程中,通过监测系统获取的大量监测信息,在三维数值模拟的基础上,设计正交试验方案进行数值计算,对地层力学参数进行反演。建立多元信息联合反分析技术以及利用反分析技术对施工参数进行优化是重要的发展方向。

1.2.5 盾构隧道施工下穿构筑物研究现状

对于城市地铁而言,隧道施工会不可避免地下穿各类构筑物,例如道路、桥梁、铁路等,盾构隧道施工引起的地表沉降、桥桩变形、路基沉降等数值较大时,会影响构筑物的正常使用。因此,国内外学者对盾构隧道施工下穿构筑物进行了一系列研究。

1. 地表沉降

Liwinizyn(2009)通过对长期的矿井开采所导致地表沉降课题研究,提出了随机介质学说。该理论利用概率计算的方式把各种因素所控制的岩体变化视为随机介质,并成功运用于隧道施工所导致的地表沉降问题的研究中,已成为目前有效预报地表沉降速度与变化的科研方法。邓聚龙(2018)于20世纪80时代初首次给出了灰度系统理论,当时在许多灰度模式中以等时距为限制条件的灰度模式使用得最多,不过该研究并无法解析在非等距离定时条件下所建立的模式。Hagiwara等(2016)通过离心模型试验,分析了隧道上覆土弹性模量的大小对地表沉降的影响,试验结果表明:上覆土弹性模量越高,地表沉降越小。王明年等(2012)进行了小间距浅埋式深挖隧道的模型试验。试验结果表明:隧道开挖不同进尺对地表沉降有影响。姚燕明等(2012)通过模型试验分析了单线隧道和双线隧道施工时对地表沉降的影响,得出两种施工工况下的地表沉降值。张云等(2016)通过数值模拟分析了盾构机注浆压力和土仓压力等施工参数对地表沉降的影响规律。于宁等(2017)通过改变土体参数模仿盾构隧道在不同地层施工时对围岩的扰动,并采用刚度迁移法模仿隧道施工的动态变化。

2. 桥桩变形

Chen等(2012)利用离心模型试验仿真双线盾构隧道施工过程中对高架桥桥桩变形的影响规律。Loganathan等(2011)利用离心机试验分析了近接施工过程中桩与隧道之间距离的相对关系。孙兵等(2015)利用室内离心模型试验仿真双线盾构隧道近接施工,分析地面沉降的量值、分布状况以及随着盾构开挖距离的变化情况。凌昊等(2016)通过离心试验仿真双线盾构隧道施工过程,研究隧道管片间横向内力的分布情况和量值。李雪等(2015)针对沙土地区双线盾构近接高架桥摩擦桩产生的现场施工技术问题,对现场灌注桩和盾构近接桥桩产生的位置变化进行了现场测试。张恒等（2012）以深圳地铁五号线盾构隧道的近接桥桩施工经验为依托，在现场对盾构隧道模筑衬砌的轴力与弯矩相等性展开了深入研究，并探讨了盾构隧道管片的动力学特点。Mroueh（2012）采用有限元程序仿真盾构掘进隧道近接桥桩施工过程，并重点研究了盾构掘进施工技术参数对桥桩变形的影响规律。Lee 等（2015）则采用数值模拟方法，分析了施工过程中对桥桩的变形影响。

3. 铁路沉降

张宁等（2017）以西安地铁某区间盾构下穿铁路及隧道工程为例，研究相关的盾构施工安全措施，由于采取了合理的掘进参数及地表加固措施，盾构安全下穿了铁路及隧道。马相峰等（2021）针对砂卵石地层盾构下穿铁路路基工程，通过数值模拟，对路基的变形规律进行研究，基于钢花管地层注浆实践，证明地层注浆加固对控制路基沉降的有效性。王雅莉（2021）为研究注浆压力对双线盾构隧道下穿铁路路基地表沉降的影响，利用有限元软件分析不同工况下的地表沉降响应，并通过计算拟合出沉降预测方程，为盾构隧道下穿时的地表沉降提供参考。赵旭伟（2022）采用现场实测与有限元模拟相结合的方法，探讨了盾构下穿大型铁路枢纽过程中铁路变形规律及安全控制措施。

尽管隧道施工引起构筑物变形规律预测研究已经开展较多，但是针对复杂地质情况下盾构隧道下穿构筑物动态施工方法、地层加固技术以及如何通过调整盾构施工参数保持围岩及上方构筑物稳定性的研究还需进一步开展。

1.3 主要研究内容

1. 盾构机整体始发与接收施工技术研究

在有限的施工条件下，改变盾构施工分体始发观念。针对地铁工程复杂的环境特点，巧妙地利用矿山法暗挖区间隧道、通道、洞室结构，解决盾构始发、过站、接收过程中的多项技术难题。

2. 多元信息盾构施工监测预警及可视化管理

针对盾构隧道内和邻近建筑物的监测数据传输比较困难、监测数据繁杂抽象不便分析的问题，引入可视化和物联网技术，通过物联网实现洞内外超远距离无线传送。为了实时进行多元信息的自动监测和分析处理，采用上-下位机两层次监测体系：下位机主要是现场工程安装的信息采集单片机和静态采集器，包括位移计、应力计、孔隙水压计、钢筋计、压力盒、应变计等。上位机是安置在后方处理中心机房的服务器和 PC 机，安装上述的软件系统，进行数据的分析和报警。从云计算概念看，中心机房服务器相当于"监测云",云数据处理结果通过无线发射器发送到现场和其他特定地方,实现快速预报。采用定向报警模块,首先触发距离监控点最近的施工人员所在处的声光报警单元,通过GSM 进行手机短信的定位报警,并且通过 GPRS 网络及时将报警信息发送到指定人员的QQ 和 E-mail 上。建立多元信息的盾构施工可视化系统,使盾构施工的决策更加直观。

3. 流固耦合地层盾构施工稳定性分析与施工技术

建立流固耦合的单元状态稳定性指标的围岩稳定性判别方法,实现富水区盾构隧道工作面的稳定性分析。建立富水区的盾构施工技术,为流固耦合地层盾构隧道施工参数的确定提供基础。对富水硬岩地层中盾构施工壁后注浆技术进行系统研究,提出富水硬岩地层中盾构施工壁后注浆的主要问题和采取的主要技术,为今后的其他类似工程提供借鉴和参考。

4. 上软下硬地层盾构施工反分析及参数优化

盾构施工中,盾构土仓压力、注浆压力、地下水位变化、地层损失、掘进对土体的扰动都会造成地表沉降和周围建筑的变形。在监测多元信息数据的基础上,基于三维数值模拟,设计正交试验方案进行数值计算,对围岩参数进行敏感性分析,建立多元信息联合反分析技术,对地层的力学参数进行反分析。在此基础上对盾构参数,包括注浆量、注浆压力、土仓压力、刀盘扭矩、推进力、出土量、盾尾间隙等参数进行优化。

5. 下穿构筑物盾构隧道动态施工及地层加固

建立下穿构筑物盾构隧道动态施工及地层加固技术。建立盾构信息化动态施工流程,利用多元信息监测,通过地表桩基沉降预测、地层参数反分析、盾构工作面稳定性分析,对掘进参数、出渣控制、注浆控制渣土改良等进行动态调整。在盾构隧洞及时喷浆支护的同时,对铁路上方进行注浆加固,依据每天的现场监测沉降速率调整注浆参数。通过注浆加固等手段,使后续开挖的总沉降值和沉降速率得到有效控制。

第 2 章 盾构机整体始发与接收施工技术

2.1 引言

近年来，随着我国经济的迅速发展，地下铁道建设进入大发展时期，其中盾构法施工因其自身自动化程度高、劳动强度低、施工速度较快等技术特点在城市地铁建设中得到了广泛应用。由于地下施工条件复杂，地上构造物繁多，如何既能确保施工区域内的既有构造物的安全，又能安全快速地完成地下施工任务，成为国内外工程界和学术界亟待解决的任务。

盾构始发施工是盾构施工的关键点之一，也是盾构正常掘进前的试掘进。盾构到达是指盾构机到达过站竖井和拆卸井，要完成到达前的定位测量、接收架的安装、管片连接装置的安装等。盾构始发和到达都是盾构施工的关键节点，也是最值得关注的风险点，非常容易发生工程质量和安全事故，施工是否成功会影响整个工程的成败。

2.2 盾构原理及力学效应

盾构隧道施工原理就是利用盾构的盾壳在开挖隧道时充作临时支撑，然后在盾壳的保护下拼装管片，形成永久衬砌。盾构法主要施工工序是：开挖、支护、注浆。施工过程开始大致是先在隧道某段的一端建造竖井（盾构始发竖井和接收竖井），把盾构主机和配件分批调入始发竖井中，在预定始发位置上组装成整机。盾构机掘进到预定的接收竖井时，掘进结束。

2.2.1 盾构机基本原理

盾构法的基本工作原理就是一个圆柱体的钢组件沿隧道轴线边向前推进边对土壤进行挖掘。该圆柱体组件的壳体即护盾，它对挖掘出的尚未施加衬砌的隧洞段起着临时支撑的作用，承受周围土层及地下水的压力。挖掘、排土、衬砌等作业在护盾的掩护下进行。盾构法施工主要由稳定开挖面、挖掘及排土、衬砌（包括壁后注浆）三大要素组成，其中开挖面的稳定方法是其工作原理的主要方面。削土密闭式盾构和泥土加压式盾构统称为土压平衡盾构，其前端有一个全断面切削刀盘，刀盘后面设有贮留土体的密闭仓，在密闭仓中心线下部装设长筒形螺旋输送机用来排土，输送机一头设有出口。盾构推进时其前端刀盘旋转掘削地层，切削下来的土体涌入土仓；当土体充满土仓时，由于盾构千斤顶的顶推作用使土仓内的掘削土体对开挖面加压，在削土土压与掘削地层的水土压力相平衡后，保持螺旋输送机的排土量和盾构推进的掘削土量相等，即可保持掘削面的平衡，以此减少对周围土体的扰动，控制地表沉降。

土压平衡（简称 EPB）盾构机和管片拼装如图 2-1 所示。EPB 盾构机主要参数如表 2-1 所示。

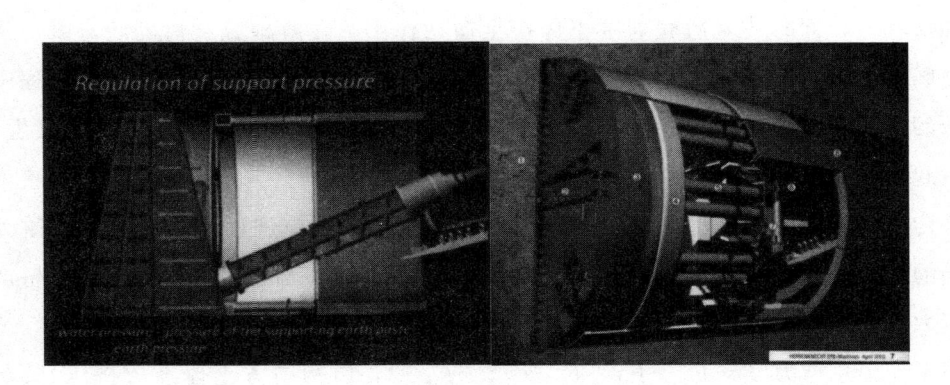

图 2-1 土压平衡盾构机和管片拼装示意图

资源来源：乐贵平等（2015）。

表 2-1 EPB 盾构机主要参数

	最大坡度/倾斜度	+/− 5%
隧道参数	隧道内径	5.400 m
	隧道外径	6.000 m
	管片长度	1.500 m
	管片数量	5+1
EPB 盾构机	最高工作压力	0.3 MPa
	包含配套系统在内的总长度	约 80 m
	最大推进速度	80 mm/min
	刀盘直径	6.280 m
	装机功率	约 2.050 kW
	总重量	约 520 t

资料来源：大连地铁一期工程 202 标段盾构项目施工组织设计。

2.2.2 盾构施工的力学效应

盾构施工使其周围土体应力状态不断发生变化：盾构推进使开挖面前方土体受挤压处于加荷状态，同时还对盾壳周围土体产生剪切作用；在盾构脱离衬砌后，由于衬砌与盾壳之间存在建筑间隙，盾尾周围土体将涌向空隙而出现卸荷状态；在注浆过程中土体受浆液的挤压而产生加荷作用。如此复杂的加载和卸载行为使部分土层结构发生破坏，从而引起土体变形及地表沉降。

盾构周围土体的应力状态与盾构所处位置有关。盾构前进过程中需要克服盾壳与周围土层的摩擦阻力 F_1、切口环部分刀口切入土层阻力 F_2、盾构机和配套车驾设备产生的摩擦阻力 F_3、管片与盾尾之间的摩擦阻力 F_4、开挖面的阻力 F_5。

当千斤顶总推力 $T>F_1+F_2+F_3+F_4+F_5$ 时，盾构前方土体经历挤压加载（σ_p），并产生弹塑性变形。土体受到挤压影响的范围如图 2-2 中虚线所围的截圆锥体。其中，①区和③区土体承受很大的挤压变形，①区 σ_h、σ_v 均有增加；③区只有 σ_h 变化。②区土体受到刀盘切削搅拌的影响，处于十分复杂的应力状态。盾构法施工引起前方不同分区土体应力状态变化可以借助莫尔应力圆理论更形象地显示出来，如图 2-3 所示。

第 2 章 盾构机整体始发与接收施工技术

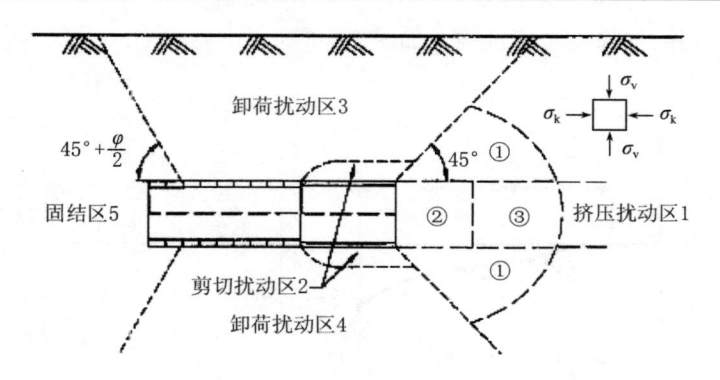

图 2-2 盾构施工土体扰动分区

当千斤顶总推力 $T<F_1+F_2+F_3+F_4+F_5$ 时，盾构机械处于静止状态，该状态对应于千斤顶漏油失控，土体严重超挖。盾构机前方土体则要经历一个卸载、挤压扭曲破坏的过程，挤压扰动区将变为卸荷扰动区，土体应力释放并向盾构内临空面滑移，地表出现下沉，对应于图2-3中应力状态②。

盾构推进过程中盾壳与周围土体之间产生摩擦阻力，该力作用的结果是在盾壳周围土体中产生剪切扰动区2，该区的范围较小。在剪切扰动区2以外，由于盾尾建筑间隙的存在，土体向间隙内移动，引起土层松动、塌落而导致地表下沉，盾构上方土体由于自重和地面超载(当有地面载荷时)往下移动而形成卸荷扰动区3，盾构下方土体可能因卸荷出现微量隆起，该区称为卸荷扰动区4。而后，随着盾构向前推进，土体进入固结区5，该区内土体力学参数先降低，而后随土体的固结有所增加。

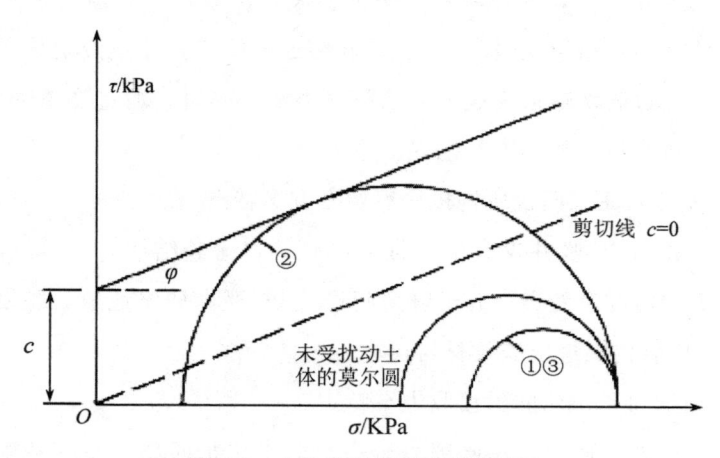

图 2-3 土体扰动区对应的莫尔圆

盾构机在开挖过程中，地表沉降可分为5个阶段：初期沉降、开挖面前沉降或隆起、通过沉降、盾尾孔隙沉降、工后沉降，如图 2-4 所示。

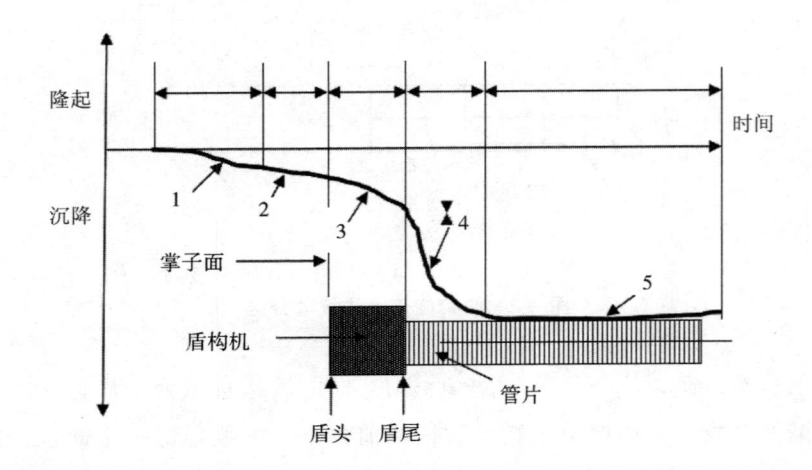

1—初期沉降；2—开挖面前沉降或隆起；3—通过沉降；4—盾尾空隙沉降；5—工后沉降

图 2-4　盾构掘进引起地表沉降历程

2.3　盾构机整体始发与接收技术的特点

本技术主要包括盾构机始发、平移过站、接收等部分，主要特点如下。

1. 在小间距隧道区间风井内曲线始发方案特点

适当扩大区间风井尺寸，确保盾构机整体始发长度要求；在盾构掘进反方向先进行足够长度的矿山法区间隧道及隧道间 45°斜向联络通道施工，通过隧道确保盾构机及后配套台车整体下井，通过联络通道完成出渣及材料运输；同时，通过隧道内四轨三线布置，确保盾构施工同时可进行暗挖隧道开挖支护施工。

2. 在同一始发井内完成两台盾构机先后始发方案特点

简化设计始发井结构（竖井仅有围护桩＋砼腰梁，无砼结构）；在掘进反方向利用矿山法开挖较短距离的后配套隧道，并于隧道间设置 90°横向联络通道，联络通道内通过小型龙门吊（10 t）完成盾构掘进出渣及材料运输。

3. 空推盾构机通过矿山法隧道接收方案特点

在传统空推盾构机过程中采用吹喷豆砾石、同步注浆回填方案的基础上，在盾构机刀盘前方隧道内堆填一定数量的豆砾石为盾构机提供反力，推进过程中对豆砾石进行补偿，保证与推进力平衡，盾构机平稳推进，管片拼装完好精确，提高施工速度及质量。

4. 盾构机通过分离岛式暗挖车站方案特点

由于车站为分离岛式结构，断面尺寸较小，无法进行盾构机整体过站施工，仅能采用盾体与后配套台车分离式过站方式。采用分离式过站方式首先应铺设好盾体过站用钢轨，将盾体在车站小里程端进行接收、拆除管线、平移及抬高施工，并采用千斤顶装置将盾体顶推过站，然后拆除盾体过站用钢轨，钢轨二次利用于铺设后配套台车过站用轨道进行过站施工。最后在车站大里程端进行二次始发。

5. 盾构机在暗挖车站横通道内平移接收方案特点

通过合理调整接收洞室结构，确保盾构机到达后直接在洞室内分解，并逆时针90°转体、平移后在接收井内吊出。过程中无须拆解抽出螺旋输送机，可加快施工进度。

本技术无须增加特殊设备，投入少，操作性强，易推广。

2.4 适用范围

在施工场地受限的城市环境中，在盾构机通过暗挖车站接收条件下，或在能够利用始发井进行整体始发的盾构施工中，均可采用或借鉴此技术。

2.5 应用实例

本节以某地铁盾构工程为施工背景，对盾构机整体始发与接收技术的工艺原理、工艺流程、施工要点、设备与材料、质量控制、安全措施、环保措施等进行详细介绍。

2.5.1 工艺原理

在多台盾构同时施工条件下，合理分配施工任务并制定完善科学的始发、接收方案，是决定项目工期、效益的关键因素。本工程合理利用隧道、通道、洞室尺寸调整等措施，确保了盾构机能够进行整体始发，整体接收。在盾构机空推过暗挖隧道施工中，采用补偿堆填豆砾石的方法，平衡盾构机推进反力，确保了盾构机推进平稳、姿态完好，管片受力均匀。盾构机主要始发、接收有效利用隧道、通道及洞室结构的原理如下。

1. 盾构始发工艺原理

本节介绍3台盾构机在两个始发井内始发。其中一台盾构机在区间风机房内始发，区间风机房大里程端为盾构施工区间，小里程端为矿山法施工隧道区间，风机房兼作暗挖施工通道。首先根据整体始发施工需要，将井内长度方向尺寸由原设计13 m，调整为21

m。始发前区间左右线在掘进反方向进行矿山法隧道施工，并设置联络通道。通道内布置轨道满足电瓶车运输要求，因本区间隧道线间距 9 m（净距 3 m），故需设置 45°斜向联络通道。最后，盾构机及后配套台车整体吊装下井，按照割线始发方案计算掘进角度，出洞掘进施工。同理，另两台盾构机在车站始发井内始发，因车站始发井无暗挖施工任务，故掘进反方向采用矿山法，施工隧道长度仅需满足整机下井长度即可，区间隧道线间距 13 m（净距 7 m），故需设置 90°横向联络通道，并在联络通道内设置小型龙门吊（10 t）完成盾构掘进出渣及材料运输。

2. 盾构机接收工艺原理

其中一台盾构机需在暗挖车站横通道内到达，后平移至接收井进行接收。为满足盾构机盾体整体平移需要，首先需在开挖量不变的情况下，调整洞室尺寸，将暗挖区间隧道与横通道交汇处的扩大端（长度 6 m）设置在远离盾构一侧。盾构机推出后，盾体位于接收台上。将盾构机分离，接收台连同盾构机及螺旋输送机一同在洞内完成前推、逆时针旋转，然后倒退通过联络通道，并在竖井内拆解吊出。此方案，盾构全部构件无须利用区间轨道退回始发井，可提前进行拆轨、隧道清理等后续工程施工。

2.5.2 施工工艺流程

3 台盾构机同时施工，并同步进行暗挖隧道的工艺流程，主要施工步骤包括：

(1)盾构机始发施工步骤：准备工作→洞口破除→始发架、反力架安装→盾构机下井组装→洞口防水处理→始发掘进；

(2)盾构机过分离岛式暗挖车站施工步骤：盾构机接收准备→洞口破除→盾体推出→盾体台车分离→盾体平移、顶推、定位→台车过站→二次始发；

(3)盾构机空推过矿山法隧道施工步骤：空推导向台施作→隧道内豆砾石堆积→盾体推出上导台→盾构空推→喷填豆砾石（并堆积豆砾石补偿）→同步注浆→到达；

(4)盾构机接收施工步骤：接收准备工作→洞口破除→盾体推出→盾体台车分离→盾体旋转、平移→盾体拆解、吊出→台车分解、接收→台车旋转、平移→台车吊出。

主要施工安排及工艺流程如图 2-5 所示。

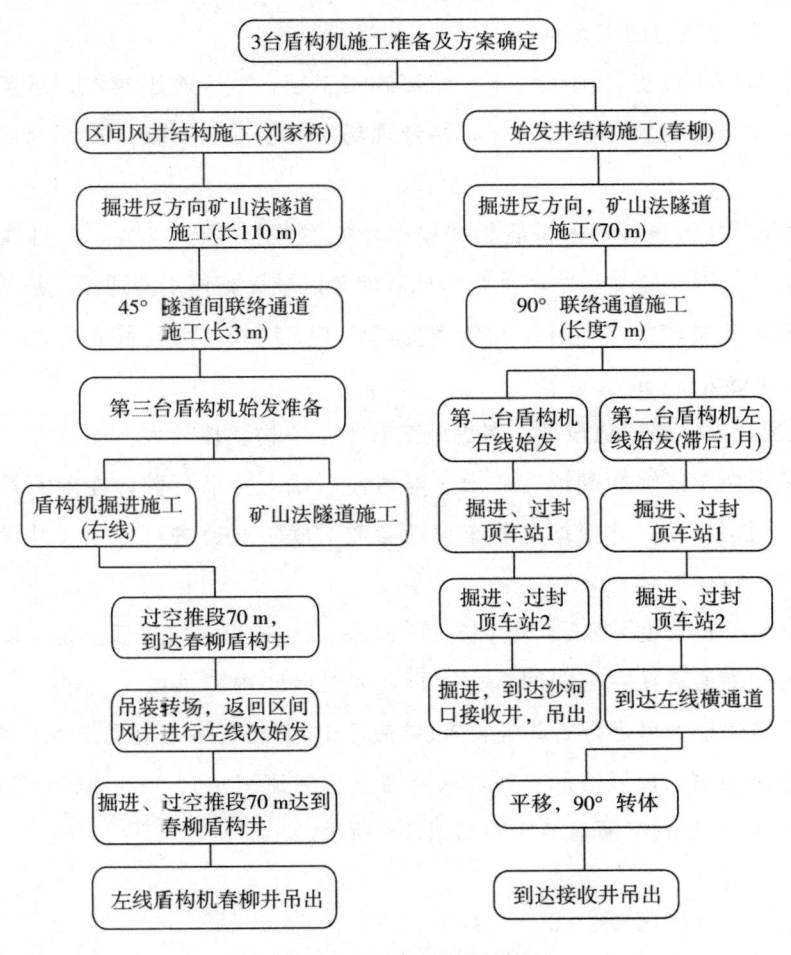

第 2 章 盾构机整体始发与接收施工技术

```
                3台盾构机施工准备及方案确定
                ┌──────────────┴──────────────┐
        区间风井结构施工(刘家桥)              始发井结构施工(春柳)
                │                              │
        掘进反方向矿山法隧道                掘进反方向,矿山法隧道
          施工(长110 m)                        施工(70 m)
                │                              │
         45°隧道间联络通道                   90°联络通道施工
           施工(长3 m)                        (长度7 m)
                │                  ┌───────────┴───────────┐
         第三台盾构机始发准备       第一台盾构机          第二台盾构机左
                │                   右线始发            线始发(滞后1月)
        ┌───────┴───────┐                │                    │
   盾构机掘进施工    矿山法隧道施工    掘进、过封          掘进、过封
      (右线)                          顶车站1              顶车站1
        │                                │                    │
   过空推段70 m,                      掘进、过封          掘进、过封
   到达春柳盾构井                      顶车站2              顶车站2
        │                                │                    │
   吊装转场,返回区间                掘进、到达沙河        到达左线横通道
   风井进行左线次始发                口接收井,吊出
        │                                └──────────┬─────────┘
   掘进、过空推段70 m达到                       平移,90°转体
     春柳盾构井                                       │
        │                                      到达接收井吊出
   左线盾构机春柳井吊出
```

图 2-5 施工工艺流程图

2.5.3 在小间距隧道区间风井内曲线始发方案施工要点

1. 工程概况

刘家桥区间风井(兼作盾构始发井),风井原设计尺寸为长×宽＝12 m×21 m。大里程方向为盾构区间施工,小里程方向为暗挖施工,风井处在 $R=400$ m 半径上。在此进行盾构机施工整体始发,既要保证盾构机全部下井所需的后配套隧道开挖长度要求,又要保证盾构机始发后隧道轴线符合偏差要求,而且由于盾构机台车长度问题,要保证盾构机始发时,解决由于转弯造成的台车穿过反力架的轮廓尺寸问题,避免台车无法穿过反力架。在保证盾构施工的同时,如何协调与暗挖施工的交叉作业,也是施工中需要考虑的问题。

2. 整体设计思路与施工要点

本工程盾构施工以提高施工效率，缩短施工工期，减少施工成本，避免盾构机进行分体始发及减少盾构拆解工作为目标，结合现场实际情况，对设计图纸及始发设计进行优化。

(1)始发井尺寸调整：刘家桥盾构井原设计始发井长度为 12 m，并且线路处于 $R=400$ m 半径上。受限于竖井尺寸，且盾构机后配套区域无施作出渣通道，盾构机只能进行分体始发，不但花费较大，而且始发效率低，施工工期长。因此首先将刘家桥盾构井尺寸由 12 m 长变更为 20 m 长。

(2)暗挖通道及联络通道设计：考虑施工效率，盾构整体始发方案仍然采用电瓶车正常出渣。为使电瓶车能够顺利地在矿山法隧道左右线上穿插行驶，在刘家桥盾构井暗挖区间设置联络通道一处，并根据电瓶车设计参数对联络通道进行专项尺寸设计，使之满足电瓶车的转弯行驶要求。

考虑盾构机整机长度 85 m，风井长度 20 m，联络通道设置后需满足电瓶车牵引 1 个渣斗能够通过联络通道在左右线间自由穿行，同时区间内需预留一列电瓶车供暗挖施工运输使用，联络通道处可进行装载机装渣(装渣斗中)。故联络通道需设置在距离井口 110 m 处，根据联络通道内设置道岔需要，联络通道与隧道交角为 45°，联络通道高×宽＝5 m×5 m。整体路线与联络通道结构图如图 2-6 所示。

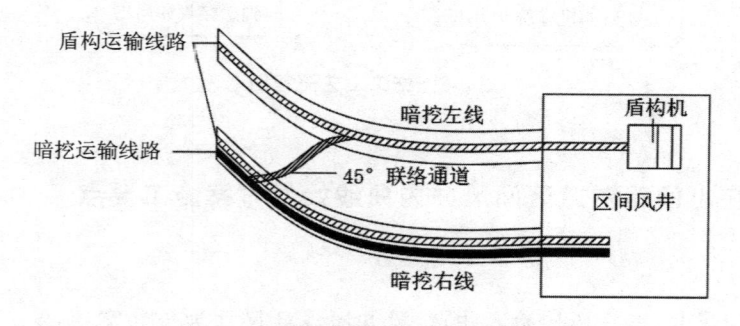

图 2-6 整体路线与联络通道结构图

(3)曲线始发设计思路及参数控制：盾构机处于小半径曲线上始发有如下两种形式。

①盾构机轴线相切于线路中线，盾构机在始发推进过程或者在盾体进入洞口后进行纠偏和转弯。优点：盾构机始发准备工作简单，始发架、反力架布置常规。缺点：盾构机掘进需严控纠偏，如在盾体未进入洞口就进行强制纠偏，反力系统受力较复杂，同时由于始发掘进较慢，刀盘受力偏磨，影响开挖轮廓，对盾体的纠偏效果会产生较复杂的

第2章 盾构机整体始发与接收施工技术

影响，可能引起纠偏困难。

②盾构机轴线与线路中线相割，盾构机始发初期轴线偏移向心方向，在掘进过程中再与线路中线相交，然后逐步进行纠偏。优点：较切线始发，掘进轴线更易控制，对盾构纠偏操作强度要求降低，更利于盾构控制。缺点：由于割线始发设计，盾构机的始发轴线将不垂直于洞口，盾构机的始发架、反力架位置布置需重新设计，同时由于盾构机割线始发的行驶半径要进一步变小，要考虑后配套台车在始发掘进中的通过性问题，避免因转弯半径小而造成的台车穿过性受阻，进而增加了盾构台车拆解工作，影响施工效率。

因本区间已进行井内尺寸扩大，且暗挖隧道部分具备提前施工条件（在风井结构砼施工过程中同步完成开挖支护）。故为确保成洞施工质量，选择"割线始发"方案。

在割线始发方案中，盾构机始发轴线和线路轴线有一定夹角 A，在满足盾构始发条件的前提下，如夹角 A 过大，受暗挖洞口尺寸限制，后配套台车将卡在洞口，如夹角 A 过小，也将增大盾构机隧道轴线控制难度。对于台车卡反力架洞口的分析：因为 1#台车的液压系统等部件拆除困难，且 1#台车可通行最小宽度为所有台车中最大，长度也最长，所以应以 1#台车为计算对象，考虑盾构机始发位置设计。

本设计割线始发盾构姿态要求如下：

(1)盾构始发轴线偏移量不大于曲线线路向心侧 5 cm；

(2)盾构机始发推进的直线距离不小于盾体长度 8.5 m；

(3)盾构机最大离心偏移量不大于 5 cm。

根据如上要求，通过制图设计，最终确定盾构机始发姿态位置如图 2-7 所示。

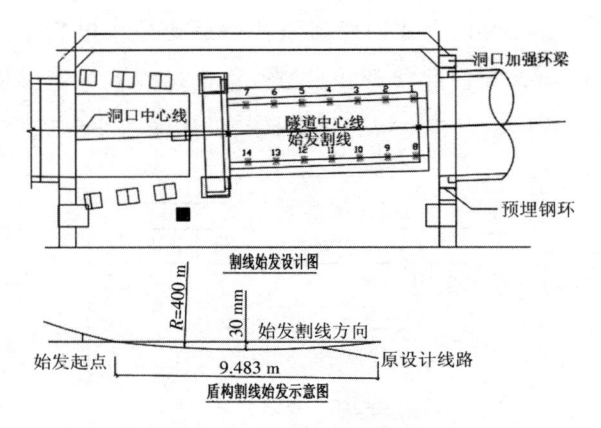

图 2-7 割线始发示意图

2.5.4 在同一始发井内完成两台盾构机先后始发方案施工要点

1. 基本概况

春柳盾构井为 S-632、S-633 盾构始发井及 S-399 盾构接收井，竖井尺寸长×宽＝20.5 m×21 m，井深 35 m。竖井为围护桩结构，砼围囹＋砼斜支撑支护体系，因此井为临时施工井，竣工后需回填，故不设井内衬砼结构。由于竖井较深，盾构机分体始发费用较高，故竖井向小里程方向左右线各进行了 70 m 的暗挖施工，确保盾构机整体始发。

2. 整体设计思路与施工要点

本工程采用盾构机整体始发方案，掘进反方向先进行 70 m 矿山法暗挖区间施工。根据工期需要，矿山法暗挖区间长度以满足整体始发最短长度为宜。考虑出渣时左右线渣土的倒运方式，并尽量做到简单、高效，在左右线暗挖区间处设置联络通道，用于盾构机始发出渣。由于左右线出渣无法通过电瓶车运输，在联络通道安装小型龙门吊一台(10 t)，并根据联络通道尺寸和龙门吊设计参数，制作小型渣斗，可以通过龙门吊左右线吊运。

同时由于春柳盾构始发井为始发裸井，竖井无底板、二衬结构，且掘进洞口为硬质岩层，掘进反力较大。盾构始发时，需对竖井底板、盾构反力架的加固方式做专项设计，避免盾构始发反力过大，反力支撑体系形变。

1) 暗挖通道及联络通道设计

后配套暗挖设置联络通道尺寸需要考虑盾构机左右线倒渣时安装的起吊设备，预留出足够的高度，方便电瓶车上料斗的吊运，同时由于联络通道尺寸狭小，始发阶段的倒渣需设计专门小渣斗运输。

以左线盾构始发为例，盾构始发时，首先通过电瓶车拖带上小渣斗，将渣土运输至联络通道，然后通过联络通道提升龙门吊将渣斗倒运至右线电瓶车，再通过右线电瓶车运输至竖井，通过井口 40 t 龙门井架升井出渣。整个过程基本通过机械及设备完成，有效地提高了始发效率，盾构始发速度得到了保证。具体如图 2-8～图 2-10 所示。

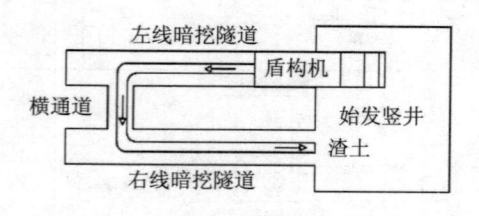

图 2-8 整体线路

第 2 章 盾构机整体始发与接收施工技术

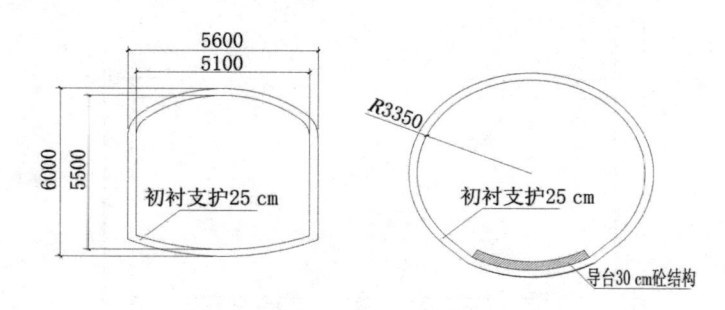

图 2-9 暗挖通道及暗挖通道结构图

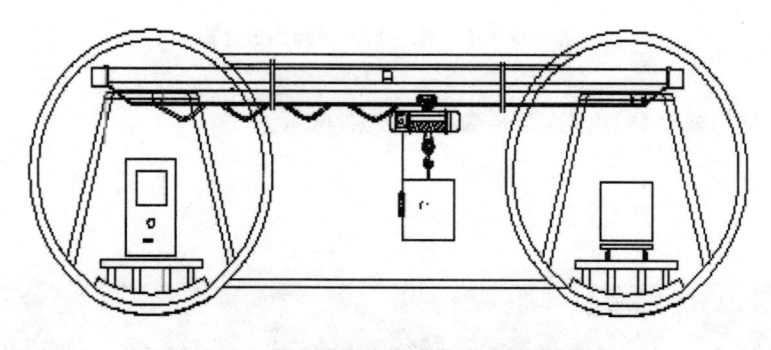

图 2-10 联络通道内电动葫芦布置示意图

2)盾构始发反力架设计及施工要点

盾构竖井始发准备工作主要包括底板的预埋基础、预埋件安装以及反力系统安装。由于春柳盾构井为裸井(无砼内衬结构),始发阶段必须确保竖井结构安全。竖井的底板预埋系统主要通过浇筑混凝土基础,埋设预埋钢板来达到底板的稳定,而反力系统将通过钢管支撑与预埋基础以及竖井围护桩整体的连接受力,达到盾构始发的整体稳定。具体做法为:通过钢管支撑反力架的中部和底部,并将反力架和竖井围护桩通过钢管进行水平支撑,达到反力架的整体稳定,避免反力过大造成反力架拔起或位移。反力架结构示意图如图 2-11 所示。始发架、反力架加固设计如图 2-12 所示。

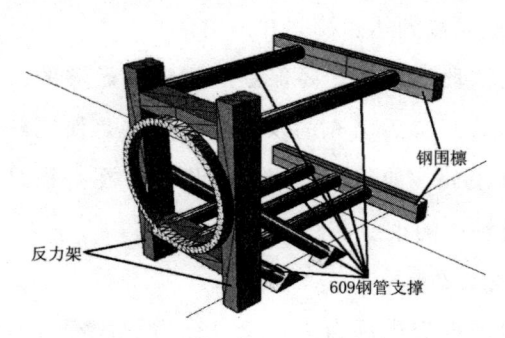

图 2-11 反力架结构示意图

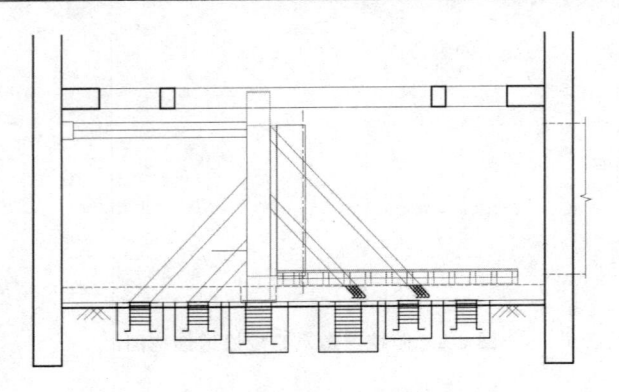

图 2-12 始发架、反力架加固设计图

始发架、反力架安装具体施工步骤如图 2-13 所示。

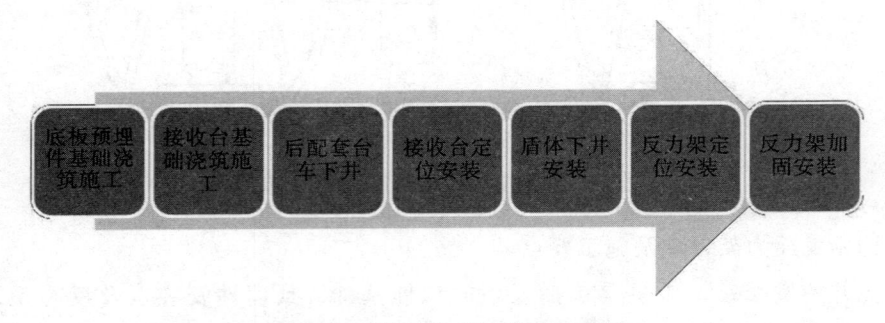

图 2-13 始发架、反力架施工步骤

2.5.5 空推盾构机通过矿山法隧道接收方案施工要点

1. 基本概况

为保证另两台盾构机整体始发需要,在春柳始发井掘进反方向先进行了矿山法70 m开挖。S-399盾构机通过此洞段到达春柳井并吊出。

盾构空推通过矿山法洞段过程中,要保证盾构机有足够的反力,保证管片的压紧程度,以及保证空推过程中管片背后填充的及时性,这些是保证隧道成型质量的关键。同时,因为本段盾构机空推段处在曲线转弯半径范围内,在空推过程中,控制盾构机推进方向偏移量,也是空推过程中的重要控制点。

2. 整体设计思路与施工要点

施工要点:为盾构机空推提供反力,以及空推后管片背后回填。采用目前国内较普遍使用的刀盘前堆积豆砾石方案提供反力。同时在空推过程中,通过喷浆机将豆砾石喷填至盾体和结构间隙中,并通过盾构机同步注浆确保管片背后的填实程度。

由于盾构机盾体在空推过程中纠偏能力有限,需通过暗挖隧道底部施作导台的方式实现盾构空推的方向控制。

1)空推通过的矿山法区间隧道结构设置

空推暗挖段结合盾构机外轮廓,形状设计为圆形、$R=3.35$ m,较盾构机盾体外轮廓半径大 20 cm,同时底板施作 30 cm 圆弧形素砼导台,用以引导盾构机空推的方向。

2)豆砾石堆填及吹喷施工要点

盾构机到达暗挖段后,在刀盘前堆码豆砾石,豆砾石的堆码高度不小于刀盘直径的 2/3,并自然放坡。在推进过程中,采用 PC60 挖掘机对堆填豆粒石进行补偿,确保堆积的高度、长度不发生变化,使盾构机能够以均匀的反力推进,从而确保管片受力均匀,不发生破损。补偿豆砾石推进的同时,刀盘前设置 2 台喷浆机,在 11 点钟、1 点钟方向安装两根吹喷导向管,并在空推过程中,通过人工喷填的方式,喷填盾体及结构之间的空隙。同时,推进过程中盾构机同步注浆系统进行回填注浆,进一步进行空隙的填充。推进过程中,盾构机方向控制要结合油缸的伸缩以及通过盾体左右之间间隙喷填豆砾石的量进行控制,尤其在转弯推进过程中,要先对盾体的离心方向的间隙进行豆砾石的喷填,以确保盾构机转弯时方向的可控性,防止盾体偏移。具体空推施工示意图如图 2-14 所示。

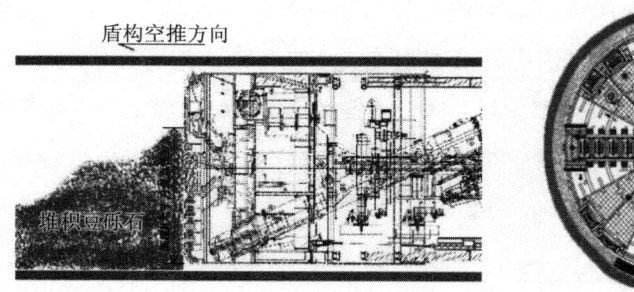

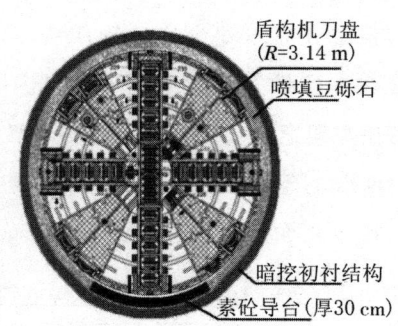

图 2-14 盾构空推施工示意图

2.5.6 盾构机通过分离岛式暗挖车站方案施工要点

1. 基本概况

S-632、S-633 盾构机均需要通过两次过站后再掘进施工。车站为双层分离岛式结构,车站主体结构施工已经完成,下层过站标准断面净高为 6.90 m,宽度为 9.20 m(含车站底角两侧各 0.90 m 宽倒角),车站两端头扩大端净长度为 13.70 m,净宽度为 11.10 m,净高度为 7.56 m。因车站较长,过站过程中盾构机平稳移动及过站效率是本书研究重点。

2. 整体设计思路与施工要点

由于车站为分离岛式结构，断面尺寸较小，无法进行盾构机整体过站施工，需将盾体与后配套台车分离、平移、抬高，后铺设轨道，并采用千斤顶装置将盾体（连同接收台）顶推滑行通过车站。

盾构过站用钢轨采用两道双排轨道（四根钢轨），采用小型挖掘机及人工辅助的方式进行铺设。待盾构机盾体向前顶推完成后，采用电瓶车及人工辅助的方式在后面完成轨道的拆除，重新铺设车站马凳，将拆除钢轨直接铺设于马凳上固定，保证后配套台车通过后，用于施工运输。

1）接收准备施工

首先浇筑垫层找平层，然后铺满钢板，便于接收台在钢板上平移。最后将接收台（尺寸为 10.2 m×3.85 m）放置在一块厚度为 20 mm 的钢板（长×宽＝10.5 m×4 m）上，进行四面焊形成整体。两块钢板间涂满黄油，减少滑动摩擦阻力，并将两层钢板点焊固定。

2）盾体接收分解

盾构机出洞，爬行上接收台。首先用钢板把盾构机前盾、中盾、尾盾均与始发台焊接在一起，确保盾构机连同接收台整体滑动平移；然后进行盾体与连接桥的分离施工，在盾构机到达前做好电缆线与油管的标识；最后将主机与后备套分离（包括各种管线）。主机与后备套分离步骤为将油管从液压油分配阀处开始拆卸，把油管、气管、水管、泡沫管放置在连接桥上；电缆线从主机内拆开后放置在1#拖车上；把管片输送小车运出；同时，用支撑架把连接桥支撑起，支撑架为移动式，放置在后备套的边轨上，支撑架下部可以使管片输送小车通过；最后把连接桥与主机连接的拖拉油缸拆除，分开主机与后备套。

盾构接收立面图及平面图如图 2-15、图 2-16 所示。

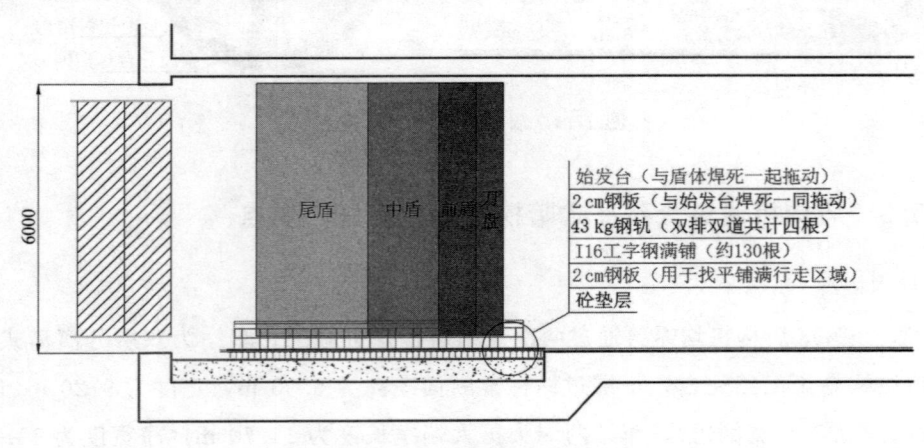

图 2-15 盾构接收立面图

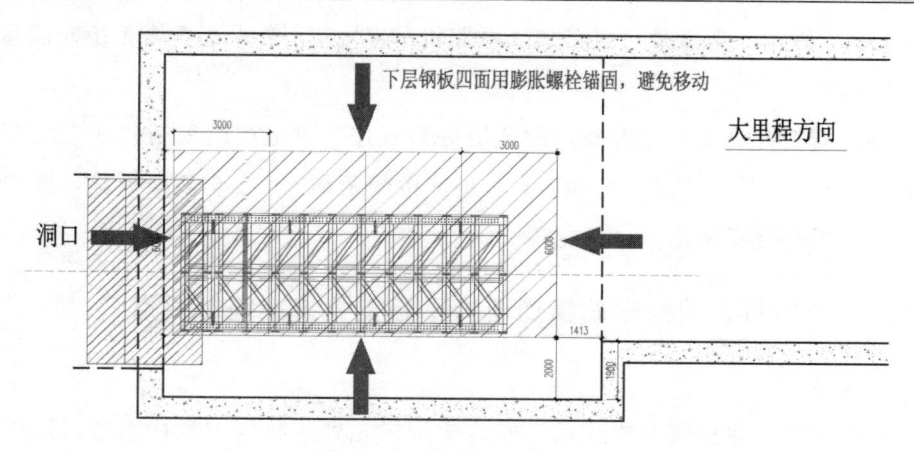

第 2 章 盾构机整体始发与接收施工技术

图 2-16 盾构接收平面图

3）盾构机平移、顶起、安轨

首先，把固定接收台下两层钢板间焊点割开并打磨平整，保证始发台四周没有障碍物，在第一层钢板上设置反力座，用两个 100 t 千斤顶顶推完成平移；然后用 4 个安装到盾构机两侧的支撑座上的 400 t 液压千斤顶均匀将盾体顶起；接着将接收台下方铺满工字钢，找平铺设轨道高差，插入钢轨并固定；最后落下盾体准备平移。

4）盾体的车站推进

过站采用传统千斤顶顶推过站方式。移动过程中盾构机偏离预计中心线是不可避免的，重要的是及时发现，随时纠正。纠偏一种方法是用单边的千斤顶在拖拽过程中纠偏，这种方法只适合偏移量较小时；另一种方法是在盾构机侧面加刚性支撑杆，利用倾斜的支撑杆提供的横向分力，对盾构机提供纠偏力，示意图如图 2-17 所示。

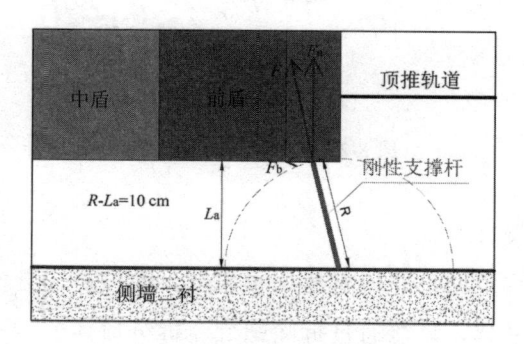

图 2-17 推进纠偏示意图

5）后配套过站

盾体通过后，拆除滑轨，安装马凳，将后配套连接桥的前端支撑在管片运送车上，并在2#拖车上焊接一个横梁,利用25 t电瓶机车直接牵引整个后配套系统向前移动。

6)再次始发

始发端出洞处的轨道与标准断面的轨道进行直连。轨道继续采用四轨三线制,钢轨中心距为832 mm。盾体到达、平移后,将连接桥侧架和5#台车侧架拆除,盾构机后配套通过车站后再进行安装。

2.5.7 盾构机在暗挖车站横通道内平移接收方案施工要点

1. 基本概况

本工程右线盾构在接收井内接收,左线盾构需先到达暗挖车站横通道,然后通过横通道平移、转体,到达接收井后再吊出。接收井的井口尺寸长×宽=12.5 m×12.2 m,左右线曲线半径 $R=300$ m。盾构左线和横通道为单洞拱弧暗挖结构,左线盾构接收端最大宽度为10 m,第二宽度为为8.5 m,总长度为11.5 m,联络通道宽度为8.5 m,长度为20 m。由于左线盾构接收端空间狭小,且处于暗挖结构中,盾构机到达后如何高效地平移至右线洞口完成吊装,是本施工的关键。平移接收平面图如图2-18所示。

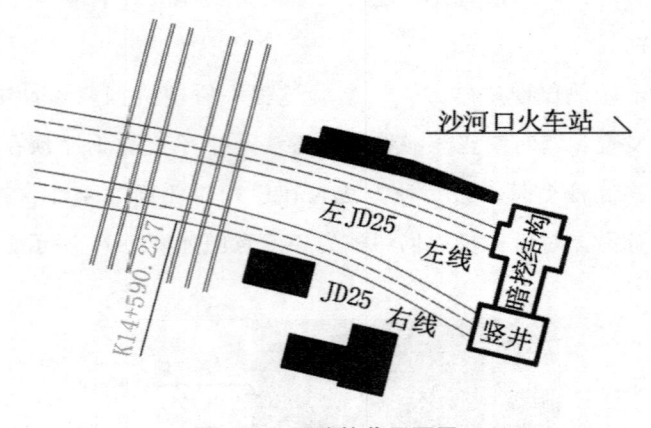

图2-18 平移接收平面图

2. 整体设计思路与施工要点

根据设计提供的结构空间,并比对盾构机尺寸,如按原设计空间,左线盾构机到达后无法将盾体进行整体平移,只能通过拆除螺旋、拆分盾体的方式逐个平移至右线洞口再进行吊装,但由于其接收空间狭小,且其暗挖结构内无可利用的提升吊点,盾构机螺旋的拆除以及盾体拆分平移将耗费较长施工时间。因此,将左线暗挖接收端的结构形式进行适当调整,使得盾体在不进行拆除的情况下可以完成旋转工作,进行盾体整体平移。

第 2 章 盾构机整体始发与接收施工技术

左线盾构机的平移吊出由于受到空间等外界因素制约,主要施工步骤为:首先将盾构机推出,盾体分离,接收台连同盾构机及螺旋输送机一同在洞内完成前推、旋转,然后倒退通过联络通道,并在竖井内拆解吊出。

连接桥和台车的平移首先将顶推盾体后的接收架退回左线暗挖洞内,在接收台上焊制马凳,铺设台车行走钢轨,然后将隧道内的台车单个行驶至接收台上,接着整体旋转接收台,并在联络通道内铺设马凳钢轨,旋转后的接收台与预铺设好的轨道进行对接,最后将台车行驶穿过联络通道并进行吊装。

1)洞室结构调整

为保证盾构机有充足的旋转空间,且能够以一点为轴,一次旋转到位,在不改变开挖量的基础上,将暗挖区间隧道与横通道交汇处的扩大端(长度为 6 m)设置在远离盾构机一侧。

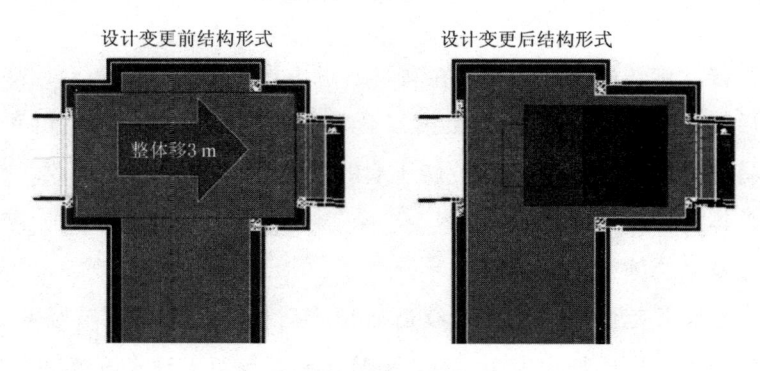

图 2-19 接收洞室结构图

2)接收准备

由于接收竖井底板标高低,首先需要进行混凝土回填找平层施工,为解决盾构机上台架接收问题,混凝土浇筑标高要比设计值低约 5 cm,浇筑后周边设置排水沟;然后铺设钢板,安放接收台;最后使盾构机破墙进洞,到达接收台。

为了确保盾构机盾体能够顺利地平移、旋转,需先在左线除联络通道以外(即暗挖扩大段所有范围)进行 2 cm 钢板铺设工作,钢板铺设必须保证整体平整,无鼓包凸起,钢板间的焊缝要打磨光滑,并在主要旋转以及顶推范围涂抹黄油。

3)盾构机平移

盾构机推出后,需将盾体以及螺旋机全部推出洞口,然后拆解连接桥,盾体分离。盾体在接收台架上时,刀盘要稍微探出接收台最前沿少许,目的是尽量缩短整个盾体及螺旋输送机的净长度,方便盾构机盾体在暗挖洞内进行旋转工作。整个盾体上接收台后,即进行整个盾体的前推、旋转工作。在铺设的钢板上焊制顶推反力块,用千斤顶进行盾体的角度旋转,旋转的过程中要注意保持摩擦面洁净以及不断涂抹黄油,并注意顶推过程中避免盾体与墙体有接触。逆时针旋转90°后,就可以进行盾体的平移施工。

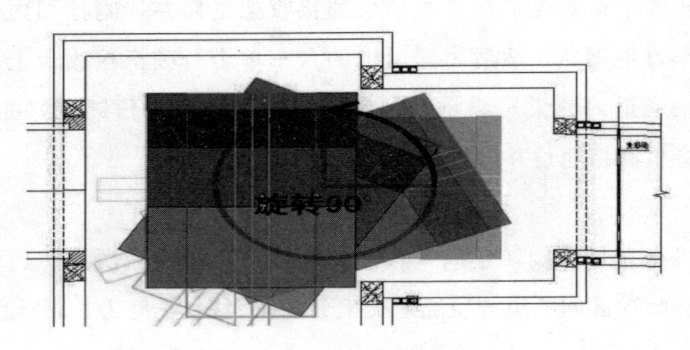

图 2-20 盾体旋转示意图

盾体在进行接收旋转的过程中,要在联络通道内设置第二套接收台,待盾体完成90°旋转之后,将盾体从第一套接收台推至第二套接收台,从而在左洞内留置一套接收台。留置的接收台将作为台车接收平台和旋转平台,并同步进行台车的接收、旋转及平移工作,达到缩短总体施工工期的目的。

4)盾体拆除及吊装施工

盾体后退推至竖井范围内后,需继续退后顶推盾体,在螺旋机与竖井之间留出足够的空间吊出尾盾即可,尾盾长度为3.8 m,吊装尾盾要预留出约5 m空间。然后用吊机进行尾盾的吊装作业。

拆除尾盾后,即进行螺旋输送机的拆除工作,由于螺旋输送机长度达12.1 m,与竖井尺寸相当,故拆除抽出螺旋输送机前,需将中盾以前部分全部推进联络通道,完全让出竖井净空再进行螺旋输送机的抽出以及吊装施工。

螺旋输送机拆除后,将前盾及中盾推至竖井范围内,吊装前盾、刀盘和中盾。

盾体吊装如图 2-21 所示。

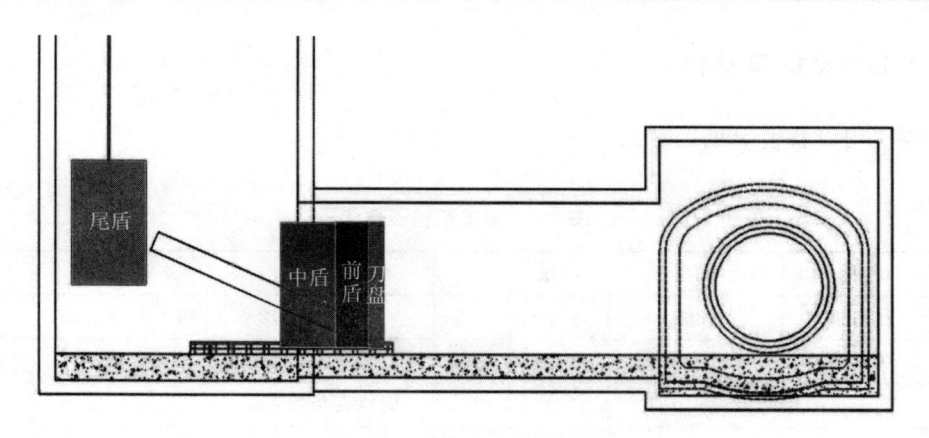

第 2 章 盾构机整体始发与接收施工技术

图 2-21 盾体吊装示意图

5)台车旋转平移施工

台车长度一般也为 12 m 左右,由于台车与混凝土找平层有一定高差,后配套台车无法直接推至暗挖洞内,需要等盾体吊出后在通道内安装马凳进行提高,并焊接轨道完成对接。按同样方式旋转接收台,完成台车平移。

连接桥拆解前,需提前施作支撑皮带从动轮部位的支撑小车,然后将连接桥行驶至接收台架上,固定连接桥与 1♯台车交接部分的支撑并拆除连接桥插销,1♯台车退回,使连接桥单独处于接收台上。台车旋转接收马凳示意图如图 2-22 所示。

由于 5♯台车含有尾架,总体长度超过 15 m,左线暗挖洞尺寸无法满足其旋转工作,需对尾架进行拆除单独放置于平板车上运出。

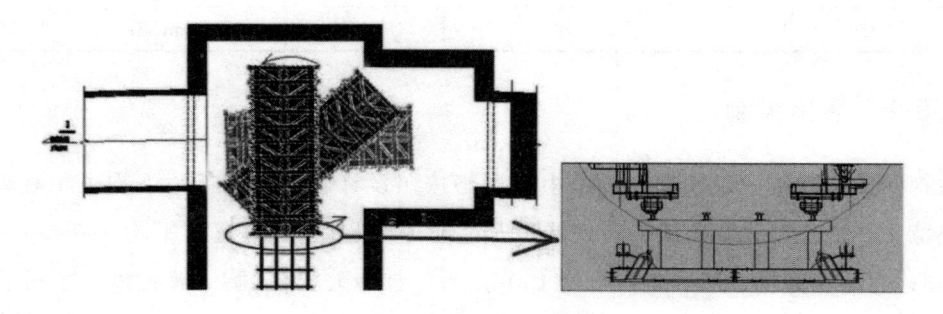

图 2-22 台车旋转接收马凳示意图

6)后续施工

盾构机到达后,盾构机盾体及后配套台车全部经通道吊出,区间可提前进行拆轨、隧道清理等后续工程施工。

2.5.8 设备与材料

主要应用设备情况见表2-2。

表2-2 施工机械设备表

序号	名称	规格	数量	序号	名称	规格	数量
1	盾构机	6280	3台	18	钢轨	6 m/根×43 kg/m	800 m
2	汽车吊	400 t	1台	19	轨枕	3.5 m/根	200根
3	汽车吊	130 t	1台	20	钢轨夹板		300根
4	交流电焊机		2台	21	钢板	10 500×4 000×20 mm	1块
5	气割设备		2台	22	钢板	6 000×3 000×20 mm	3块
6	风镐		4台	23	钢板	1 400×3 000×20 mm	1块
7	空压机	9.8 m³/min	1台	24	钢轨固定片		1 200个
8	液压千斤顶	100 t	4套	25	I16工字钢	6 m/根	150根
9	液压千斤顶	400 t	4套	26	I20工字钢		800 m
10	手动葫芦	10、6、3、1.5	各4套	27	液压站		5套
11	砼喷射机		1台	28	锚具		4套
12	潜水泵		2台	29	黄油	200 L/桶	4桶
13	污水泵		1台	30	钢枕拉杆	1 m/根	400根
14	龙门吊	40 t/10 t	1台	31	定轨器		100个
15	砼搅拌站	JS750	1台	32	钢筋	HRB335ϕ12	1 t
16	始发台		5套	33	钢管	ϕ609	30 m
17	反力架		5套	34	槽钢	6 m/根	300根

2.5.9 质量控制

盾构始发、过站、接收施工过程中应严格按照设计施工，执行地下铁道工程施工及验收规范。严格控制洞室结构、暗挖隧道及横通道的超挖（拱部超挖平均100 mm，最大150 mm；边墙、仰拱、隧底超挖平均100 mm），杜绝欠挖（拱脚、墙脚以上1 m内严禁欠挖）。轨道铺设必须先进行找平层施工，安装轨枕铺轨，并保证轨道拉杆、鱼尾板、扣件等按照设计要求安装，确保轨道平顺；通道内严格按照设计位置安装道岔、电动葫芦龙门吊。

盾构始发支撑体系主要包括预埋件、始发基座、负环管片、反力架等，需定位精准、利用型钢等与底板固定牢固，做好洞口密封系统。为防止盾构机始发、接收过程中发生

第 2 章 盾构机整体始发与接收施工技术

"裁头",应在基座前端与洞门之间设置导轨(抬高 2～3 cm)。盾构始发、接收阶段,应以慢速、低压为准,确保盾构姿态。盾构达到最后 10～15 环管片,在拼装中要及时利用拉杆将管片连接成整体,拉紧,防止松动变形。在盾构过站过程中须保证千斤顶均匀顶进;在通过矿山法暗挖隧道时,要保证及时补偿豆砾石。

在吊装施工中,要准确计算受力,选用合适的吊车,并保证吊车基础牢固,支腿稳定,吊装时要避免吊装物体被碰撞及受到其他干扰。

2.5.10 安全措施

施工前必须遵循施工方案进行技术交底,严格按设计及规范要求的施工原则进行施工,同时预备多种应急措施;必须对所有参与施工的人员进行安全交底。做好个人防护,进入施工现场人员戴好安全帽,当班人员穿工作服,戴工作手套。从事 2 m 以上高空作业人员,系好安全带。设专职安全员负责各种设备和施工过程中的安全隐患检查工作。手拉葫芦起吊前,必须进行安全检查及安全评估,防止吊装过程中发生吊钩脱落、拉链断裂或吊装物失稳倾翻现象。始发注浆应采用速凝双液浆,同时结合盾构机本身的环向孔,采用高强度、高止水性浆液注浆。始发托架的安装质量和精度要严格控制,始发导轨(导台)要安装稳固,并根据施工方案,预留一定的盾头下沉量。反力架安装的质量和精度同样要严格控制,其位置及形式应严格按照设计施作。安装负环管片要便于今后拆除、吊运管片,尤其要保证负环管片的圆度及稳定性,要重视第一环负环的定位。

在始发阶段由于设备处于实验阶段,要注意推力、扭矩的控制,同时也要注意各部位油脂的有效使用。掘进总推力应控制在反力架承受能力以下,并有专人专职观察反力架受力情况,同时确保在此推力下刀具切入地层所产生的扭矩小于始发台提供的反扭矩。选择有资质的吊装单位进行盾构机吊装,吊装前先进行方案评审,吊装过程严格按照方案进行,专人指挥,完毕后及时收吊,按顺序进行运输退场。施工中以求稳为根本,树立安全就是进度的指导思想。

2.5.11 环保措施

施工场地实施全封闭围蔽,围蔽高度不低于 2.5 m,场内的所有高于围挡的临时设施均采用彩钢板围蔽,场内作业环境做到整齐、洁净,并严格控制工地大门开启。围挡浆砌砖结构采用瓷砖饰面,钢结构采用"角钢与方钢骨架＋蓝色彩钢板"。门垛采用大理石镶面,大门采用铁艺骨架衬蓝色彩钢板。围挡立柱顶安设水绿色 LED 球泡,面板顶部安设三色 LED 灯带,夜晚时开启灯饰进行亮化。围挡上按业主要求喷涂徽标、公益宣传画或景观画。

采用"低噪，环保"的原则进行机械设备选型，对噪声源设置降噪屏障。改进工艺，降低"三废"，指派专人跟踪式管理。完善环保设施（如洗车槽、污水处理池等），对"三废"实施专业性处理，确保"三废"处于零污染状态。加强环境保护及文明施工思想教育，提高参建员工环境保护及文明施工的觉悟，做到自律、自觉。吊装施工尽量在夜间进行，减少占地、减少交通影响，施工完毕后尽早恢复原貌。

2.6 小结

盾构机整体始发与接收技术在有限的施工条件下，改变了盾构施工分体始发观念。针对复杂的地铁环境特点和工程任务，巧妙地利用矿山法暗挖区间隧道、通道、洞室结构，解决了盾构始发、过站、接收过程中的多项技术难题。其成套的施工技术和施工工艺填补了国内同类工程施工的空白，并积累了宝贵的经验，对今后类似工程的施工具有重要的借鉴作用和推广价值。

第 3 章　多元信息盾构施工监测预警及可视化管理

3.1　引言

盾构施工本质上是盾构机械-地质体-周围环境的耦合的开挖掘进复杂系统，监测信息既包含盾构机本身监测参数，也包含了地表监测的信息。这些信息是动态系统的宏观外部反映，能够揭示系统内在本质的演化规律，对于系统的预报与控制具有很大的作用。国外，奥地利 L.Rabcewicz 在总结多年隧道施工经验的基础上首先提出著名的隧道新奥法施工方法，并明确指出变形观测的重要性。其后，岩土工程监测广受国内外学者们重视，在工程中起到重要的作用。通过盾构机采集信息和地表监测信息的相互校核，及对信息的统计分析，可以从宏观上综合而明显地反映出岩土工程-支护系统力学性态的变化，可以更好地指导施工，这是避免岩土工程失稳塌方的有效途径。

传统的岩土工程监测手段以人工为主。以隧道围岩位移监测为例，一般通过人工定期去读取位移数据，然后由技术人员进行分析。这种监测手段存在以下缺点：一方面恶劣地质条件和塌方的可能性对于读测人员具有很大的危险性，另一方面数据的读取与分析具有一定滞后性。另外，对于获取的大量的抽象数据的分析处理，也限于经验和规范，有很大的随意性和盲目性。人员监测周期长、容易出现人为误差，难以有效地避免岩土工程事故，也不利于监测人员的安全。

随着传感器技术、信息传输技术和计算科学的发展，建立具有多元信息融合的自动化、可视化及智能化的岩土工程预警系统成为可能。目前关于岩土工程监测分析的研究虽然也见诸报道，但一般限于学术研究或提供功能简单的监测数据采集产品，尚缺乏具有自主产权的、具有完善反馈分析和预警功能的岩土工程监测信息分析系统，该方面的研究既是本领域国内外的研究热点，同时也存在着需求巨大的现有和潜在的应用市场。为此，本章从岩土工程复杂动态控制系统本质入手，研究盾构施工的多元信息物联网自动化监测系统和可视化管理的软件系统，为盾构施工提供先进的管理手段，并为反馈分析模型、监测信息的时间序列预报算法和施工方案优化算法建立基础。

3.2 隧道监测布置

3.2.1 隧道监测目的及意义

在城市地铁隧道工程建设中，由于隧道所处地层的地质条件较为复杂，加上岩土材料的物理力学性质具有不确定性，地质勘察的结果不可避免地具有局限性，这样一来，勘察结果在用于施工方法的分析时必然不完善，无法充分反映真实地质。由于城市地铁隧道是在此基础上进行设计以及施工的，整体工程方案无法避免地存在不足之处。在施工过程中必须进行监控测量，从而指导对整体方案的调整和改进，保证城市地铁隧道工程更加安全、顺利地进行；必须加强地铁隧道开挖过程的实时全面监控量测，将监测结果分析反馈，并及时对施工方案予以修改，以尽可能减少对地层的扰动以及对周围结构物的影响，确保施工安全，降低对环境的不良影响。

为了掌握工程进行中隧道的力学动态，确保施工期间隧道和地面构筑物的稳定安全，制定相应的监测方案必不可少。通过对所采集的量测数据进行分析，对隧道结构稳定性以及周围地上构筑物的安全性进行分析，并以此为依据对相应的工程措施进行确定，从而确保施工的安全。详细讲，通过对施工的监测，达到下述目的。

(1)对比预测值与真实监测数据，分析判断之前施工方案的完成情况，结合数据反映情况确定下一步施工方案，保证施工中的相关安全。

(2)及时回馈真实的量测数据信息，及时根据反馈信息对方案进行调整，优化设计方案的安全性和经济性。

(3)依据现场真实数据，通过反分析法，令设计接近实际情况，为今后的工程提供参考依据。

(4)监测隧道围岩应力应变，分析衬砌支护实际效果，确保支护结构稳定可靠。

(5)作为判断初次支护稳定以及二次衬砌的施作时间确定的理论依据。

(6)通过实际监测，判断施工方法、手段的优劣性，从而及时对施工方案进行调整，保障工程安全性。

(7)对量测采集的数据进行分析,了解围岩稳定性的变化规律,调整并确定支护方案。

(8)预测不安全因素。土体复杂的力学性质是由土体成分不均匀性、各向异性及不连续性等因素决定的,另外还存在不可控的自然因素的影响,以及人们现有认识的局限性,这些都依赖于监测手段作为相应的补充,从而能做到补救措施的及时实施,确保隧道在施工过程中的稳定安全,减少甚至避免可能出现的事故带来的损失。面对新的工程可能产生的新困难和问题,我们需要依靠科学先进的、准确可靠的方法来认识并予以应对。

3.2.2 监测项目

根据隧道工程情况,将洞内顶拱、底板隆起、洞周收敛作为必测项目,将围岩压力、钢筋应力、岩体内部位移、温度、衬砌应变、锚杆应力等作为选测项目。

(1)隧道净空收敛位移监测:在隧道侧壁布置测点,安装收敛钩,利用收敛计测量收敛值。

(2)隧道拱顶下沉监测:在隧道拱顶布置测点,利用高精度自动安平水准仪测量拱顶沉降值。

(3)隧底隆起监测:在隧底布置测点,利用高精度自动安平水准仪测量隧底隆起值。

(4)围岩压力监测:利用埋入式土压力盒采集数据,分别在拱顶、两侧拱腰(45°和90°)、两侧墙底以及仰拱的四个部位在围岩与钢架间埋设振弦式土压力盒,用以监测隧道施工过程中围岩压力的变化。

(5)钢筋应力监测:利用内置钢筋计采集数据,分别在拱顶、两侧拱腰(45°和90°)、两侧墙底以及仰拱的四个部位埋设钢筋计,用以监测隧道施工过程中钢架力学状态变化。

(6)岩体内部位移监测:利用埋设的多点位移计采集变形数据。

3.3 多元信息自动化监测

3.3.1 施工地质复杂性

修建城市地铁工程,分析地下工程设计合理与否将涉及诸多问题,较为复杂。造成此现象的原因主要为:复杂的岩土情况,较难模拟的施工方案,复杂的围岩与支护结构产生的相互影响作用。同时考虑到城市地下工程存在交叉的地质条件以及复杂的周围环境的情况,因此采用信息化手段进行施工,及时了解施工过程中围岩与支护结构的实时状态，及时调整设计并修改施工方案，可确保地下工程施工的顺利实施，保证周围结构物的安全稳定。

监控量测作为信息化施工中最重要却又最基础的部分，具有不可替代的地位。它同时为数据信息的分析及反馈提供了最初的原始数据。根据勘察结果以及现场监测获取的数据分析施工方案的合理情况，可以分为两个大类，一是经验判断法，二是理论分析法。此两类方法均是通过监测得到的位移数据分析施工中隧道的稳定状态，从而确定施工方法的科学性。二者具有的区别是，经验判断方法通常直接参照工程施工经验所获得的位移量的阈值、发展速率以及发展速率变化率来分析判断，而理论分析方法则是依靠建立基于施工研究成果的分析模型，通过反分析以确定地层力学参数，预报、评价周围地层和支护结构的位移量反映的施工过程的稳定性。

信息化施工，即通过监测量以及信息反馈的手段控制整体施工过程，参考依据前一阶段开挖过程中，通过监测获得的相关工程信息，将其与工程预期情况进行全面比较，分析评价原有设计方案，并利用反分析方法对岩土物理力学相关参数进行分析计算，提出可能出现在下一阶段施工过程中的危险，并确定所应采取的解决方案，从而优化施工设计，使施工方法更加合理。

多元信息自动监测方法是在施工过程中布置多种隧道监测器材，通过传感器自动采集施工过程中的实时监测数据，再利用 GPRS 或 CDMA 等无线公用网络进行数据传输，完成对传感器数据的采集和监控。传感器通过 GPRS 或 CDMA 接入 Internet 网，主机只要接入 Internet 网就可进行数据采集和监控。在工程区间较长的大型车站施工中，多元信息自动监测的应用可以快速并且及时采集所需数据，以避免传统人工监测方式的巨大工作量及复杂程度，节省人力的同时也满足了施工过程中高密度高频度监测的需求。

3.3.2 隧道工程多元自动化监测的特点

根据监测数据不同的采集方式，隧道监测方法主要分为人工监测和自动监测。人工监测主要是指通过人工采集的手段获得数据，后期通过手动输入的方式将数据输入监测系统；自动监测则是指通过在施工过程中预埋的数据采集器，其自动获得监测数据，并通过无线传感器将监测数据传出，并自动将数据录入计算机系统，之后计算机系统自动分析数据、反馈信息的监测方法。

现今大量隧道工程采用人工监测作为施工监测的方法，此方法较自动监测更为灵活，监测成本也较低。但相比较之下，其存在的缺点也显而易见。传统的人工监测方法监测频率低，一般一天只能采集一至两次监测数据；对于人力和物力的消耗极大，工作效率

第3章　多元信息盾构施工监测预警及可视化管理

低而且在监测的过程中可能会对施工造成影响；监测数据可能出现较大的偶然误差，其原因为监测人员的监测水平不同，以及同一人员在不同测量中存在测量差异。

在隧道工程中，工程正常开展最重要的是以安全施工作为前提的，然而工程施工对近接结构物存在着较大影响，这一点也逐渐得到了工程技术人员的重视。如果对于岩体及其周围结构仅仅采用人工测量的监测方式，将不可避免地耗费较大人力、物力，而且也无法保证所获得的监测结果能正确地反映岩体的实际变化。特别是对于特殊地质区域隧道工程和重要的隧道断面的监测，人工监测较低的频率也无法提供工程所需的大量工程信息。基于自身的特点，自动监测定将成为更为科学合理的监测方式，同样定将成为隧道监测方法今后的重要发展方向。

在隧道工程中，自动监测方法较传统人工监测，具有以下的优点。

(1)具有较高的数据采集频率。自动监测设备可以按照工程自身需求进行设定，根据工程要求可以实现监测数据的实时采集，一般的采集频率可实现分钟级，此项技术对于各种重大工程以及重要的工程施工阶段的监测都具有巨大的意义。

(2)提高了数据的准确率。人工监测中，由于人工操作采集数据，将不可避免地出现偶然误差，同时也在很大程度上影响了监测结果。而自动监测数据全部自动采集，避免了偶然误差，显著提高了监测的准确率。

(3)实现监测的实时性。自动监测通过自身仪器自动采集数据，并将其传输到计算机系统，十分快捷迅速，致使技术人员能够获得实时的监测数据。而人工监测方法则需要耗费大量时间用于数据的采集和处理上，无法体现数据的及时性。

(4)用于运营阶段的隧道安全监测。因隧道运营阶段中的场地使用致使人工监测无法进行，而自动监测设备则是在工程中预埋的，排除了运营阶段中环境的影响，依然可以采集、传输监测数据。

然而，除了以上显著的优点外，自动监测方法也存在着一些缺点。

(1)成本较高。自动监测设备由监测、采集和传输单元共同组成，其成本远大于传统的人工监测设备，其价格较为昂贵。但与此同时，自动监测节省了用于人工支出的费用，因此其总造价未必远超于人工监测。

(2)庞大的监测量，不利于分析。自动监测较高的采集数据的频率，必然导致数据文件的数量巨大，但这个问题较容易解决，可根据实际监测需要调整监测频率，将其设定为合理的范围。此外，随着计算机技术的发展，海量数据的快速处理也将实现。

自动监测在诸多类型隧道，特别在地铁隧道施工监测中的优势十分明显，随着工程人员对监测技术认识的提高以及计算机技术的飞速发展，自动监测所存在的缺点必然会逐渐被克服，自动监测技术必将在未来的隧道工程监测中发挥出更重要的作用。

3.3.3 多元信息自动化监测系统硬件构成

1. 埋入式混凝土应变计

埋入式混凝土应变计用于各种混凝土结构内部的应变测量。埋入式混凝土应变计采用振弦理论设计，通过监测混凝土内部的应力应变，可以充分了解被测构件的受力状态。埋设时将应变计先绑扎在结构钢筋上，然后灌入混凝土。埋入式混凝土应变计适用于桥梁、隧道、大坝、地下房屋建筑、试桩及基坑开挖的安全监测。埋入式混凝土应变计如图 3-1 所示。

图 3-1 YT-ZX-0200 系列智能型埋入式混凝土应变计

2. 钢筋计

钢筋计用于结构钢筋应力或锚杆应力的测量。施工中采用对接的安装方式将钢筋计埋设于钢筋混凝土结构内部，待混凝土凝固后测量钢筋应力。通过对钢筋混凝土内部、锚杆预应力应变测量，充分了解被测构件的受力状态。使用频率作为输出信号，抗干扰能力强，远距离输送误差极小。钢筋计如图 3-2 所示。

图 3-2 YT-ZX-0500 系列钢筋计及安装现场

3. 孔隙水压力计

孔隙水压力计，用于测量结构内部孔隙水压，即可间接地测出水位高低；核心在于压力式敏感集成元器件；内置温度传感器，可对外界温度影响产生的变化进行温度修正；

第3章 多元信息盾构施工监测预警及可视化管理

每个传感器内部有计算芯片,可自动对测量数据进行换算从而直接输出物理量,减少人工换算的失误和误差。孔隙水压力计如图 3-3 所示。安装时采用钻孔预埋方式。测量原理:根据压力与水深成正比关系的静水压力原理,运用水压敏感集成元器件制作成压力式孔隙水压计。当传感器固定在水下某一测点时,该测点以上水柱压力高度加上该点高程,即可间接地测出水位高低。

图 3-3 H2100 系列高智能型孔隙水压力计

4. 静力水准仪

静力水准仪由两个或两个以上液位传感器及储液罐组成,储液罐之间由液体连通管和气体连通管相连(见图 3-4)。使用时将基准罐置于一个稳定并基本与测点保持水平的基点,当各测点发生升降时,将引起罐内液体的增多或减少,通过液位传感器的读数了解各测点的差异变形情况。静力水准仪主要用于路基、路堑、桥梁、建筑、地铁、水利大坝、房屋等差异沉降以及桥路过渡段的监测测量。静力水准仪本体传感器为电感调频式仪器,内置电子标签,可自设编号,直接输出物理量,并可存储 1 600 条数据,静力水准仪精确度高、稳定性好,可采用人工读数或自动采集方式,进行长期观测。

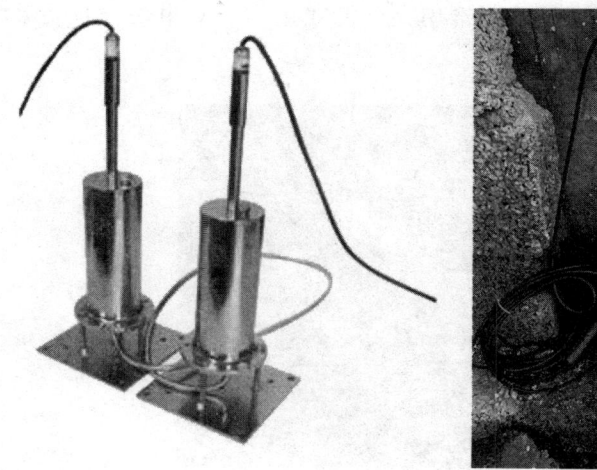

图 3-4 静力水准仪及其安装图片

5. 固定式电子测斜传感器

YT-ZL-0103 系列固定式测斜传感器的原理为：利用重力加速度计测量地球引力在测量方向上的分量。固定式测斜传感器可同时测量 X/Y 两个方向的倾斜变化，从而通过计算得出该点的倾斜方向与倾斜角度；并可直接挂接总线系统进行自动化数据采集。其具备测量精度较高、测量稳定等优点。固定式电子测斜传感器广泛用于观测山体边坡、土石坝、海边堤防以及建筑物基坑等土体内部的水平方向变化大小。它改变了便携式测斜仪必须人工监测的方式，对于偏远地区又可实现无线自动化监测，对于港口、铁路、公路、高层建筑等工程是一种必要的精密测量仪器。

图 3-5　固定式测斜传感器及其安装图片

6. 数据采集及传输系统

YT-ZD-01 型自动采集箱可控制传感器在指定的时间自动进行测量，并将结果保存在传感器内。需要提取观测数据时，可将电脑与自动采集箱相连，一次性读出传感器内存储的数据。自动采集箱供电根据现场情况选用太阳能或接 220 V 电源。自动采集箱如图 3-6 所示。

图 3-6　YT-ZD-01 型远程自动采集箱

第3章　多元信息盾构施工监测预警及可视化管理

将采集仪安放在现场合适的、易于保护的位置，将主电缆连接至无线数据采集仪，打开电源进行数据采集，如图 3-7 所示。

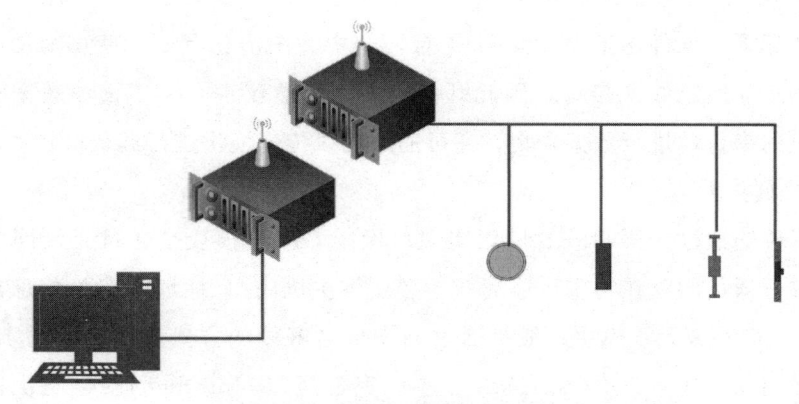

图 3-7　无线网桥式组网示意图

每处测点埋设好以后，开始实施监测前先进行数据的调零工作。然后对传感器进行指令测试，采样时间间隔根据实际需要设置采样，通过二次仪表采集数据发送到监控中心，软件自动对测量数据进行换算，直接输出监测物理量。利用 GPRS 或点对点无线网络进行数据传输（见图 3-8），完成对传感器数据的采集和监控。通过软件可设置上限报警命令，通过手机短信报警能够实时掌控监测结果。现场供电方式可采用 75 W 太阳能电池板或 220 V 电源，采集箱内装配 12 V 锂电池满足长期监测使用，电池使用寿命 1 年。

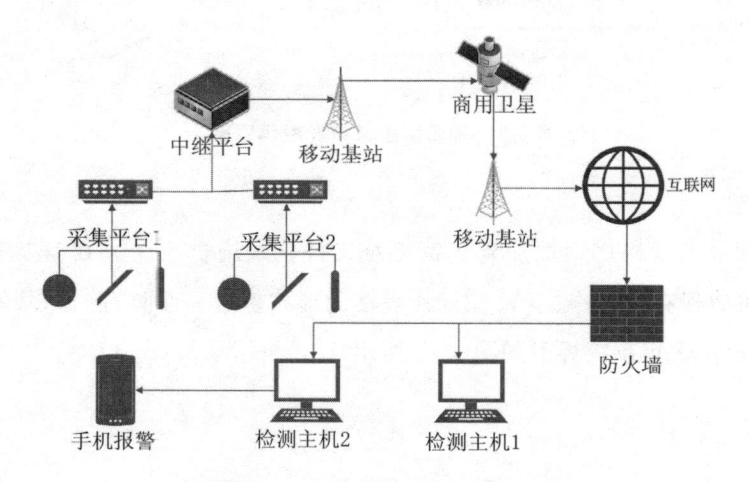

图 3-8　无线组网 GPRS 示意图

3.3.4 多元信息自动化监测系统软件构建

1. 数据采集软件

传感器数据采集软件基于 Windows 平台，全中文图形化界面，使用简便、直观。智能传感器采用工业级总线式接口，因此既可以采用读数仪现场人工读取数据，也可直接连接到计算机的串行口进行数据采集，还可通过无线传输模块进行远程监控。

2. 无线数据传输

无线数据传输通过无线 GPRS 模块实现。无线 GPRS 模块是通过无线网络与服务器系统的主机进行通信的，在与主机连通前，必须将主机的 IP 地址等有关信息预先设置在 GPRS 模块内。GPRS 无线模块一般是通过动态域名解析的方式获得主机的 IP 地址，即使数据中心采用动态拨号方式(如 ADSL、小区宽带网)与 Internet 连接(每次拨号所得到的 IP 地址都是变化的)，在动态域名解析软件的帮助下，也可以使无线模块获得主机的动态 IP 地址，从而实时传输监测数据。多元信息采集发射示意图如图 3-9 所示。

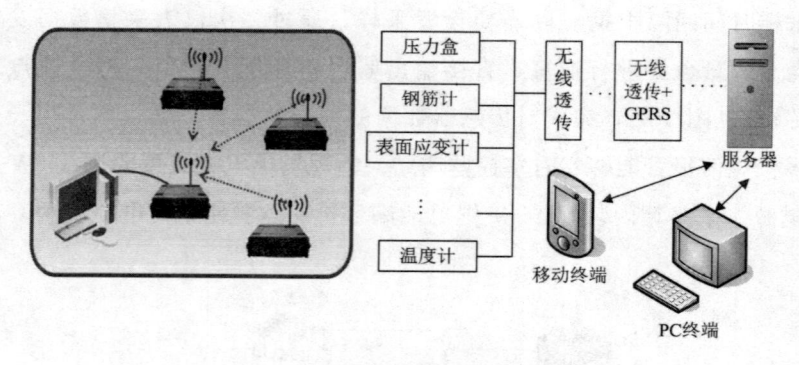

图 3-9 多元信息采集发射示意图

3. 数据处理

系统采集到数据后将自动添加到数据记录文件，系统自动生成数据表和数据图，数据记录结果也可以保存为文本文档、Excel 表格的形式供进一步处理。采集系统的登录界面如图 3-10 所示。采集系统界面如图 3-11 所示。

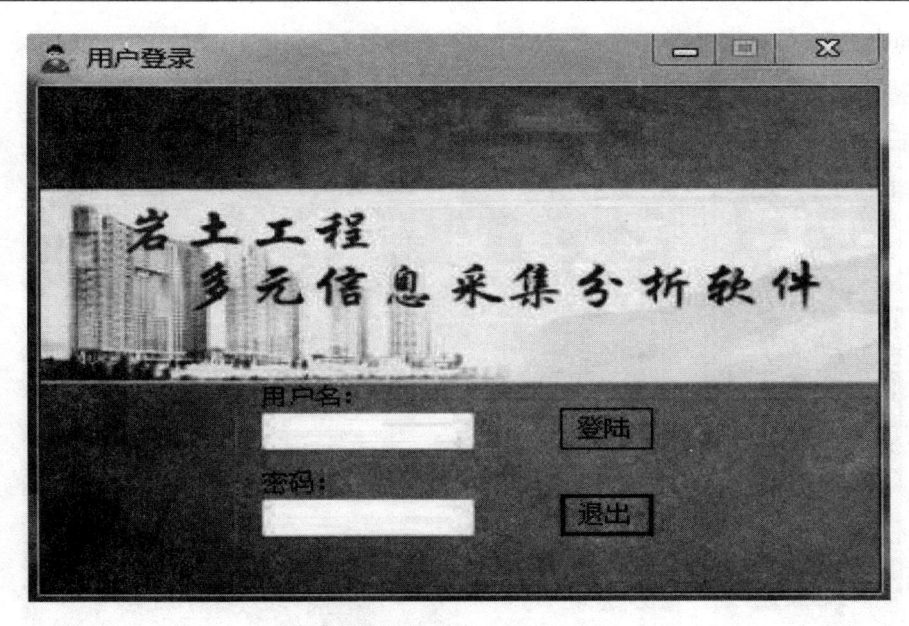

图 3-10 采集系统的登录界面

图 3-11 采集系统界面

4. 自动报警

实时监控系统对超出设定范围的传感器自动发出警示信息，以便采取积极的应对措施。警示信息通过计算机上的无线模块，发送短信到指定的手机号码，并在系统内自动记录，如图 3-12 所示。

图 3-12 自动报警信息

3.3.5 自动化监测手机客户端

随着现代科技的不断发展，手机的功能越来越强大，为我们带来了很多的便利。作为现代的一名工程师，需要实时掌握自己所负责工程的情况，一部实时监测工程数据的手机无疑是最好的选择。

地铁隧道工程是建设在地下的结构物，地下围岩性质非常复杂，地铁隧道施工很容易造成围岩坍塌，波及周围设施及施工人员的安全，给国家和人民带来损失。对地铁隧道实施有效监测可以防止事故的发生，目前，大多数施工单位采用的是人工监测手段，即委托专业监测人员使用监测仪器去施工现场监测，然后对监测数据进行处理，通过电脑发送给工程师。这种方法受外界因素影响大，经常出现监测不能按时完成的情况，以至于数据不能及时被工程师掌握，从而不能很好地指挥施工。

现在，人们渐渐地解决了此类问题，开始将人工监测转向自动化监测。这种监测方法是将仪器埋置隧道内部，通过电缆将仪器与采集装置、发射装置连接，然后发送到工

第3章 多元信息盾构施工监测预警及可视化管理

程师所指定的电脑上。虽然相比人工监测,此方法已经很方便,但仍然不能满足工程师的需要,毕竟,对于一个经常出入工地的工程师来说,电脑随身携带并不方便,体积大、重量大以及配套上网设备是电脑作为接收设备最大的短板,而手机可以很好地弥补这些不足,通过自动化监测的手机客户端,可以更好地为广大工程师服务。

打开手机客户端的登录界面,会出现图3-13所示的界面,输入相应的用户名和密码进入软件就可以实时查询相应的数据以及系统自动生成的曲线。

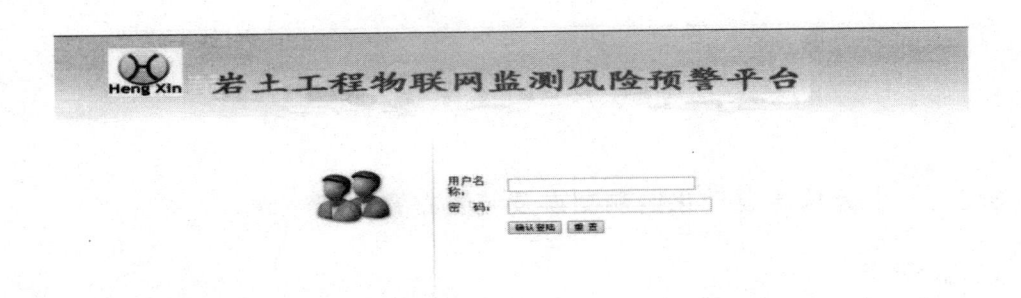

图3-13 手机客户端登录界面

在查询模块中,在查询条件后输入查询日期及传感器编号,便可查询该传感器的历史数据和最新数据,方便工程师分析数据。客户端数据查询界面如图3-14所示。

图3-14 传感器数据查询

查询曲线的功能是将接收到的传感器数据以时间为横坐标,以监测数据为纵坐标绘制成曲线,使工程师能更直观地看清数据的变化规律,进而做出正确判断。客户端曲线查询界面如图3-15所示。

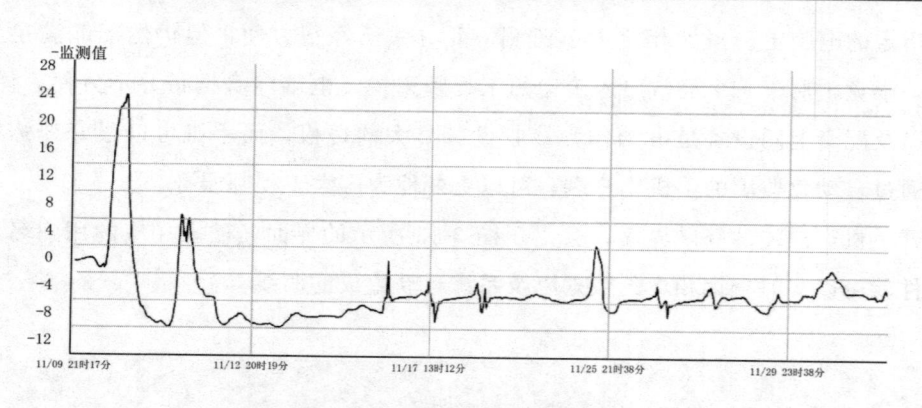

图 3-15 监测数据时程曲线查询

3.3.6 多元信息自动化监测测点及装置布置方案

1. 地表下沉

采用液体沉降仪（静力水准仪）进行施工期自动沉降监测，优点为：精度高；能实现自动化采集。其缺点具体为：沉降过大超出液体沉降仪量程时无法测量；系统运营过程中液体传输系统必须是密封的，一旦某处管路被损坏将导致整个沉降监测系统被破坏，运营中需要保护管路；受系统连接管路管壁的阻尼作用导致变形量的滞后。在设置监测方案时要充分考虑其优缺点，重点是保护好传感器及其连通管和信号线。

2. 拱顶下沉

通过基准点和被测点之间的液位差得出相对的测点沉降量。

静力水准仪依据连通器原理，用静力水准仪传感器测量每个测点容器内液面的相对变化，再通过计算求得各点相对于基点的相对沉陷量。

3. 收敛量测

收敛量测是最基本的量测项目之一，与拱顶下沉点布置在同一断面，使用仪器为收敛仪。

4. 围岩压力

测点布设：应把测点布设在具有代表性的断面的关键部位上（如拱顶、拱腰、拱脚、边墙、仰拱等），每一断面宜布置 3 个测点。埋设土压力盒时，要使压力盒的受压面向着围岩。在隧道壁面，当测量围岩施加给喷砼层的径向压力时，先用水泥砂浆或石膏把压力盒固定在岩面上，再谨慎施作喷砼层，不要使喷砼与压力盒之间有间隙，保证围岩与压力盒受压面贴紧。安装完后将每根导线引出，依次连接无线静态数据采集系统主电缆。

第3章　多元信息盾构施工监测预警及可视化管理

注意保护电缆，避免在洞内施工时遭到破坏。

5. 衬砌管片应力

在管片内外侧主筋上布设 5 组钢筋计，分别沿钢架的内外边缘成对布设。安装前，在钢拱架待测部位截去一段钢筋，然后把钢弦式钢筋计焊接在原部位，代替截去的一部分。在焊接过程中注意对钢筋计淋水降温，然后将钢拱架由工人搬至洞内立好，将导线依次连接无线静态数据采集系统主电缆。注意保护电缆，避免在洞内施工时遭到破坏。

6. 渗压监测

渗压计用于观测土体中的孔隙水压力及岩体和混凝土内的渗透水压力，埋设安装时应根据设计要求进行观测点的布设，并根据被测结构物的特点采用相应的安装埋设方法。渗压计在安装之前，应先进行检测，合格后方能使用。

渗压计预饱和：由于渗压计的透水板有一定的渗透系数，而水压力又是穿过透水板后作用在渗压计的感应膜上，如果透水板与感应膜前的储水腔没有充满水（含有气泡），将会造成渗压计测值的严重滞后。安装埋设前渗压计端部的透水板必须驱除空气。具体操作方法：先将透水部件从渗压计主体上卸下，然后将透水部件放入水中浸泡 2 h 以上，排除透水石中的气泡，使其充分饱和。最后将渗压计主体和透水部件浸没在水中重新装配起来。

排除透水石中气泡的最好做法是，先将透水部件放入沸水中煮透，然后将用煮透水部件的少量热水连同透水部件一同倒入盛有冷水和渗压计主体的容器内组装。深孔内埋设渗压计时，深孔直径不小于 100 mm，埋设前测量好孔深，并清理钻孔，清理深度至少比要求的渗压计埋设高程深 0.4 m。安装埋设前，先将仪器装入能放入钻孔内的沙包中，包中装粗沙。或者用土工布包裹住渗压计。向孔底倒入 40 cm 厚的级配沙，然后将装有渗压计的沙包吊入孔底。

7. 表面应变

沿隧道开挖轮廓线在管片内侧拱顶、拱腰和边墙布设 5 个测点，安装表面应变计，导线引出连接系统主电缆。用膨胀螺钉紧固，适用于混凝土结构表面的长期观测。具体步骤为：将安装座从应变计上卸下。调整调节螺母，使应变计初读数调整到 2 200～2 230 $\mu\varepsilon$。在混凝土结构表面打上两个 $\phi6$ mm 的孔，孔中心距为 130 mm（可用专用安装工具定位）。装上膨胀螺钉并将孔内间隙用强力黏结胶填满，待胶固化后装上方垫片，再将应变计装入膨胀螺钉内，用螺母拧紧。待应变计读数稳定后（至少 12 个小时以上），松开调节螺母，松弛 3 min，开始读取初始数。

3.3.7 自动化监测的现场安装及数据曲线的查询

1. 现场自动化安装

为获得更广泛、全面的沉降和变形信息来指导施工,需对施工过程进行严密的现场监控量测,针对传统人力监测的不确定性采用远程自动化采集(见图 3-16),通过现场监控量测掌握围岩、支护结构、场区周围建(构)筑物的动态,并及时分析、预测和反馈信息,以指导施工,必要时修改设计,确保工期和施工安全,并为以后工程做技术储备。考虑到隧道施工过程中会对周围建筑物产生相应的影响,特别是沿途穿过的铁路桥,通常采用远程自动化采集代替传统的人工操作,可节省人力、方便快捷查看。

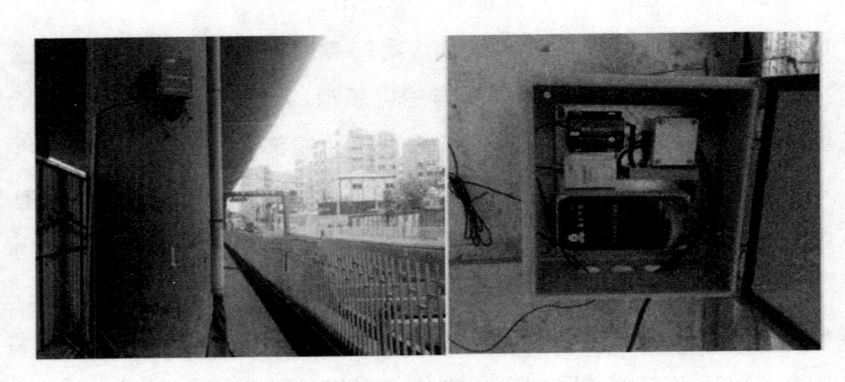

图 3-16 现场自动化采集箱安装布置图

2. 部分自动化数据曲线查询

测量数据为分析施工过程中建筑物的状态变化提供了理论依据,通过数据的分析可以判别建筑物在施工过程中各方面状态是否稳定,从而确保施工正常、安全地进行,与此同时,也为数值模拟计算提供了实际对比数据,通过对比判别模拟结果的优劣,从而预测施工过程中可能发生的各类情况,利用超前预警技术指导施工。

图 3-17 为本次施工阶段自动化采集的数据变化曲线。由图 3-17 可以看出,每一个传感器的变化规律都可以被直观地看出,方便利用超前预警技术指导施工,保证了施工的安全可靠性。图 3-17 所示主要是沿途经过的周围建筑物的沉降监测曲线。隧道施工会对建筑物产生很大影响,距离隧道越近的建筑物,土体受隧道施工的扰动程度越大,土体的水平位移和竖向沉降就越大。土体水平位移增大,引起建筑物桩的弯矩和水平位移增大。土体竖向位移增大引起建筑物桩土之间的差异沉降增大,桩周土提供的侧向摩擦阻力增大,所引起的桩身轴力比远离隧道的桩身轴力要大,轴力的增大必然导致竖向沉降

增加。通过图3-17的沉降计监测时程曲线,我们可以清楚地看到施工过程中周围建筑的变化情况,做到及时防护,避免事故的发生。

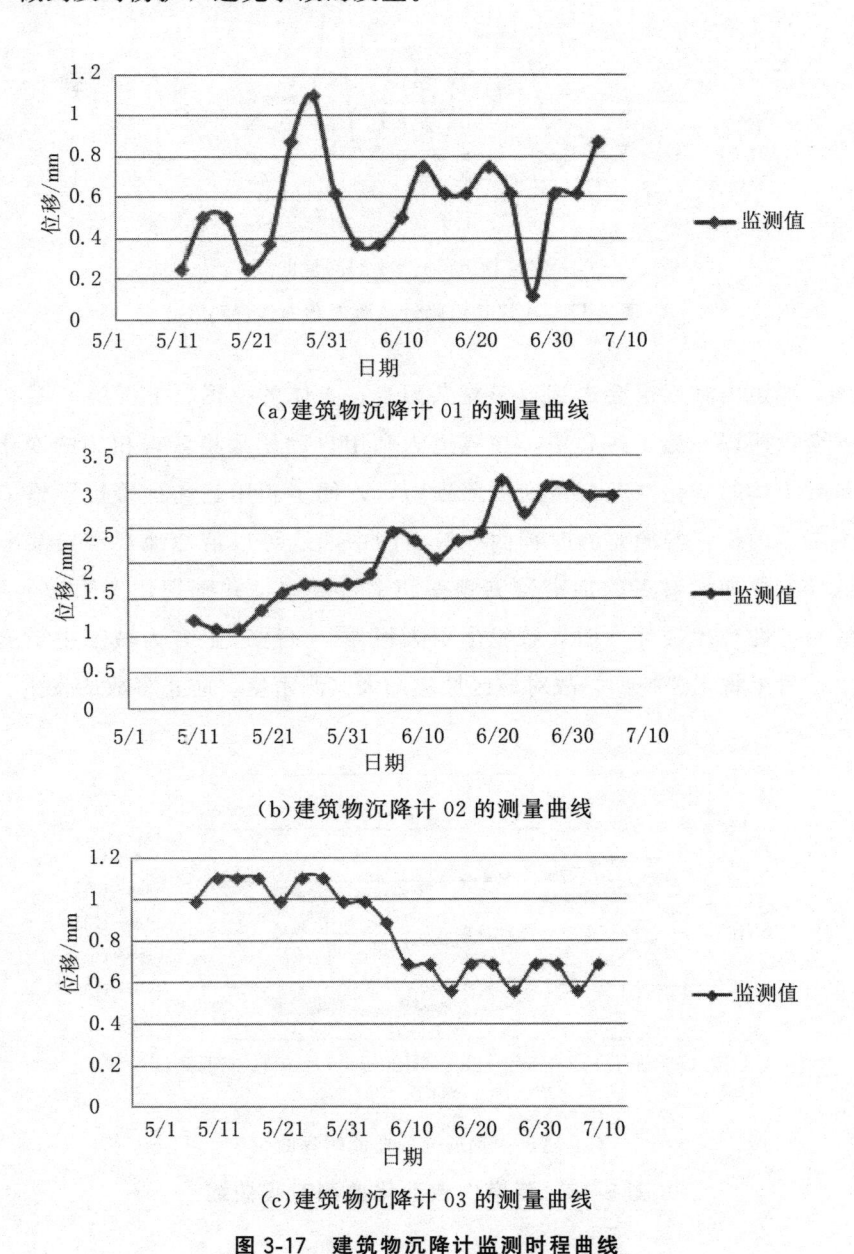

(a)建筑物沉降计01的测量曲线

(b)建筑物沉降计02的测量曲线

(c)建筑物沉降计03的测量曲线

图3-17 建筑物沉降计监测时程曲线

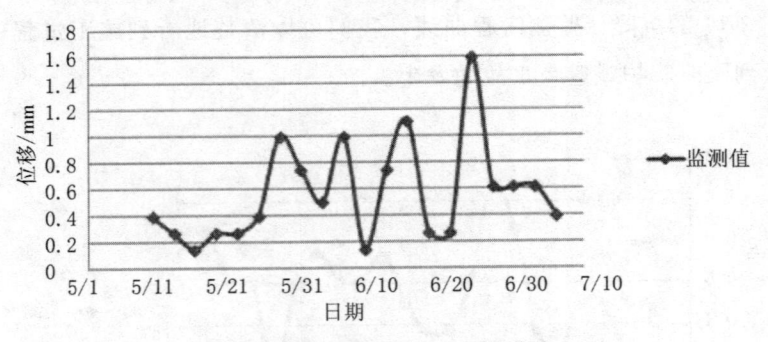

(d) 建筑物沉降计04的测量曲线

图3-17 建筑物沉降计监测时程曲线(续)

同样地,隧道内施工也会遇到很多复杂因素,土体的变形、下沉等一系列因素影响着施工的安全,所以在施工过程中,在隧道内利用自动化采集获得相关的变化曲线,实时地查询各项土体的变化情况,做到提前预防,方便了利用超前预警指导施工。图3-18选取了几个隧道内传感器的监测时程曲线。由图中曲线可以清楚地观察出某一测点的变化规律,这样方便加大对点的加密监测频率和巡视频率,并密切注意附近岩层的变化,防止岩层的稳定性产生破坏,而导致发生更大塌方。该隧道上方为城市主干道路,如果有危险发生,后果将无法挽回,故对该区域应加大监测密度,防止事故的发生。

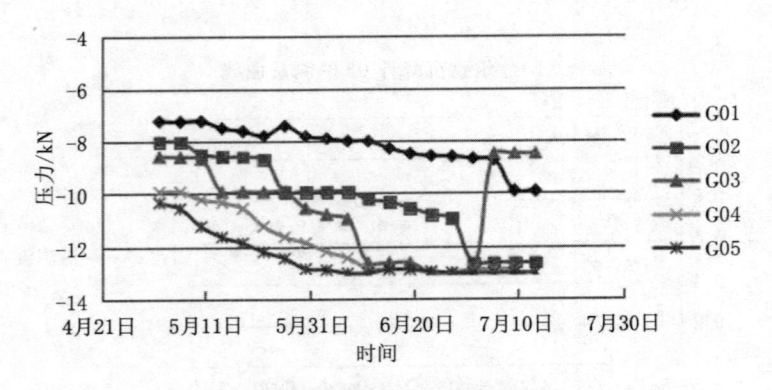

(a) 隧道内钢筋计的监测时程曲线

图3-18 隧道内自动化监测时程曲线

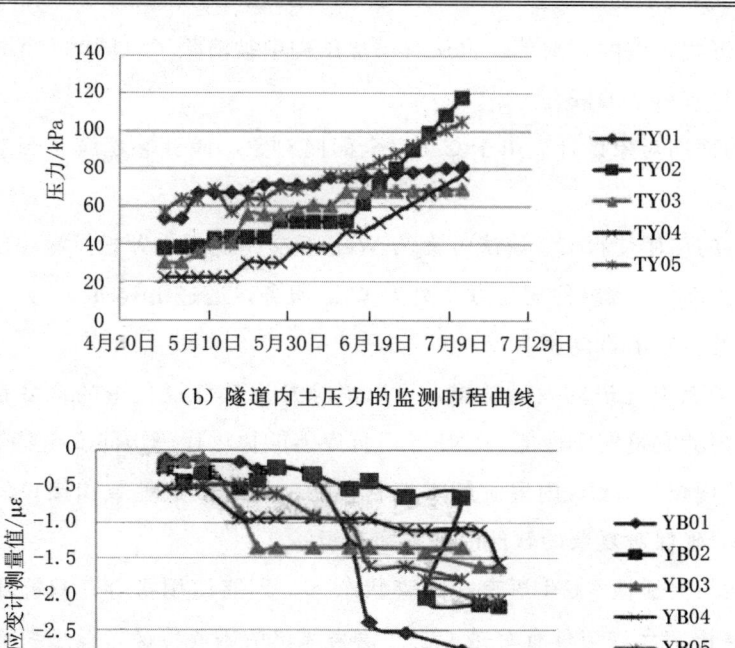

(b）隧道内土压力的监测时程曲线

(c）隧道内应变计监测时程曲线

图 3-18　隧道内自动化监测时程曲线（续）

3.4　可视化管理系统开发工具的选择及需求分析

3.4.1　开发工具的选择

为了构建高效率的应用系统，需要我们在开发环境和开发语言上做出合理的选择。本书基于隧道施工监测信息智能可视化系统的应用及其以后的扩展，在系统开发中，选择使用.NET可视化开发环境和C#开发语言。

1. C#语言的特点

C#是由C和C++语言发展来的，它在继承C和C++强大语言功能的同时去除了部分复杂的特性，使得C#变得相对简单起来。C#中没有宏，没有模板，不允许多重继承，不强调使用指针，同时抛弃了几乎一切让读者头疼的特性。C#语言在语法方面也同Java有着众多的相似性。总的来说，C#语言具备以下优点：

（1）语法中冗余的数据是C++中的常见问题，C#语言对其实施了简化处理，仅仅保留了常见的形式，别的冗余形式也从其语法结构中被清除了。同时C#没有了指针，因而需要理解的只有名字的嵌套。

（2）精心的面向对象设计。由于C#完全面向对象，因此它延续了封装、继承和多态性的特性。

（3）SOAP的使用使得C#解决方案与Web标准相统一，大规模深层次的分布式开发从此成为可能，C#语言组件成功方便地为Web服务，通过Internet，允许其被运行在所有操作系统上的所有语言调用。

（4）C#语言具有先进的设计思想，可以消除开发软件过程中的众多错误，并提供包括类型安全在内的完整安全性能。.NET运行库能够提供代码访问安全特性。

（5）版本处理技术。C#内置了版本控制功能，如对函数重载和接口的处理方式及特性支持等，进而确保对复杂的软件的开发和升级。

（6）兼容性与灵活性。C#语言在托管状态下，不能使用指针，只能用委托来模拟指针的功能。C#语言允许与具有C或C++语言风格的需要传递指针型参数的API进行交互操作，同时许可C#语言组件与其他语言组件间的交互操作等。

2. VTK与C#语言结合的实现原理

VTK本身可以理解为一个类库，它能够嵌入各种类型的、与图形处理相关的应用系统中。开发人员很容易以VTK作为基础开发自己的函数库。VTK的核心代码是由C++编写的，所以在.NET中不可以直接使用VTK所提供的类库资源，而是须对VTK的类库进行封装，并能提供可供.NET使用的接口。康奈尔大学的Andrew Dolgert对VTK5.0.1版本的库进行了封装，成功生成了VTK.NET，并且将资源发布到了的SourceForge开源网站上（张晓东 等，2015）。VTK.NET中提供了编译成的动态链接库，如果直接添加这些库文件，我们就可以在Visual Studio 2005开发平台使用。VTK.NET还提供了vtkFormsWindow控件，用户可以直接将该控件应用到WindowsForm工程中，达到方便地在WindowsForm窗体中显示VTK生成图形的目的。下面介绍一下具体的实现步骤。

（1）在官网主页上下载VTK-5.0.1-control-1.1.zip和VTK-5.0.1-wrap-1.1-bin.zip两个文件，解压VTK-5.0.1-wrap-1.1-bin.zip后将bin目录中所有dll复制到c:\vtk目录中，同时在系统环境path变量中添加C:\vtk。

（2）添加vtk开发所需库文件和动态链。操作为：拷贝压缩文件夹VTK-5.0.1-control-1.1.zip中的vtkFormsWindow.dll文件至C:\vtk文件夹。

（3）创建VisualC# windows应用程序，添加C:\vtk中的所有*.DotNet.dll文件为

第3章　多元信息盾构施工监测预警及可视化管理

引用。鉴于每次创建新的vtk程序时都需添加这些dll文件为动态链，因此可把C:\vtk文件夹下非*.DotNet.dll文件隐藏，这样在添加引用时便可全选文件夹下所有dll文件进行添加操作。

（4）添加vtk窗口控件vtkFormsWindow至工具箱，使用时可直接将此控件拖至编辑窗体显示。该控件只需添加一次，以后都可在工具箱中直接选择使用。至此，VTK.NET配置完毕。

3.4.2　系统需求分析

在研究三维地质体可视化技术和隧道施工技术的基础上，开发与设计"基于三维可视化的隧道施工智能分析系统"。该系统有助于对施工过程中产生的数据进行管理及分析，总体来说，本系统应满足以下功能及性能指标。

（1）地质模型的建立应该从模型的实用性、简约性以及灵活性等方面进行考虑。能完整地表达地质信息的同时建模过程不能过于复杂，以满足实际工程的需求。

（2）系统应提供工程中常用的一些功能。诸如：围岩分级、监测数据管理、有限元计算、参数反分析及时间序列预测及生成分析报告等。

（3）用户交互界面的设计更加智能、专业，更加人性化。结果输出及界面显示应符合人的审美要求与操作习惯，能够满足用户的基本需求。

（4）系统各模块不仅需在设计与功能上具有一定的独立性，而且还需具备较好的可扩展性，以便于日后的维护与应用集成。

（5）具备一定的容错机制，以保证系统的健壮性。

3.4.3　系统体系结构设计

1. 系统体系结构设计

隧道监测数据分析及可视化系统主要包括三维可视化、围岩分级信息管理、参数反分析、有限元计算、监测信息数据管理和网络报告六个模块组成，如图3-19所示。

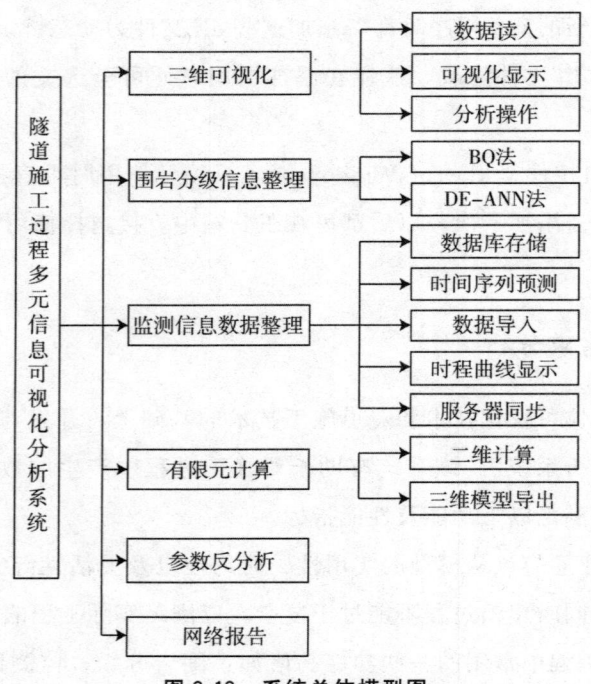

```
                              ┌─→ 数据读入
                    ┌─三维可视化─┼─→ 可视化显示
                    │          └─→ 分析操作
                    │
                    │              ┌─→ BQ法
隧  ┌──────────────┼─围岩分级信息整理┤
道  │              │              └─→ DE-ANN法
施  │              │
工  │              │              ┌─→ 数据库存储
过  │              │              ├─→ 时间序列预测
程  │              ├─监测信息数据整理┼─→ 数据导入
多  │              │              ├─→ 时程曲线显示
元  │              │              └─→ 服务器同步
信  │              │
息  │              │              ┌─→ 二维计算
可  │              ├─有限元计算────┤
视  │              │              └─→ 三维模型导出
化  │              │
分  │              ├─参数反分析
析  │              │
系  │              └─网络报告
统
```

图 3-19 系统总体模型图

在设计隧道施工过程多元信息可视化分系统时，考虑了以下几点原则：

(1)模块化：依据系统的功能进行模块分类，能够把具有行为相似的功能封装到相同模块中去，并可以由上层的用户界面按功能调用。

(2)一致性：在对数据库中的数据进行修改、添加和删除的过程中，需要确保数据库里各个关系表数据之间的一致性。

(3)适应性：适应性能良好，对硬件的依赖很少，可以更方便地移植到不同的操作系统平台。

依据上述原则，系统开发遵循松耦合的设计特点，按照功能模块结构划分，能够保证用户使用时操作的简洁性与准确性。

2. 系统数据库结构设计

在施工过程中产生的数据需要运用数据库进行存储，因此数据库在应用程序的信息处理模块占据核心位置，是施工信息智能管理系统中不可或缺的一个组成部分。如今，数据库技术已经发展得比较成熟，各种应用程序在处理数据时都少不了它的支持。运用数据库技术能够解决应用程序存储与访问大数据的难题，优秀的数据库设计，可以提高数据管理效率，降低数据库存储的冗余量，同时保证数据信息的安全性不受威胁。

传感器数据表结构如表 3-1 所示，监测数据表结构如表 3-2 所示，围岩分级数据表结

第 3 章　多元信息盾构施工监测预警及可视化管理

构如表 3-3 所示。

表 3-1　传感器数据表结构

数据项名	类型	长度	取值范围
传感器编号	文本	50	1～49
传感器自编号	文本	50	1～49
传感器型号	文本	50	1～49
测量日期	日期/时间		
测量时间	日期/时间		
温度	整数	50	1～49
测量值	整数	50	1～49
偏差值	整数	50	1～49
单位	文本	50	1～49
应变频率	整数	50	1～49
补偿频率	整数	50	1～49
类型	文本	50	1～49
应变值	整数	50	1～49

表 3-2　监测数据表结构

数据项名	类型	长度	取值范围
测点编号	文本	50	1～49
初始测量值/m	整数	50	1～49
上次测量值/m	整数	50	1～49
本次测量值/m	整数	50	1～49
本次变形量/mm	整数	50	1～49
累计变形量/mm	整数	50	1～49
变形速率/(mm·d^{-1})	整数	50	1～49
警戒值/mm	整数	50	1～49
控制值/mm	整数	50	1～49
初始值观测时间	日期/时间		
监测结论	文本	50	1～49
备注	文本	50	1～49

表 3-3　围岩分级数据表结构

数据项名	类型	长度	取值范围
桩号	文本	50	1～49
回弹强度	整数	50	1～49
单轴饱和抗压	整数	50	1～49
完整性系数	整数	50	1～49
节理延展性	整数	50	1～49
地下水	整数	50	1～49
结构面产状	整数	50	1～49
地应力	整数	50	1～49
BQ 分级结果	文本	10	1～49
DE-ANN 分级结果	文本	10	1～49

3.5　可视化关键技术

3.5.1　隧道施工过程三维可视化围岩分级技术

围岩的动态分级步骤如下：首先，根据现有的勘察资料以及设计资料，对有可能出现的不良地质现象的类型、部位和规模给出大概的判断；其次，采用 TSP 和地质雷达技术完成超前地质预报，校核地质分析的相关结果，初步确定不良地质体的性质、位置和规模，最终得到围岩分级所需要的有关定量指标，并利用已建的围岩分级方法确定围岩级别；最后，通过相关技术验证前面的判断结果，相关技术包括超前钻孔、台车加长钻孔和实际的开挖揭露等，最终确定围岩等级，如图 3-20 所示。本系统的开发在此基础上引入了三维可视化技术对分级结果进行管理。

第3章 多元信息盾构施工监测预警及可视化管理

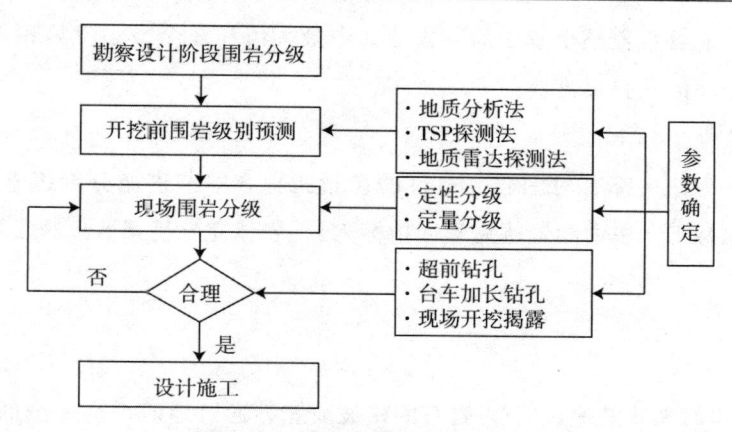

图 3-20 隧道围岩动态分级流程

1. 分级指标选取原则

国内外大多数的学者认为围岩分级指标的选择应遵循以下原则：

(1)分级指标必须是体现隧道围岩质量最重要、最基本的因素，具体来说应包括：岩体强度、结构面特性与岩体结构三大类；

(2)分级应把众多因素分级组合，归并为一个复合因素；

(3)分级指标应相互独立，避免重复和搭接；

(4)分级指标的特征需易于描述，评价指标需容易获取，测试方法需简单易行。

2. 分级指标测定方法及评分标准

本书在遵守上述原则的基础上，结合隧道施工现场实际状况，最终选用围岩回弹强度、体积节理数、节理延展性、地下水、初始地应力及主要结构面作为了分级指标，并为各指标制定了定量的标准。上述指标包括了对围岩等级起决定性作用的岩体强度、结构面特性与岩体结构三大类因素，且较为容易获取，因而综合这些指标进行围岩分级是合理的。

1) 围岩回弹强度 R_{ht}

强度指标是围岩分级指标中必不可少的一项。然而，不管是单轴饱和抗压强度实验还是点荷载实验在施工现场都比较难以测定，为此本书采用回弹强度替代岩石饱和单轴抗压强度的方法。基于 DE-BP 模型隧道围岩的动态分级通过回归分析建立了回弹强度 R_{ht} 及岩石饱和单轴抗压强度 R_c 的关系式：

$$R_c = 144.785(1 - e^{-0.01086R_{ht}}) \tag{3-1}$$

对掌子面围岩进行回弹，操作时必须使回弹仪与掌子面岩石是相互垂直的，而且回弹过程中，整个掌子面都要进行回弹试验，不同的掌子面位置要进行至少 16 次回弹试验，以保证回弹试验能够覆盖整个掌子面,去掉 3 个最大值和 3 个最小值后将剩下 10 个数的平均值作为该断面的回弹强度。

2) 岩体完整性指标 K_v

国内外各种方法中都有对围岩完整性的衡量指标,本节遵循分级因素选取的第二个原则,采用了国标 BQ 法中的岩体完整性指标 K_v,岩体完整性系数反映了岩体完整程度,其计算公式为

$$K_v = \left(\frac{V_p}{V_s}\right)^2 \tag{3-2}$$

式中,V_p 为岩体的纵波波速;V_s 为岩石的横波波速。通过地质雷达探测的岩体纵波波速 V_p,再结合岩石的横波波速 V_s,即可确定预测洞段的 K_v 值。根据地质超前波形图还可以对掌子面前方的围岩进行初步分类。

3) 节理延展性 J_{yz}

掌子面内存在半贯通或贯通节理时,则需单独统计,作为节理延展性指标。素描图如图 3-21 所示。节理延展性取值如表 3-4 所示。

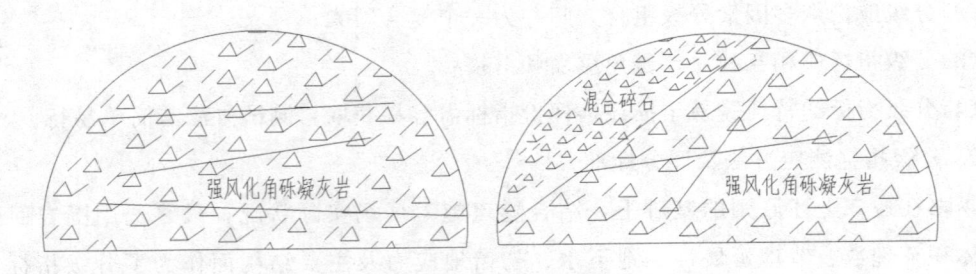

图 3-21 掌子面素描图

表 3-4 节理延展性取值表

类型	贯通	半贯通	非贯通
取值	0	0.5	1

4) 地下水影响 w

为了方便起见,根据肉眼现场能够观察到的地下水大小和流量,进行定量化处理。地下水状态取值如表 3-5 所示。

表 3-5 地下水状态取值表

状态	取值	状态	取值
干燥	0.9~1.0	线状	0.4~0.6
潮湿	0.8~0.9	股状	0.2~0.4
滴漏	0.6~0.8	突水	<0.2

5）主要结构面产状和隧道关系 λ

根据结构面产状与隧道之间关系的有利程度，书中根据 RMR 分级体系中结构面与隧道走向关系考虑方式也分 3 种情况考虑，如表 3-6 所示。

表 3-6 主要结构面产状影响取值表

结构面走向		结构面倾角	工程效应	分数
走向垂直于隧道轴线	顺倾角开挖	45°~90°	非常有利	1
		20°~45°	有利	0.8~0.9
	反倾角开挖	45°~90°	一般	0.5~0.7
		20°~45°	不利	0.2~0.4
走向平行于隧道轴线		45°~90°	非常不利	0~0.1
		20°~45°	一般	0.5~0.7
任意走向		0°~20°	一般	0.5~0.7

现场测定主要通过地质罗盘测定主要结构面的倾角和走向，同时测定隧道的走向，作图确定出主要结构面与隧道走向的夹角和结构面倾角，如果存在多个软弱结构面，则依次求解出此影响系数，比较取最大值，则最大值所确定的软弱结构面即为对掌子面稳定性影响最大的结构面。

6）地应力状态 GS

参照《工程岩体分级标准》（GB/T50218－2014），对不同断面进行打分，如表 3-7 所示。

表 3-7　地应力状态取值表

地应力状态	主要现象	分数
极高地应力区	硬质岩：开挖时有岩爆发生，有岩块弹出，洞壁岩体发生剥离，新生裂隙多，成洞性差 软质岩：岩心饼化，开挖时洞壁岩体剥离，位移极为显著，甚至发生大位移，持续时间长，不易成洞	0～0.3
高地应力区	硬质岩：开挖时可能有岩爆，洞壁岩体有剥离或掉块现象，新生裂隙较多，成洞性差 软质岩：岩心时有饼化现象，开挖时洞壁岩体位移显著，持续时间较长，成洞性差	0.3～0.7
低地应力区	无岩爆、岩心饼化等现象发生	0.7～1

地应力同样也在很大程度上影响着围岩的稳定性，公路隧道场区的地应力状况经常在勘察阶段进行测试或评定，并给出极高应力区、高应力区和低应力区 3 种评定结果，因而该指标也较为容易获取。

3. 围岩等级三维可视化技术

在隧道建设过程中，勘察阶段围岩等级与实际相差较多，后期会进行较多的变更。本书结合 VTK 技术、三维地质建模方法及数据库开发了集围岩分级、结果存储、三维可视化为一体的程序，为施工及设计提供了有力的分析工具。

1）三维地质体模型建立

构建地表主 TIN 网是指以钻井井口的坐标为数据点，结合整个建模区域的边界条件，vtkDelaunay2D 采用了标准的 Delaunay 算法中的逐点插入法，非常适合基于钻井数据的地表面建模。其计算过程如下：

①提取钻井的位置坐标，构成点集，并对点集内所有的点进行排序；

②求出点集的包容盒，得到一个初始三角形，并把它放入三角形链表中；

③将点集中的离散点依次插入三角形链表中，在三角形链表中计算出其外接圆包含插入点的三角形，删除影响三角形，保存除影响三角形公共边之外的影响三角形的边，然后将新插入点同保存的边的两个顶点相互连接，构成新的三角形，这样就完成了一个点在 Delaunay 三角网中的插入；

④循环执行上述第 3 步，直到所有的离散点都插入完毕。

具体过程如图 3-22 所示。

第 3 章 多元信息盾构施工监测预警及可视化管理

(a) 插入新点 P

(b) 求出 P 点的影响三角形

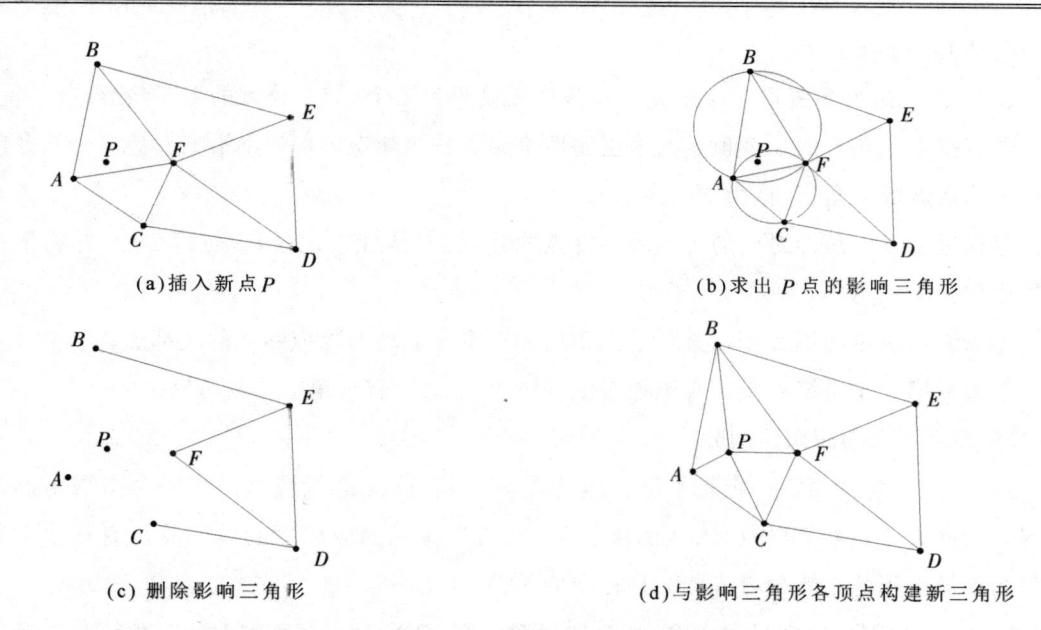

(c) 删除影响三角形

(d) 与影响三角形各顶点构建新三角形

图 3-22 vtkDelaunay2D 新点插入三角形链表的过程

地表主 TIN 网不但定义了建模区三维地质模型的外边界,而且还能够确定建模区各钻井之间的拓扑关系。主 TIN 网还可以看作一个确定建模区域地层间拓扑关系的"模板",它可以沿着钻井深度的方向自上而下推延至整个建模区域,这样就可以保证各个地层层面间具有上下一致的、确定的拓扑关系,还能够极大地简化后续操作的复杂度及增强算法的稳健性,如图 3-23 所示。

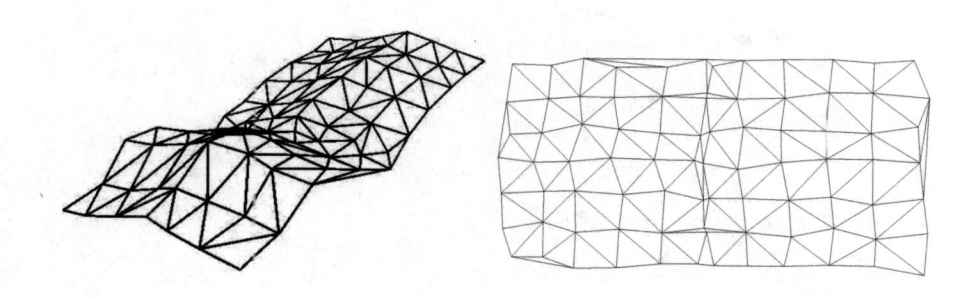

图 3-23 地表主 TIN 网

2) 构建 GTP 体元模型

在地表主 TIN 网构建完成之后,通过对主 TIN 网上每个三角形做如下操作:沿着该三角形的三个钻井的迹线从上到下逐渐扩展,通过钻井间的地层比对和连线便可生成 GTP 体元。

具体算法如下：

①从主 TIN 网中提取 1 个单元，将该单元设为第 1 个 GTP 体元的上三角形；

②根据上三角形的 3 个顶点的地层属性编码，按照知识推理规则沿着对应 3 个钻井向下扩展形成新的三角形（称为下三角形）；

③根据上下三角形对应的关系和钻井点构建 GTP 体元，记录其描述信息，并将下三角形设置为上三角形；

④重复第 2 步和第 3 步，直至上三角形的三个顶点均为相应钻井的底部点；

⑤重复第 1 步至第 4 步，直至地表主 TIN 网中的所有三角形均遍历完。

3）GTP 体元的四面体剖分

由于 GTP 的侧面不一定是平面，因此在对 GTP 体元进行切割操作时会出现空洞的情况，为此需要在 GTP 中引入四面体。关于 GTP 体元剖分成四面体的算法有很多，其中最简单最实用的是陈学习等（2004）提出的 SVID 法。

SVID 法的剖分原则是：在将 GTP 体元剖分成 TEN 时，每个侧面的对角线必须是从编号最小的顶点出发，这样 GTP 体元的三个侧面就确定了三条对角线，将 GTP 体元剖分成三个 TEN。假设 GTP 体元六个顶点的标识号从小到大依次排列为：$P_1 \rightarrow P_{11} \rightarrow P_2 \rightarrow P_{22} \rightarrow P_3 \rightarrow P_{33}$，按照上述的 SVID 法，则可以确定 P_1P_{22}，P_1P_{33}，P_2P_{33} 共三条对角线，从而将 GTP 剖分成 $P_1P_{11}P_{22}P_{33}$，$P_1P_2P_{22}P_{33}$ 和 $P_1P_2P_3P_{33}$ 共三个四面体，如图 3-24 所示。

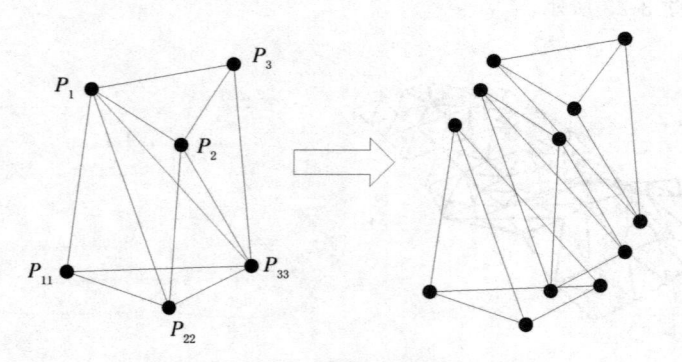

图 3-24　GTP 体元剖分成 3 个 TEN

4）VTK 格式文件的生成

通过上述方法生成的地质模型是四面体（TEN）模型，为了能将这些模型信息生成 VTK 图形库函数可以显示的图形数据，需将用建模方法生成的四面体模型数据转换成 VTK 专用的数据集类型的数据。VTK 数据集类型中的 Unstructured Grid 恰好与此对应。

转换好后可将生成的 VTK 格式数据读进来；然后通过各种过滤器(filter)如 vtkCutter, vtkContourFiter, vtkThreshold 等类, 对读进来的数据进行各种操作和处理；再通过 vtkDataSetMapper 将处理过的数据映射为图形数据；最后通过 vtkRenderWindow, vtkActor, vtkRender 等类将图形数据在显示窗口中显示出来。

三维地质体可视化效果如图 3-25 所示。

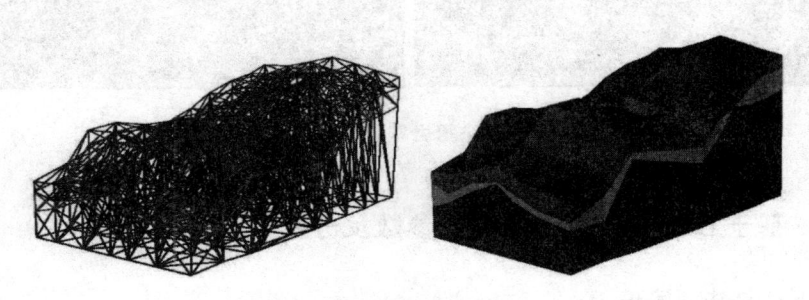

图 3-25 三维地质体可视化效果

4. 围岩等级管理

围岩分级方面编写的程序使用了两种分级方法，即 DE-ANN 和 BQ 分级。输入相应围岩参数后，程序将同时使用这两种方式对其分级计算，最终两种分级方式所得结果都将显示在操作界面，可供用户对比分析以确保分级的准确性。界面如图 3-26 所示。

图 3-26 围岩分级程序界面

在截面信息对话框下需要输入以下截面信息：桩号，回弹强度，完整性系数，节理延展性，地下水，结构面产状，地应力。全部信息录入完毕后，点击"预测"按钮即可直接进行运算，右侧结果显示区上将显示分级的结果，以及计算得出的 BQ 值和[BQ]值等信息。同时程序将自动保存结果信息至数据库。

最后本节将数据库中的围岩等级与三维地质体中的颜色属性进行了关联，实现了隧道施工三维可视化围岩分级技术，将施工期动态分级的结果与原设计级别同时显示在窗口中，以便对结果进行保存及管理，且方便查看，如图 3-27 所示。

图 3-27　围岩等级显示效果

3.5.2　基于 DE-FEM 方法的围岩参数反分析

1. DE-FEM 算法的实现

隧道围岩参数都有自身特定的物理意义，假设需要反分析的断面有 m 条测线，那么反分析可以表示为有约束的优化问题：

$$\min E(x_1, x_2, \cdots, x_n) = \frac{1}{m}\sum_{i=1}^{m}[Y_i^0 - Y_i]^2, \\ x_i^a \leqslant x_i \leqslant x_i^b (i=1, 2, \cdots, n) \tag{3-3}$$

式中，Y_i^0 为第 i 条测线的监测值；Y_i 为第 i 条测线的计算值；m 为测线条数；x_i 为第 i 个参数；n 为参数个数；x_i^a、x_i^b 分别为 x_i 的上、下限。

DE-FEM 算法原理及步骤如下：DE 算法生成初始参数，计算得到对应监测点的位移，如果计算变形与监测变形数据相差较大，则继续将 DE 算法生成的参数作为输入参数重新计算，直到计算数据与监测数据相差很小，这时对应参数即为识别的参数。算法的流程如图 3-28 所示。

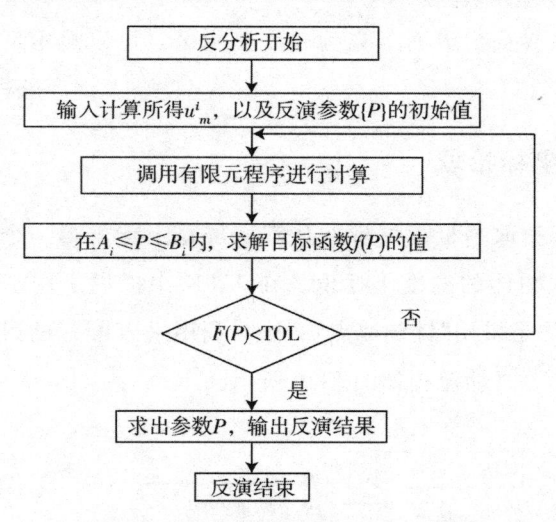

第 3 章　多元信息盾构施工监测预警及可视化管理

图 3-28　正演优化法的反分析程序流程

2. 参数反分析

基于 DE-FEM 算法,利用 C♯语言在 .NET 可视化开发环境下编制隧道反分析可视化程序,程序界面如图 3-29 所示。

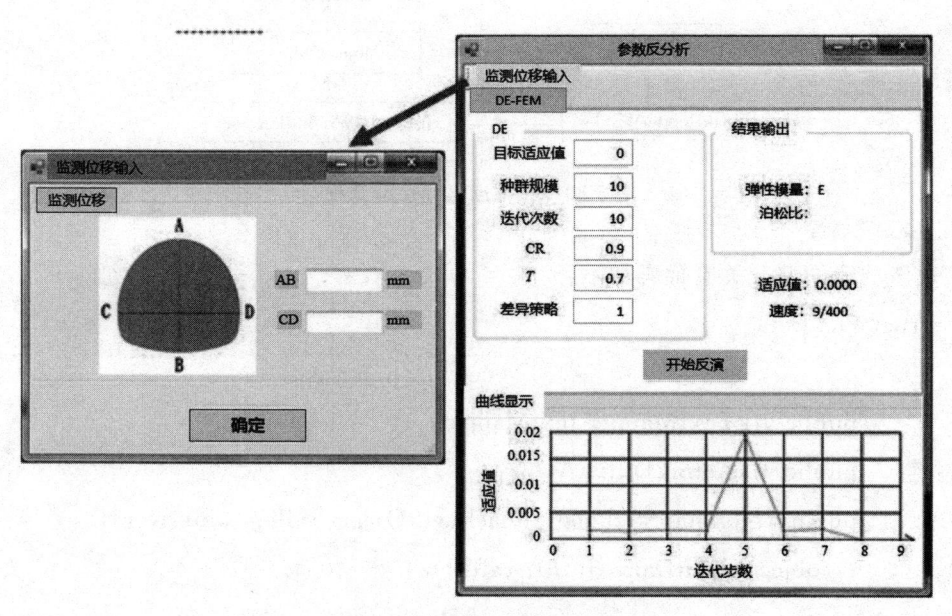

图 3-29　反分析程序界面

开始反演之前需要输入对应的监测位移,点击界面左上方的监测位移输入按钮,弹出位移输入窗口,界面上方为节点编号示意图,在测线位移输入框中按照图示输入数据,点击"确定"返回到反演界面。界面下方为曲线显示区,可以显示反演迭代步数与适应值曲线。

3.5.3 三维点坐标拾取

交互式三维点坐标拾取是根据鼠标在计算机屏幕上点击得一个二维的屏幕坐标再通过某种算法转换成被测物体的三维坐标值。在 VTK 中提供了用于三维点坐标拾取的类 vtkPointPicker。该类均是采用"针刺取点"算法,利用垂直屏幕的射线穿过图形来获得距离最近的点的三维坐标。具体流程如图 3-30 所示。

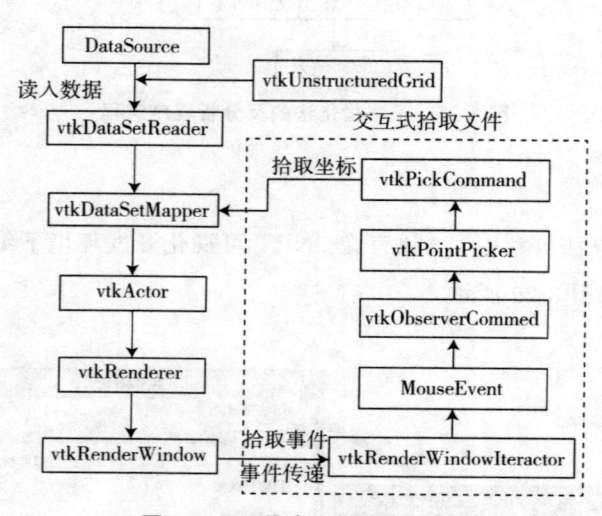

图 3-30 三维点坐标拾取流程

实现该功能的部分关键代码如下:

```
struct PickData
{
    public vtkTextMapper textMapper;
    public vtkActor2D textActor ;
    public void annotatePickCallback(vtkObject caller, uint eventId,
        object clientData, IntPtr callData)
    {
        vtkPointPicker picker = vtkPointPicker.SafeDownCast(caller);
        try
        {
```

```
            if (null ！= picker)
            {
                if (picker.GetPointId() < 0)
                {
                    textActor.VisibilityOff();
                }
                else
                {
                    double[] selPt = picker.GetSelectionPoint();
                    double[] pickPos = picker.GetPickPosition();
                    textMapper.SetInput(String.Format("({0}, {1}, {2})",
                 pickPos[0], pickPos[1], pickPos[2]));
                    textActor.SetPosition(selPt);
                    textActor.VisibilityOn();
                }
            }
        }
    }
```

3.5.4 云数据库技术

数据库应根据服务器及客户端的侧重点进行选择。服务器端，通过对比发现 SQLServer 2005 数据库可以构建和管理高可用和高性能的数据应用程序，它的引擎为关系型数据和结构化数据提供了更安全可靠的存储功能，因此服务器端最终选用了 SQLServer 2005 数据库。选取客户端数据库时考虑到嵌入式数据库不需要独立的运行引擎，对数据的相关操作，通过程序调用对应的 API 就可直接实现，因而本书选用了嵌入式数据库 SQLite。客户端数据同步流程如图 3-31 所示。

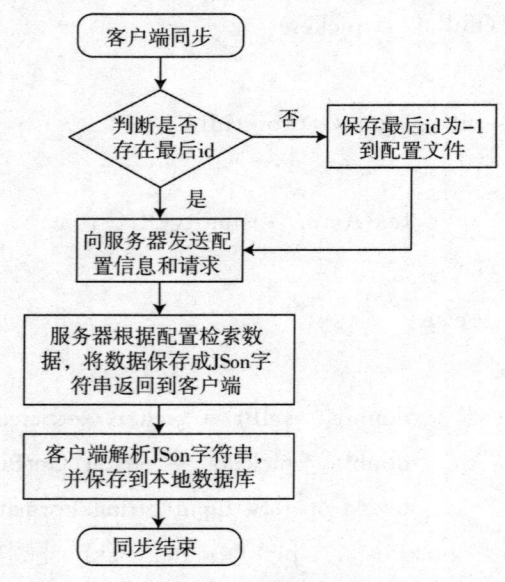

图 3-31 数据同步流程

实现该功能的部分关键代码如下：

```
string AUTOID = ConfigurationManager.AppSettings["AUTOID"];
Configuration cfa = ConfigurationManager.OpenExe
    Configuration(ConfigurationUserLevel.None);
    if (AUTOID == null)
    {
        AUTOID = "-1";
        cfa.AppSettings.Settings.Add("AUTOID", AUTOID);
    }
string json = HttpUtil.HttpPost("http://", "act=downloadAUTO&id=" + AUTOID);
List<M> list = (List<M>)JsonConvert.DeserializeObject(json, typeof(List<M>));
    for (int i = 0; i < list.Count; i++)
    {
        string sql = "insert into AUTO() values(""" + list[i].测点编号 + """);";
        SQLiteDBUtil.ExecuteNonQuery(sql, null);
```

AUTOID = list[i]. id. ToString()；
}
cfa. AppSettings. Settings["AUTOID"]. Value = AUTOID. ToString()；
cfa. Save()；

3.5.5 导出数据到 FLAC 3D 的技术

FLAC 3D 文件格式，一般由三个部分组成，如表 3-8 所示。第一部分用来描述模型各点的编号及坐标信息。第二部分用来描述模型各单元的类型及组成该单元的点所对应的编号。第三部分用来描述模型各单元所对应的材料类型。

表 3-8 FLAC 3D 文件格式

内容	部分	备注
* GRIDPOINTS	Part 1	点的编号及坐标信息
G 1 0.9250 0.0000 0.0000		
G 2 0.5770 0.0000 0.0000		
G 3 0.9250 0.4250 0.0000		
G 4 0.9250 0.0000 −0.1400		
G 5 0.5770 0.0000 −0.1400		
G 6 0.9250 0.4250 −0.1400		
* ZONE	Part 2	单元信息
Z T4 1 3 5 6 4		
Z T4 2 3 2 5 4		
Z T4 3 3 1 2 4		
* GROUPS	Part 3	材料信息
ZGROUP 1		
1		
ZGROUP 2		
2		
ZGROUP 3		
3		

VTK 文件格式已在第 3.5.1 节做了介绍，由于本书地质体建模采用了四面体模型，

因此两种文件之间的转换是可行的。转换时，首先将 VTK 格式文件的节点与单元信息转换为 FLAC 3D 格式文件的节点与单元信息，之后将 VTK 格式文件各单元属性信息转换为 FLAC 3D 格式文件的地层信息。

3.5.6 隧道虚拟漫游技术

虚拟隧道挖掘与漫游是本系统中一个很重要的功能，用户以第一人称的方式进入隧道内部，在查看的过程中用户根据自己的需要转换视角，且可以利用隧道内部的纹理贴图、灯光效果实现场景的三维真实感。通过设置照相机的位置、光源位置、光照强度等，就可以实现对虚拟隧道的漫游，漫游效果如图 3-32 所示。

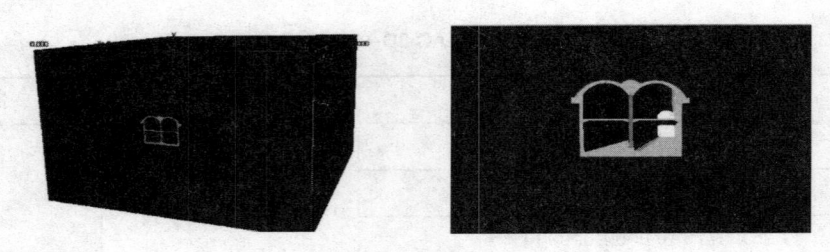

图 3-32 隧道虚拟漫游效果

漫游功能的核心代码如下：

```csharp
private void timer1 _ Tick(object sender, EventArgs e)
{
    Position++；
    ren.GetActiveCamera().SetPosition(65.5，44.7，Position)；
    //ren.GetActiveCamera().SetFocalPoint(0，0，0)；
    light.SetPosition(78.8，42.7，Position)；
    ren.AddLight(light)；
    ren.GetActiveCamera().SetViewUp(0，1，0)；
    vtkFormsWindowControl1.Refresh()；
}
```

3.6 自动化监测系统的应用

3.6.1 施工自动化监测装置的研发

多元信息是指多种传感器获得的不同种类的监测信息。为了解决以上问题，需要研发一种盾构隧道的平纵一体化监测系统和一种电磁吸力激光测距盾构收敛测量装置。盾构隧道的平纵一体化监测系统利用水平布设的静力水准仪和纵向布设的位移计，可以进行土层沉降的监测，预防地表沉降过大等事故；电磁吸力激光测距盾构收敛测量装置对洞周收敛进行监测，可以避免人工测量的滞后性和减小误差，该监测装置通过电磁接触器进行固定，可随时卸取转移。

盾构隧道的平纵一体化监测系统使用方法（如图3-33所示）是在盾构隧道的拱顶内壁上依次安装包含基准点的基准水桶和测点的静力水准仪，实现对拱顶沉降的监测；在对应测点的上方土体钻孔安装位移计，进行盾构隧道上方土层沉降监测；同时，在对应测点的上方土层钻孔安装振弦式水位计，实时监测上方土层的水位变化。采集箱通过数据传输线收集水位信息、土层沉降信息及拱顶沉降信息，并将采集信息通过GPRS模块上传到云采集系统，云采集系统根据基准点值、拱顶沉降值和地层的压缩值，推导出地层和地表的沉降值；通过Internet访问进行监测数据的传输，通过RFR（随机森林算法）实现对变形的超前预测分析。

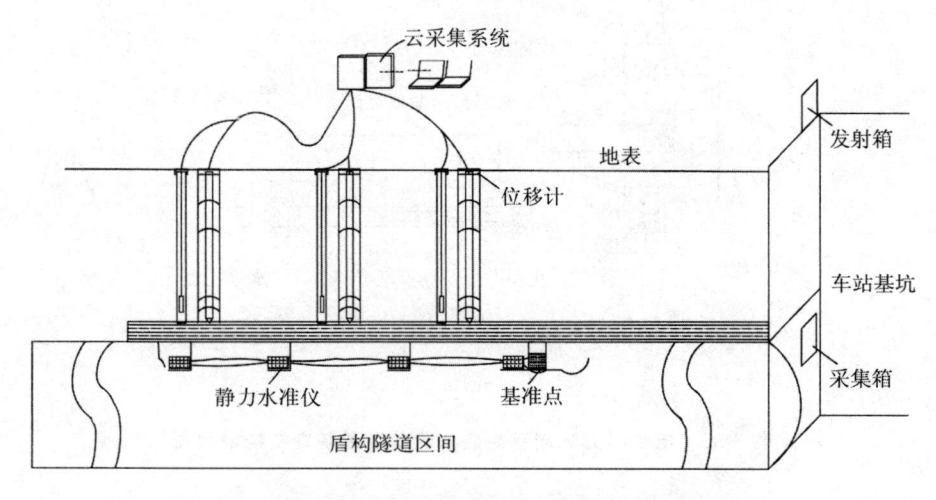

图3-33 盾构隧道的平纵一体化监测系统整体结构示意图

电磁吸力激光测距盾构收敛测量装置(如图 3-34 和图 3-35 所示)是将盾构隧道收敛变形监测装置通过电磁接触原理安装到盾构隧道拱腰管片的螺母上,通过调整水平调平槽、调平支架和固定支架使水平气泡居中,即使得测量装置水平,然后给测量装置通电,进行拱腰收敛的自动化监测。随着盾构推进,断开装置电源,卸取移动到需要继续监测的位置。监测数据可定期从数据存储卡里进行读取。

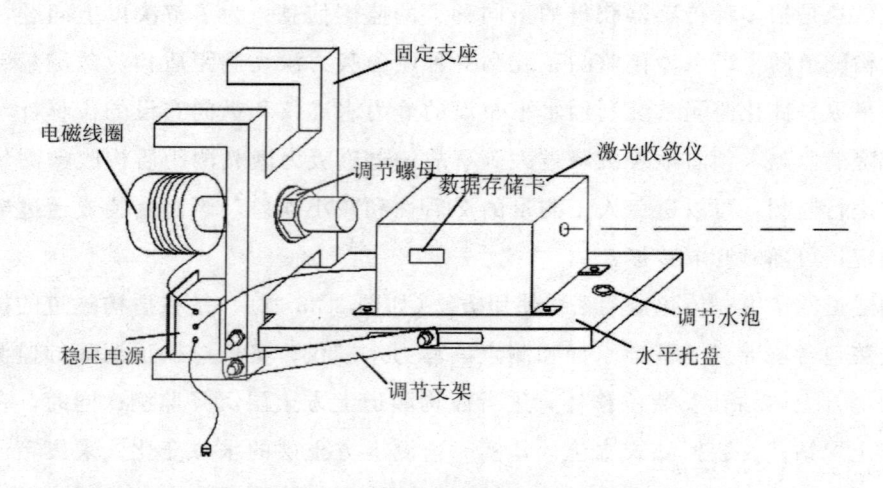

图 3-34　电磁吸力激光测距盾构收敛测量装置三维立体图

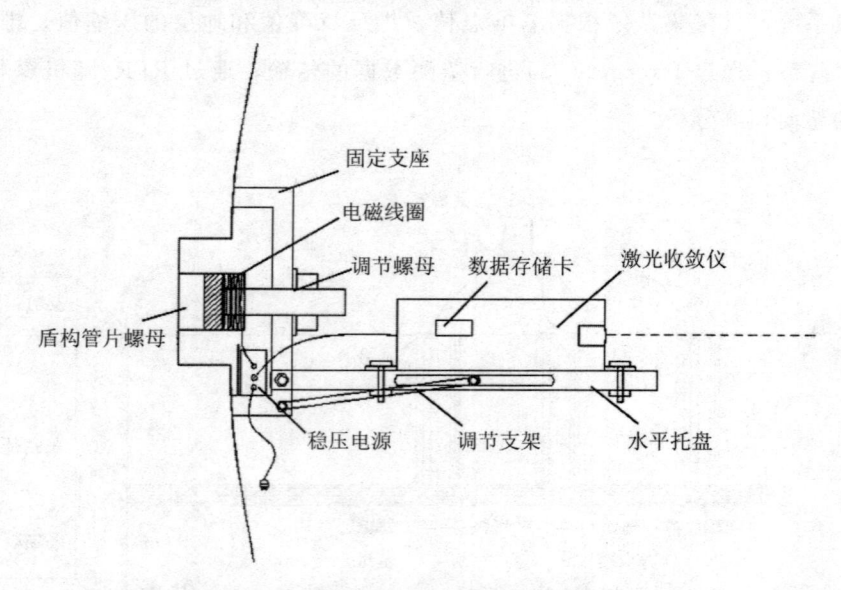

图 3-35　电磁吸力激光测距盾构收敛测量装置结构剖面图

3.6.2 自动化采集系统的应用

1. 监测断面选取及监测点布设

1) 沉降监测点布置

本节以南昌的地铁某区间盾构施工为例,盾构机开挖前方土体会对周围围岩造成扰动,打破了岩层本来的力学平衡状态,尤其本研究区域的上软下硬地层地质条件复杂,地表、地层和拱顶沉降更难以控制。因此,有必要对地表、地层和拱顶进行监测。利用盾构隧道的平纵一体化监测方法选取ZCK33+522、ZCK33+542、ZCK33+562、ZCK33+582、ZCK33+602五个断面进行自动化传感器埋设,如图3-36所示。

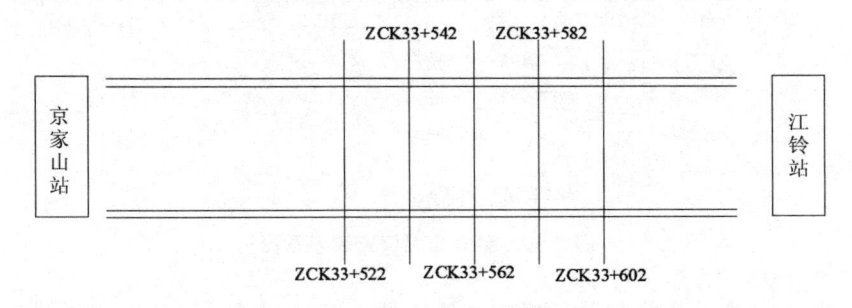

图3-36 盾构区间沉降监测断面分布图

每个监测断面有5个监测点位,分别埋设于距地表0 m、3 m、6 m和拱顶处,传感器主要类型有位移计和静力水准仪。位移计分别埋设于监测断面地表处0 m、3 m和6 m竖向孔内,静力水准仪分别位于左右线盾构隧道拱顶处,本节选取典型断面ZCK33+562进行监测点布置展示,ZCK33+562监测断面的传感器布置如图3-37所示。

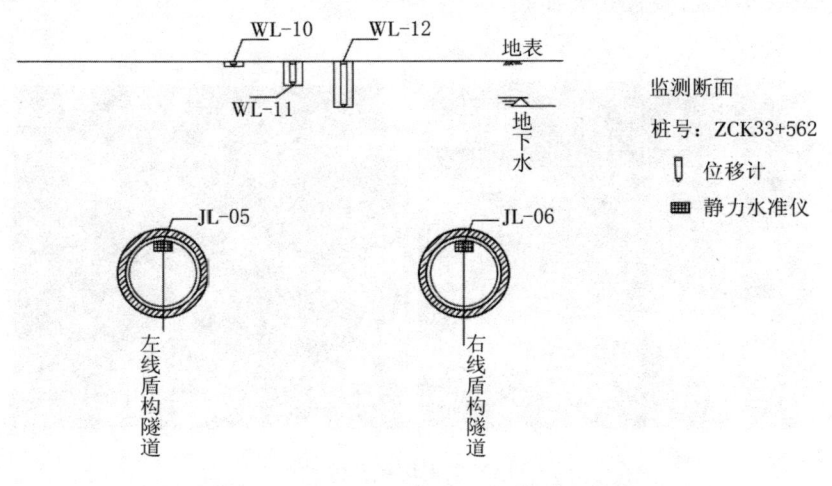

图3-37 ZCK33+562监测断面传感器布置

2)盾构收敛点布置

在南昌地铁盾构施工过程中,盾构隧道拱腰位置持续受到围岩压力会产生水平方向的收敛位移,若产生位移过大会造成管片错台,因此需要对此处进行实时监测。

为确保盾构隧道施工的安全进行,在隧道的拱腰处安装了激光测距仪,对拱腰收敛值进行自动化监测。在 ZCK33+512~ZCK33+592 区段 80 m 内进行激光测距仪的布置,设计安装高度为 3 m,每个激光测距仪的水平安装间距为 20 m,具体布置方案如图 3-38 所示。

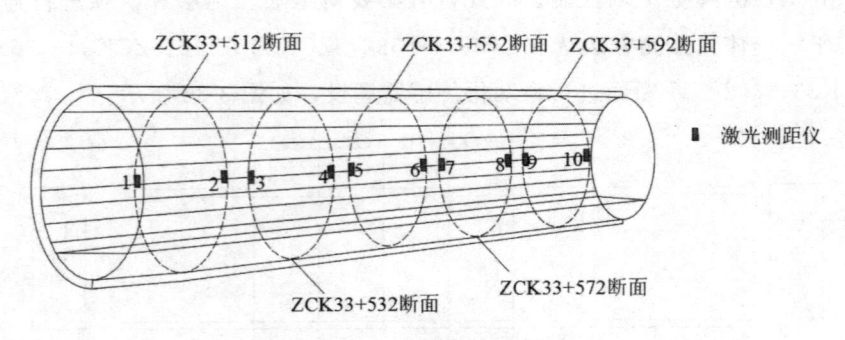

图 3-38 激光测距仪安装布置图

在施工现场需监测区域布设了相应的传感器,信号电缆线沿施工边缘进行延伸并加以合理的防护,这是不容忽视的也是十分关键的一项工作,以防止在施工时可能产生的破坏。位移计的线整理到一起,穿进 PVC 保护管内并铺设到预先凿开的路面凹槽内,最后对路面进行修复;静力水准仪和激光测距仪的线整理到一起,用绝缘胶带把线路紧密包裹起来,再用膨胀螺丝钩将其固定在盾构隧道拱腰侧壁上,一直延伸至采集箱处。现场线路保护及采集发射装置安装如图 3-39 所示。

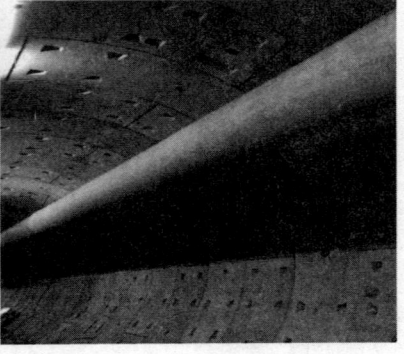

(a)施工现场线路保护

图 3-39 线路保护及采集发射装置

第 3 章 多元信息盾构施工监测预警及可视化管理

(b)数据采集及发射装置安装

图 3-39 线路保护及采集发射装置(续)

2. 监测结果分析

通过监测信息管理系统中的数据查询,对现场监测数据进行提取,选取 ZCK33+522 和 ZCK33+552 两个典型断面进行自动化监测数据的分析,设置监测采集频率为 30 min 一次。监测数据在去除异常值后选取当天较稳定的监测值进行统计,为了更直观地展示传感器数据变化的过程,以 ZCK33+522 和 ZCK33+552 两断面的传感器安装时间 5 月 18 号为时间起点即第 0 天开始分析,对 50 天的监测数据进行整理。

1) 地表和地层沉降监测分析

从图 3-40 可以看出,ZCK33+522 断面在监测第 8 天之前,三个监测点距离开挖面较远,盾构开挖未引起监测点明显变形。从监测开始的第 8 天,当盾构机穿越监测点正下方并向前推移的过程中,三个监测点开始沉降且沉降速率逐渐变大,该阶段第 14 天沉降速率达到最大值,最大沉降速率为 −0.92 mm/d,第 14 天后沉降速率逐渐减小,第 31 天沉降基本停止。距地表 6 m 监测点沉降监测值最大,最大累计沉降监测值为 −11.9 mm;距地表 3 m 监测点次之,最大累计沉降监测值为 −10.1 mm;距地表 0 m 监测点最小,最大累计沉降监测值为 −3.7 mm。ZCK33+552 断面在监测第 13 天开始沉降且沉降变化规律与 ZCK33+522 断面基本相同,该断面距地表 6 m、3 m 和 0 m 监测点最大累计沉降监测值分别为 −12.6 mm、−10.9 mm 和 −9.5 mm。由此可以看出,盾构机在开挖过程中地表和地层沉降变化规律符合监测要求,且沉降稳定后没有发生突变现象,说明按照现阶段的施工方式进行施工可以很好地控制地表和地层沉降。

（a）ZCK33+522 断面　　　　　　　（b）ZCK33+552 断面

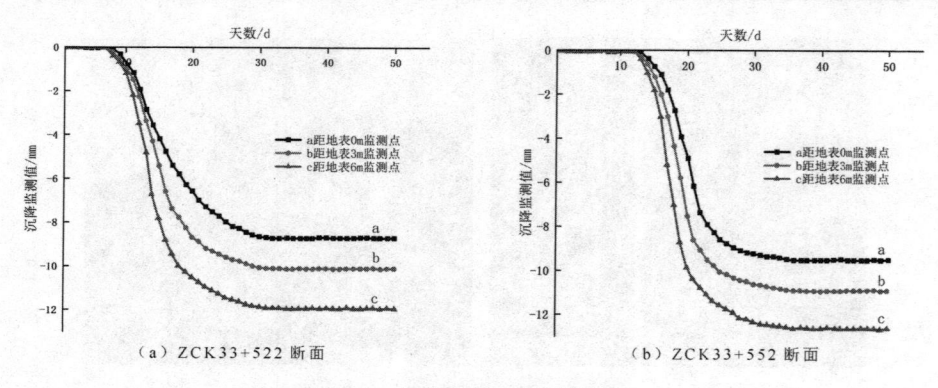

图 3-40　地表和地层沉降监测图

2）拱顶沉降监测分析

拱顶沉降监测如图 3-41 所示，从图中可以看出从 5 月 18 日安装静力水准仪开始，ZCK33+522 断面前 8 天拱顶还未产生沉降，当盾构机到达监测点时并向前推进的过程中在接下来的 9 天拱顶沉降有持续增加的趋势，说明 ZCK33+522 断面拱顶位置随着盾构机开挖受到土体扰动越来越大，而后在盾构机施加管片和注浆后，静力水准仪的数值开始趋于稳定，该断面的最大累计拱顶沉降监测值为 -14.2 mm；ZCK33+552 断面从第 13 天开始产生拱顶沉降，到第 24 天后静力水准仪的数值开始趋于稳定，此断面最大累计拱顶沉降监测值为 -16.8 mm。通过研究，盾构机在施工过程中，所产生的土体扰动对拱顶造成的沉降影响较大，此处应每天定时监测，一旦发生数值变化异常的情况应立即对该位置进行处理。

（a）ZCK33+522 断面　　　　　　　（b）ZCK33+552 断面

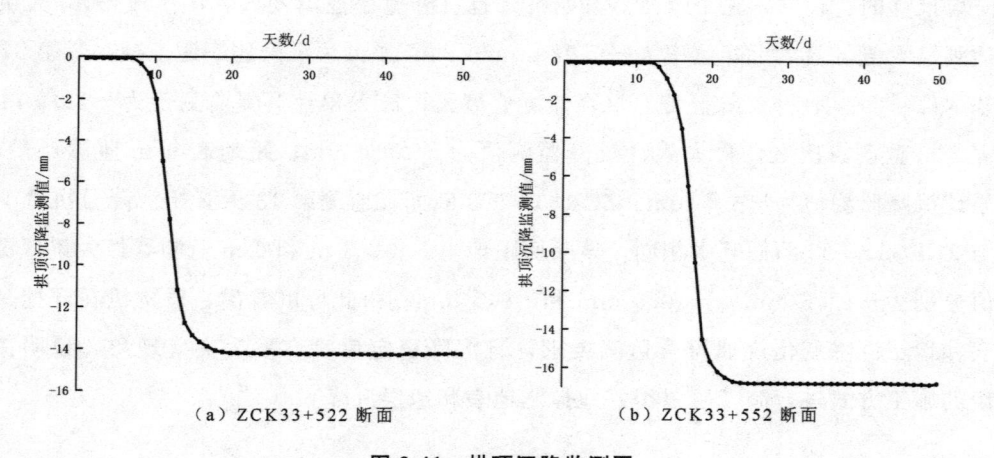

图 3-41　拱顶沉降监测图

3）盾构收敛监测分析

现场对盾构区间 ZCK33+582～ZCK33+512 区段开挖过程中拱腰收敛位移利用激光测距仪进行监测，在盾构隧道开挖 70 m 范围内安装 7 个激光测距仪，间隔 10 m 安装一个激光测距仪，通过激光测距仪测得的数据，对盾构机开挖过程中进行监测和预警。提取 ZCK33+522 和 ZCK33+552 两个断面激光测距仪数据，图 3-42 为 ZCK33+522 和 ZCK33+552 两个断面激光测距仪从安装传感器开始 50 天内的激光测距仪监测数据图。

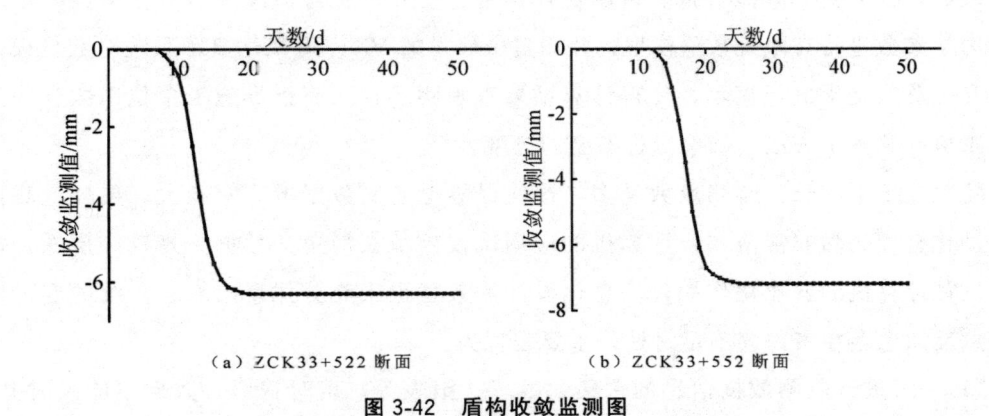

(a) ZCK33+522 断面　　(b) ZCK33+552 断面

图 3-42　盾构收敛监测图

从盾构隧道开挖到最终达到稳定状态的过程中，对隧道里程 ZCK33+522 和 ZCK33+552 两个典型断面处盾构隧道拱腰进行收敛监测，如图 3-42 所示。从图中可以看出 ZCK33+522 断面在监测第 8 天时，拱腰开始产生收敛值且变化速率很大，第 12 天沉降速率逐渐到达峰值，最大沉降速率为 −0.83 mm/d，第 12 天后收敛速率逐渐下降，第 19 天后收敛监测值逐渐达到最大值，最终拱腰收敛位移监测值为 6.3 mm；ZCK33+552 断面在监测第 13 天开始产生收敛且变化规律与 ZCK33+522 断面基本相同，最终拱腰收敛位移监测值为 7.2 mm，两个典型断面激光测距仪测得的收敛监测值都控制在 8 mm 内。

3.7　超前预警技术

隧道及地下工程施工过程常会遇到地质条件发生变化、与勘察结果不符的情况，超前预报能及时预报掌子面前方围岩的不良地质情况，为达到预先采取措施及控制工程风险的目的，超前预报也越来越受到重视。隧道超前地质预报方法多种多样，各种超前预报方法和手段有各自的优点及缺点，没有一种方法操作既简便、精确度又高。地质雷达探测具有操作简便、使用成本低、对隧道施工干扰小等特点，但也存在一些问题，如地质雷达图像多解性、超前预报图像杂乱等。地质素描法作为另一种常用的超前预报方法，有设备简单、操作方便、不占用或很少占用隧道施工时间、提交资料及时、成本低等优点，但是其可预报范围短，对操作人员地质理论知识要求高。

通过自主研发的隧道施工监测信息智能可视化系统，可以高效、准确地管理监测信息，及时分析预报隧道结构的稳定状况。结合地铁隧道工程实例，设计编制了工程数据库信息管理系统及 VTK 可视化显示系统。工程数据库信息管理系统具有监测资料存储、预处理、管理分析、限值警报、自动监控预警、差异进化智能反分析等功能，利用反分析的力学参数进行有限元数值模拟，并用自主研发的 VTK 可视化显示系统对数值模拟的应力和位移等结果进行显示，使得计算结果直观明了，从而指导施工单位采取合理的辅助施工措施和施工方法，确保工程安全和进度。

隧道施工工期长，监测点数量多，这使得隧道监测数据量非常庞大。现场量测信息的自动化管理仍然非常薄弱，计算机的应用也仅停留在简单的数据处理这一层次，没有充分发挥计算机的智能化作用，信息化设计的效益也未充分体现出来。传统的变形监测和信息反馈也存在着许多不足之处，主要表现为：

（1）手工进行监测数据信息的采集、处理、报表等，费时费力，数据不能及时共享，查询困难，容易造成数据的混乱和丢失。

（2）数据处理仅仅只停留在数据的存储和简单检索上，无法对数据进行自动分析和处理，对处于异常的数据很难做出正确的分析判断，降低了管理分析的水平和工作效率。

（3）信息反馈速度慢，数据分析和显示不直观。针对同一区段的不同来源、不同类型的数据信息很难进行综合并生成各种变化曲线，从而使分析围岩和支护结构的变化情况变得很不方便。对于缺少专业知识的管理者来说看到的只是数字，没有直观的图表和变形预测说明来分析当前的变形阶段和发展趋势，不能及时、准确地预警预报。这使得隧道施工中的时间效应和空间效应难以预测，对围岩稳定性的判断缺乏科学的依据，难以进行有效的综合分析与判定。

传统的收敛位移计、多点位移计、压力计等，需要人工进行量测和读取数据，信息也比较单一。随着传感器技术的发展，隧道监测的硬件技术也开始由单一信息到多元信息、由人工监测向自动化监测发展。目前，国内外在自动监测方面的研究和应用都取得了很大的进展，但国内并没有形成完整的监测体系，且应用不够广泛，仅在桥梁和大坝等有较多应用而隧道方面应用较少，与国外相比仍然存在很大的差距。目前变形或位移自动化监测应用较多的是自动全站仪，如瑞士徕卡 TCA1800 和 TCA2003 等。瑞士 Amberg 公司开发的 TunnelScan 隧道扫描技术，它以 Profiler5003 超高速相位式 3D 激光扫描仪为核心的数据采集硬件，在采集隧道数据时对隧道表面进行全断面的扫描，从而获得隧道表面各点隧道中线的距离和隧道内表面影像图像。最近几年我国在自动化监测研究方面发展得十分迅速，如 EMM-TF80 自动化监测系统，它的研发是针对青藏铁路的建设运营与环境监测。应力监测方面主要采用应变片、差阻式和振弦式等类型的传感器，如 BGK-MICRO 分布式网络测量系统等。

因此，一种集设计、施工、监测、反馈设计于一体的"多级自优化"的隧道信息化设计与施工方法已成为推动隧道工程建设日趋规范、科学、合理的主导动力。隧道工程现场监测是该方法得以广泛应用的关键，是从个体到群体解决隧道与地下工程力学、设计、施工问题的一种重要手段和主要途径。面对这些繁杂而又庞大的数据能否管理利用好，关系到监测隧道结构变形和预测结构变形工作能否保质保量完成。目前多数监测信息的管理和应用存在不直观、不及时、自动化程度较低等缺点，只有实时获取到反映隧道围岩整体稳定状态的各种信息，并及时分析、处理与反馈，并对信息进行可视化的直观显示的研究才能真正反映隧道工程开挖过程的动态变化，体现其"信息化""可视化"的特点。为此，如何有效地管理原始信息，并进行相应的处理显得尤为重要。根据地铁隧道结构自身特点研制一套高效率的、使用方便的监测信息管理系统是必要的，它与变形监测一样具有重要的实用意义和科学意义。

3.7.1 隧道监测信息时间序列预测方法

1. 非线性位移时间序列的支持向量机表达

对于一个非线性位移时间序列预测问题，通过实际监测数据可以得到位移随时间变化的一个时间序列$\{u_i\}=(u_1, u_2, \cdots, u_n)$，预测这个非线性位移时间序列问题，本质就是要找到在$i+t$时刻的位移值u_{i+t}与前t个时刻的位移值$u_i, u_{i+1}, \cdots, u_{i+t-1}$的关系，即$u_{i+t}=f(u_i, u_{i+1}, \cdots, u_{i+t-1})$，其中$f()$是反映位移时间序列之间的非线性关系的函数。

根据支持向量机的理论，用支持向量机对n个实际监测位移的学习就可以得到这个非线性关系，也就是通过对前t个位移时间序列$u_i, u_{i+1}, \cdots, u_{i+t-1}, i=1, 2, \cdots, n-t$的学习就可以得到位移时间序列之间的非线性关系：

$$f(u_{n+m}) = \sum_{i=1}^{n-p}(\alpha_i - \alpha_i^*)K(U_{n+m}, U_i) + b \tag{3-4}$$

其中，$f(u_{n+m})$为第$n+m$时刻变形值；U_{n+m}为第$n+m$时刻前t个时刻的变形值：

$$U_{n+m} = (u_{n+m-p}, u_{n+m-p+1}, \cdots, u_{n+m-1}) \tag{3-5}$$

U_i为第$i+t$时刻前t个时刻的位移值：

$$U_i = (u_i, u_{i+1}, \cdots, u_{i+t-1}) \tag{3-6}$$

K 为核函数；α，α^* 和 b 可以通过解下式的二次规划问题得到。

$$\text{Max}: W(\alpha, \alpha^*) = \sum_{i=1}^{k} u_{i+t}(\alpha_i - \alpha_i^*) - \mu \sum_{i=1}^{n-t} (\alpha_i + \alpha_i^*) -$$
$$\frac{1}{2} \sum_{i,j=1}^{n-t} (\alpha_i - \alpha_i^*)(\alpha_j - \alpha_j^*) K(U_i \cdot U_j) \tag{3-7}$$

$$\text{s.t.} \left. \begin{array}{l} 0 \leqslant \alpha_i \leqslant C \\ 0 \leqslant \alpha_i^* \leqslant C \\ \sum_{i=1}^{n-t} (\alpha_i - \alpha_i^*) = 0 \end{array} \right\}, i = 1, 2, \cdots, n-t \tag{3-8}$$

由上面支持向量机算法的论述可知，C 值是需要人为设定的，而且实际经验说明它的取值对预测结果的正确性有较大的影响；核函数 K 及其参数的选择也是根据情况人为确定的，它的选择对计算的效率及推广预测的性能也有较大的影响。人工手段一般都是采用参数的交叉比来选择结果理想的参数，这必然会导致效率极其低下、极大的不确定性和自由性。针对人工选参的问题，本节采用了更为科学的利用遗传算法来搜索支持向量机的参数的方法，即进化-支持向量机方法(见图 3-43)。

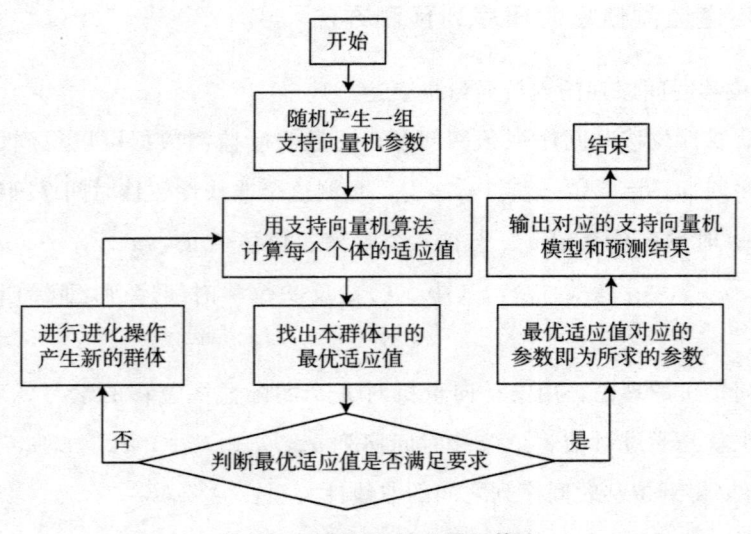

图 3-43 进化-支持向量机算法

2. 支持向量机参数的进化

参数(核参数和 C)的选择将会很大程度上影响支持向量机的推广预测能力及算法的效率，它们的正确选择是建立一个支持向量机模型的重要内容。遗传算法以其广泛的可用性、全局最优性和高度的稳定性的特点,使支持向量机算法的智能选参得以实现。将遗传算法与支持向量机相结合,利用已有的数据搜索支持向量机的参数,极大减少了人工选参的盲目性和不确定性,提高了计算效率和算法的预测能力。

本章采用支持向量机算法对监测数据进行建模,同时采用遗传算法来搜索支持向量机的最优的核参数和参数 C,即进化-支持向量机方法。其主要步骤为:

(1)初始化设置,包括设置进化代数、群体规模、杂交率和变异率等。

(2)产生一组随机值作为父代,其中的每个个体均代表一个支持向量机模型,每个模型对应不同的支持向量机参数(核参数和 C)。

(3)用每一个支持向量机模型预测已有数据的变形值,计算每个模型的个体适应度 $f(u)$,个体适应度是该支持向量机模型的推广预测能力的反映,适应度函数为

$$f(u) = \text{Min}\left[\text{Max}\left(\frac{u_i - u_i^*}{u_i^*}\right)\right], \quad i = 1, 2, \cdots, n \tag{3-9}$$

式中,u_i 为第 i 个已有数据的变形预测值;u_i^* 为第 i 个已有数据的变形实测值;$i=1$,$2,\cdots,n$,n 为已有数据的个数。

(4)随机地选取小于平均适应度的两个父代个体 i_1、i_2,通过杂交操作得到两个新的个体。

(5)随机地选取一父代个体按照突变概率进行突变操作,得到新的个体。

(6)反复进行(4)、(5)步即可得到一子代群体。

(7)随机地将父代中最好的个体置换为子代中个体,然后子代变为父代,计算每一个父代个体的适应度,然后即可反复进行(3)~(6)步,从而获得理想的支持向量机模型(模型中的参数为最优核参数和最优参数 C)。

3. 滚动预测方法

滚动预测可以使最新的数据得到充分利用,以提高位移时间序列预测的时效性和准确性。滚动预测的基本思想是:假设要预测的时间序列数据为行 $\{x_t\}$,最佳历史点数为 q,预测的时步为 s(q 和 s 根据实际情况确定)。现在已有的 n 个时间序列数据为 $\{x_1,x_2,\cdots,x_n\}$,首先用 n 个时间序列数据的 $n-q$ 组时间序列数据 $\{x_i,x_{i+1},\cdots,x_{i+q-1},x_{i+q}\}$($i=1,2,\cdots,n-q$)预测 n 时刻后的 s 个时间序列数据 $\{x_n,x_{n+1},\cdots,x_{n+s}\}$;得到 s 个时间序列数据后,用 s 个新的时间序列数据代替前面的 s 个时间序列数据 $\{x_1,x_2,\cdots,x_s\}$。然后,进行下一步的预测,又将得到 s 个预测值,依次滚动进行,如图3-44所示。

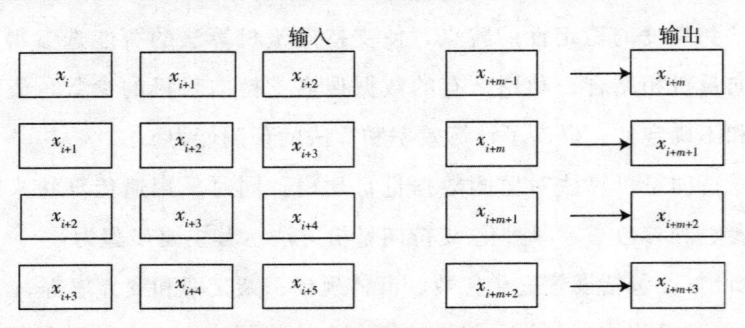

图 3-44 滚动预测示意图

从上文的论述可以看出，进化支持向量机方法既利用了支持向量机方法的较好的推广预测能力、有限样本和非线性映射，又利用了遗传算法的全局优化特性；而滚动预测方法利用了每次的最新观测数据，所以，该方法作为一种新的非线性智能预测方法，在科学研究和工程应用上都有非常广阔的应用前景。

3.7.2 隧道监测信息进化-支持向量机模型预测实例

支持向量机模型用于预测分析需要将原有的位移监测数据作为学习样本进行学习，然后利用遗传算法搜索支持向量机的结构参数，并得到支持向量，就可以预测各监测点未来的下沉值，从而分析岩体的变形量及稳定性。

选取作为样本的位移监测值，不可避免地存在着一些奇异的、重复的数据，训练样本和目标样本有"垃圾进垃圾出"的特点，训练样本选择得好坏将直接影响到训练时间和性能。为了使遗传算法能更好地搜索，加速算法的收敛，对样本先进行归一化处理。归一化公式为

$$x'_i = \frac{x_i - \frac{1}{8}\sum_{i=1}^{8} x_i}{x_{max} - x_{min}} \tag{3-10}$$

$$x''_i = x_j(x_{max} - x_{min}) + \frac{1}{8}\sum_{i=1}^{8} x_i \tag{3-11}$$

其中，x'_i为归一化处理后的样本值；x_{max}为观测值中的最大值；x_{min}为观测值中的最小值；x_i为观测值；x''_i为计算返回值；x_j为预测值。

将该方法应用于大连地铁 2 号线工程中，对地表沉降、桥墩沉降进行预测，检验该方法的有效性，并对工程施工提供正确的指导。

1. 工程实例 1——香工街车站桥墩沉降时间序列预测

大连地铁 2 号线香工街车站紧靠高架桥梁，地铁开挖对高架桥的影响一直都是困扰工

第3章 多元信息盾构施工监测预警及可视化管理

程技术人员的难点,也是科学研究的热点问题,现采用进化-支持向量机模型对高架桥桥墩沉降进行预测。表3-9和表3-10是香工街车站DK13+941.401断面桥墩QCJ-11-01和QCJ-12-01的沉降监测变化值,负值表示下沉,原始数据取自大连市地铁工程2号线202标段施工监测香工街站监测及巡视日报表。通过试算,选用历史步数为10,构造26个时间序列的学习样本,预测步数为1,选定惩罚因子C为8 532,参数d为159。采用该模型预测后6个数据。预测结果见表3-9。监测值和拟合、预测值比较见图3-45。预测的最大相对误差为3.3%,可见预测效果比较理想。

表3-9 桥墩QCJ-11-01沉降监测数据与预测数据比较

监测日期	监测值	GA-SVM 拟合值	GA-SVM 预测值	相对误差	监测日期	监测值	GA-SVM 拟合值	GA-SVM 预测值	相对误差
2011/5/22	-0.12				2011/10/16	-4.59	-4.571 8		-0.004
2011/5/29	-0.86				2011/10/23	-4.69	-4.637 4		-0.011 2
2011/6/5	-1.21				2011/10/30	-4.74	-4.675 5		-0.013 6
2011/6/12	-1.19				2011/11/6	-4.69	-4.722 1		0.006 8
2011/6/19	-1.68				2011/11/13	-4.76	-4.758		-0.000 4
2011/6/26	-2.36				2011/11/20	-4.87	-4.793 3		-0.015 7
2011/7/3	-2.39				2011/11/27	-4.73	-4.773 5		0.009 2
2011/7/10	-2.67				2011/12/4	-4.89	-4.842		-0.009 8
2011/7/17	-2.93				2011/12/11	-4.72	-4.720 3		0.000 1
2011/7/24	-3.16				2011/12/18	-4.94	-4.883		-0.011 5
2011/7/31	-3.34				2011/12/25	-5.09	-5.086 1		-0.000 8
2011/8/7	-3.45				2012/1/1	-5.02	-4.914 3		-0.021 1
2011/8/14	-3.87				2012/1/8	-5.02	-4.928 2		-0.018 3
2011/8/21	-3.83				2012/1/15	-5.09	-5.088 2		-0.000 4
2011/8/28	-4.05				2012/1/22	-4.98	-4.954 5		-0.005 1
2011/9/4	-4.12				2012/1/29	-4.93		-4.960 5	0.006 2
2011/9/11	-4.22	-4.185 4		-0.008 2	2012/2/5	-4.91		-4.965 8	0.011 4
2011/9/18	-4.41	-4.374 1		-0.008 2	2012/2/12	-4.93		-4.957	0.005 5
2011/9/25	-4.36	-4.366 4		0.001 5	2012/2/19	-5.28		-5.454	0.033
2011/10/2	-4.57	-4.591 6		0.004 7	2012/2/26	-5.3		-5.265 8	-0.006 5
2011/10/9	-4.65	-4.655 1		0.001 1	2012/3/4	-5.09		-5.102	0.002 4

表 3-10　桥墩 QCJ-12-01 沉降监测数据与预测数据比较

监测日期	监测值	GA-SVM拟合值	GA-SVM预测值	相对误差	监测日期	监测值	GA-SVM拟合值	GA-SVM预测值	相对误差
2011/5/22	−0.12				2011/10/16	−4.59	−4.353 8		−0.051 5
2011/5/29	−0.86				2011/10/23	−4.69	−4.429 4		−0.055 6
2011/6/5	−1.21				2011/10/30	−4.74	−4.517		−0.047
2011/6/12	−1.19				2011/11/6	−4.69	−4.586 4		−0.022 1
2011/6/19	−1.68				2011/11/13	−4.76	−4.655 4		−0.022
2011/6/26	−2.36				2011/11/20	−4.87	−4.737 9		−0.027 1
2011/7/3	−2.39				2011/11/27	−4.73	−4.820 2		0.019 1
2011/7/10	−2.67				2011/12/4	−4.89	−4.893 7		0.000 8
2011/7/17	−2.93				2011/12/11	−4.72	−4.950 5		0.048 8
2011/7/24	−3.16				2011/12/18	−4.94	−5.004 7		0.013 1
2011/7/31	−3.34				2011/12/25	−5.09	−5.097 7		0.001 5
2011/8/7	−3.45				2012/1/1	−5.02	−5.171 1		0.030 1
2011/8/14	−3.87				2012/1/8	−5.02	−5.245 5		0.044 9
2011/8/21	−3.83				2012/1/15	−5.09	−5.331 4		0.047 4
2011/8/28	−4.05				2012/1/22	−4.98	−5.412 5		0.086 8
2011/9/4	−4.12				2012/1/29	−5.77		−5.481 6	−0.05
2011/9/11	−4.22	−3.798 8		−0.099 8	2012/2/5	−5.55		−5.684	0.024 1
2011/9/18	−4.41	−3.935 4		−0.107 6	2012/2/12	−5.64		−5.694	0.009 6
2011/9/25	−4.36	−4.050 8		−0.070 9	2012/2/19	−5.62		−5.779	0.028 3
2011/10/2	−4.57	−4.155		−0.090 8	2012/2/26	−5.79		−5.920 5	0.022 5
2011/10/9	−4.65	−4.270 9		−0.081 5	2012/3/4	−5.63		−5.920 5	0.051 6

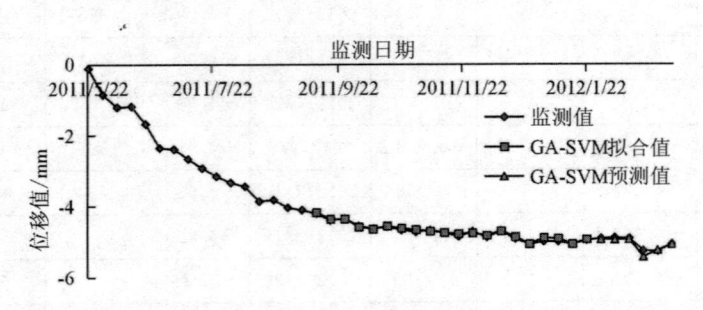

图 3-45　桥墩 QCJ-11-01 沉降监测值与预测值对比图

通过试算，选用历史步数为 10，构造 26 个时间序列的学习样本，预测步数为 1，选

第3章 多元信息盾构施工监测预警及可视化管理

定惩罚因子 C 为 535，参数 d 为 78。采用该模型预测后 6 个数据。预测结果见表 3-10。监测值和拟合、预测值比较见图 3-46。预测的最大相对误差为 10.8%，可见预测效果比较理想。

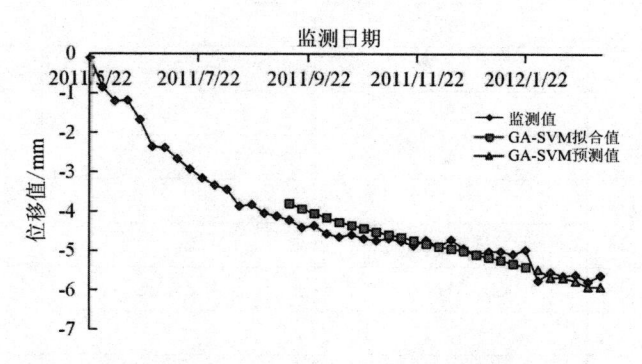

图 3-46　桥墩 QCJ-12-01 沉降监测值与预测值对比图

2. 工程实例 2——香工街车站地表沉降时间序列预测

大连地铁 202 标段香工街车站施工监测自 2010 年 6 月开始，采用精密水准仪进行地表沉降监测。在车站开挖影响范围内，每隔 15 m 设置一个断面，选取 DK13+834.801 断面上隧道拱顶正正上方的地表沉降测点（理论位移最大值点）进行时间序列预测。该测点连续四天沉降速率超过预警值，因此对该点加密监测频率和巡视频率，并密切注意附近岩层的变化，9 月 24 日该测点超过了地表沉降安全预警值（24 mm），掌子面有少量坍塌。地表沉降监测如表 3-11 所示。

通过试算，选用历史步数为 5，构造 11 个时间序列的学习样本，预测步数为 1，选定惩罚因子 C 为 8 179，参数 d 为 69。采用该模型预测后 5 个数据。预测结果见表 3-11。监测值和拟合、预测值比较见图 3-47。

表 3-11　地表沉降监测数据与预测数据比较

监测日期	监测值	GA-SVM 拟合值	GA-SVM 预测值
2010/9/16	0		
2010/9/17	−0.47		
2010/9/18	−1.19		
2010/9/19	−3.2		
2010/9/20	−5.5		
2010/9/21 上午	−7.5		
2010/9/21 下午	−10.11		

续表

监测日期	监测值	GA-SVM 拟合值	GA-SVM 预测值
2010/9/22 上午	−12.24		
2010/9/22 下午	−14.53	−16.28	
2010/9/23 上午	−16.57	−18.07	
2010/9/23 下午	−18.26	−20.5	
2010/9/24 上午	−20.81	−22.9	
2010/9/24 下午	−22.17	−25.71	
2010/9/25 上午	−24.32	−29.79	
2010/9/25 下午	−31.56	−34.21	
2010/9/26	−34.17		−38.56
2010/9/27	−34.64		−43.35
2010/9/28	−33.91		−47.93
2010/9/29	−34.77		−52.01
2010/9/30	−36.75		−57.2

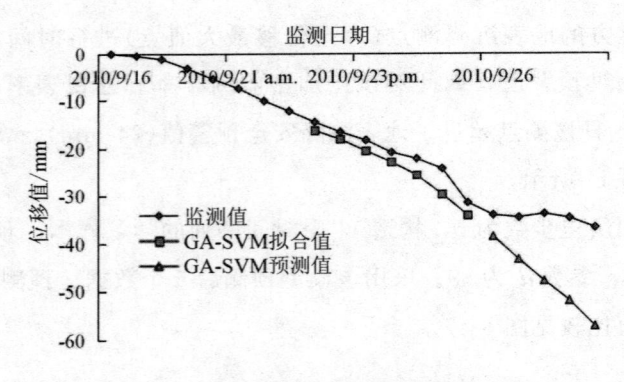

图 3-47 地表沉降监测值与预测值对比图

预测结果表明该测点位移在 5 天内将达到 57 mm 左右，这将对岩层的稳定性产生破坏，并且有可能发生更大的塌方。该隧道上方为城市主干道路，如果有危险发生，结果将无可挽回，故对该区域岩体进行了注浆加固，监测结果表明加固手段产生了良好的效果。

3.8 小结

本章以复杂环境下盾构工程为背景，针对盾构隧道涉及的洞内和环境建筑的监测数

第 3 章 多元信息盾构施工监测预警及可视化管理

据繁杂、抽象、不便分析的问题，引入三维可视化和物联网技术，建立盾构施工的多元信息物联网自动化监测系统和可视化管理的软件系统。介绍了系统的软硬件结构，软件采用数据层、服务层、应用层的三层结构，基于 VTK 工具包和 Visual Studio 2005 平台，用 C♯ 语言开发分析系统。硬件采集系统能够将多种传感器的普通振弦信号和模拟信号转换成数字信号，通过物联网实现超远距离无线传送。

自主研发的 VTK 可视化显示系统对隧道信息进行显示，得到水平位移等值线图及云图、垂直位移等值线图及云图、X 方向应力分布及等值线图、Y 方向应力分布及等值线图、剪应力分布及等值线图，从而对隧道位移及应力的分布状态进行直观的分析。实现了将数据文件转换为可视化图形图像的功能，并且实现了地质体可视化功能。

设置预报警告模块，在这个模块中为用户提供了可视化的操作界面。用户可以在界面上设置不同级别的警戒值，并监测数据库中存在的数据，系统会报告超过警戒值的数据值信息，并显示给终端用户。用户可以根据系统的预报警告，分析在隧道施工中可能存在的问题并及时采取有效的解决方法。

第4章 流固耦合地层盾构施工稳定性分析与施工技术

4.1 引言

盾构机掘进过程是盾构和周边土体进行相互作用的过程,土体稳定性是盾构机能够安全推进的条件和保障。土体稳定性的关键是开挖面的稳定。土体稳定性的影响因素主要包含以下方面。

(1)岩土体自身特性:这是影响隧道稳定性的根本因素,它包括岩土体自身的强度和变形特征。隧道的开挖导致应力重新分布,土体强度若足以抵抗开挖引起的不平衡力,则隧道稳定,否则隧道不稳定。

(2)地应力:隧道的失稳主要是由于岩土体开挖后,应力进行重分布,并超过了围岩强度,或者使围岩产生了过大变形引起的,应力是否超过危险的程度则需要通过初始应力场的方向、量值和性质决定。因此地应力也是影响隧道稳定的最重要因素之一。

(3)地下水渗流:由于地下水的存在,不仅使围岩软化、强度降低,同时地下水产生的孔隙水压会引起围岩有效应力的变化,在流固耦合的作用下,加剧了围岩的变形和破坏。图4-1所示为地下水渗入隧道。

(4)时间效应:围岩的时间效应主要由岩土体的流变性质引起,多数的岩土体均具有流变性。围岩的流变性包括应力状态不变,但变形却随时间不断地增加,即蠕变;变形不增加但是应力状态改变,即松弛。图4-2所示为蠕变导致的衬砌裂缝。

(5)工程因素:隧道的结构设计,埋深、开挖的顺序、工程进度、支护时间等,也即盾构隧道施工的参数,都有可能对隧道的稳定性产生重要的影响。

第 4 章　流固耦合地层盾构施工稳定性分析与施工技术

图 4-1　地下水渗入隧道

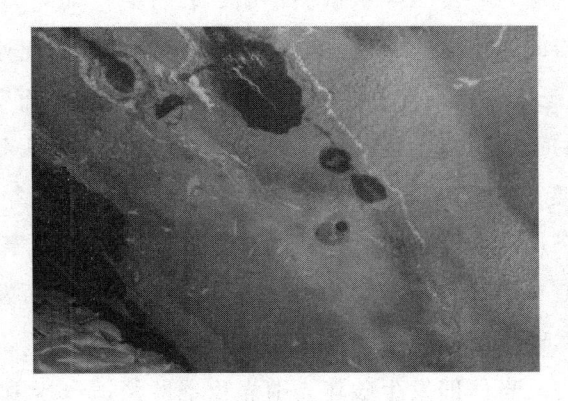

图 4-2　蠕变导致的衬砌裂缝

针对富水区的地层盾构施工的问题，传统的研究方法通常以经验公式为主，但实际的工程相对复杂，使得传统的方法在应用上存在一定的弊端。本章通过理论公式与数值模拟相结合，建立精细化的数值模型，考虑多种复杂的不良因素（渗流-软岩-蠕变）的影响，建立流固耦合地层隧道稳定性分析方法。在此基础上，提出流固耦合地层盾构隧道的施工对策，并应用于实际的工程。

4.2　隧道围岩稳定性定量评价方法

4.2.1　隧道围岩稳定性评价指标

由于岩土体的结构极其复杂，因此对其失稳机制、分析方法和评判准则的研究至今仍然没有达到十分成熟的程度，甚至未能给出工程稳定性严格的定义和量化的标准。对于隧道围岩稳定性判据的研究，目前主要分为三类：围岩强度判据、围岩变形量或变形速率判据以及围岩松动圈判据。

1. 围岩强度判据

隧道围岩强度判据的理论基础是强度破坏准则，如 Mohr-Coulomb 准则或 Drucker-Prager 准则等。

整体性良好的岩体，由于节理裂隙不发育，强度较大，无塑性变形，对该类坚硬完整岩体中洞室围岩的稳定性分析，一般以洞壁切向应力是否超过岩石许可抗压强度或抗拉强度作为围岩稳定性的判据。这种方法虽然成功指导了部分地下洞室的设计和施工，但不能完全反映岩体的强度特征。更重要的是，施工人员可能关心的不是岩石是否破坏，而是其破坏全过程及其破坏程度。大量试验证明，岩石失稳都发生在峰值强度之后应变软化段的某一区间。因此即使超过峰值强度，岩石不一定失稳；此外有时岩石的受力并未超过岩石强度，但由于岩石的流变性质，并在外部因素作用下，岩石变形也能进入应变弱化段，当满足一定的条件时也会失稳，因此，只根据应力判断岩石的失稳往往是失效的。

2. 围岩变形量或变形速率判据

若围岩为稳定状态，其变形速率呈递减的趋势并逐渐减小为零，而失稳状态则为围岩的变形速率呈递增趋势，最终累计位移超过了某个极限位移而发生破坏失稳。目前，国内外有关规范中，围岩稳定性判据多以变形值和变形速率为主，认为围岩的变形量或变形速率超过一定值时，岩体即发生破坏。围岩稳定性判据包括围岩极限应变判据、围岩变形速率比值判据、围岩位移容许判据、位移加速度判据、收敛比判据等。

4.2.2 单元状态指标定量评价方法

传统的岩土工程如边坡工程通常针对整体的安全性，根据围岩强度准则计算安全系数并进行评价。而岩土体的整体失稳往往是由于局部范围内岩体的失稳开始的，因此定量评价局部岩土体单元的安全性与危险性对于分析整体稳定性有重要的参考价值。岩土材料共分为弹性、屈服、破坏三种状态，针对岩土工程的安全评价方法前人已做了大量的工作，分别从安全角度或者破坏角度建立了完善的评价指标。虽然从简单到复杂，从针对单准则扩展到多准则的安全评价方法有很多，但目前还缺乏统一的、综合的、全面评价岩体弹性-屈服-破坏三个阶段的评价方法。

为此，本章提出单元状态指标 ZSI(zone state index)，该指标将屈服接近度、破坏接近度等进行适当变换，统一到单元安全度量体系（负值代表破坏），实现了单元的弹性、屈服、破坏三种状态的完整表达。最后采用 FLAC 3D 的 FISH 语言二次开发，通过数值模拟实例进行验证和应用。

4.2.3 单元状态指标 ZSI 的推导

在岩土工程研究的早期阶段，人们常认为超过应力峰值岩土体便已经破坏，无承载能力，这些是不符合实际的，典型的岩石压缩和岩石拉伸应力应变曲线均存在软化阶段（土体一般为硬化）。两条曲线基本相似，压缩曲线中 A 点为屈服应力点，之后开始出现塑性应变，B 点为应力峰值点。岩石在拉伸状态下，初始阶段为弹性，应力达到抗拉强度后屈服，之后强度迅速减弱，接近弹脆性本构关系。等效塑性应变超过极限等效塑性应变后岩石破坏，无承载能力。

在弹性段等效塑性剪切应变 $\varepsilon^{ps}=0$，应力随着弹性应变线性增加。达到屈服强度后便进入应变软化段，此时 $\varepsilon^{ps}>0$。当 ε^{ps} 增加到极限应变 $\bar{\varepsilon}^{ps}$ 以后，材料便发生破坏。ε^{ps} 可由式(4-1)、(4-2)确定：

$$\varepsilon^{ps} = \frac{1}{\sqrt{2}}\sqrt{(\varepsilon_1^{ps}-\varepsilon_m^{ps})^2+(\varepsilon_m^{ps})^2+(\varepsilon_3^{ps}-\varepsilon_m^{ps})^2} \tag{4-1}$$

$$\varepsilon_m^{ps} = \frac{1}{3}(\varepsilon_1^{ps}+\varepsilon_3^{ps}) \tag{4-2}$$

式中：ε_1^{ps}、ε_3^{ps} 为塑性剪切应变分量，可根据全应力应变曲线软化(硬化)段的线弹性卸载得到。应变软化(硬化)模型采用塑性参数 ε^{pt} 计算塑性拉伸应变 $\varepsilon^{pt}=\varepsilon_3^{pt}$。极限应变则可以根据破坏时的等效塑性应变确定。目前没有较为明确的标准给出材料的极限等效塑性应变参考值，一般只能通过试验得到。

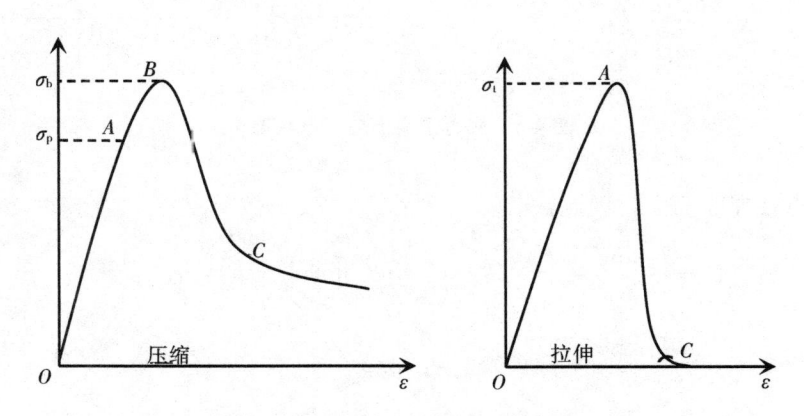

图 4-3 典型的岩石应力应变曲线

通过统一的指标建立岩土材料从弹性到破坏全阶段的定量评价方法，将围岩划分为单元，提取单元的应力应变状态，以单元状态指标 ZSI 值表征岩体单元的安全或危险程度。主应力符号以拉应力为正,压应力为负,且 $\sigma_3 < \sigma_2 < \sigma_1$,ZSI 推导如下:

1. 弹性阶段($\varepsilon^{ps}=0$,$\varepsilon^{pt}=0$)

在弹性阶段单元的塑性应变为 0,此时根据图 4-4 中单元实际的应力状态点 P 计算材料单元的安全指标。当 $\sigma_1 \leqslant 0$ 时,由于没有拉应力存在,按照单元处于弹性剪切状态来考虑。莫尔-库仑(Mohr-Coulomb)准则屈服面在主应力空间中是一个不规则的六角形截面的角锥体表面,其 π 平面或偏平面内投影为不等角六边形。

I_1 为应力张量第一不变量,J_2 为偏应力张量第二不变量。点状线为偏平面上 σ'_2 轴的垂线,与 $O'B$ 的夹角等于应力洛德角 θ_σ。O' 点为等倾线上的点,亦为相对最安全的参考点,连接 $O'P$ 并延长交 EFG 平面于 B,在 GBO' 面上 O 点坐标为 $(0,0)$,O' 点坐标为 $(\sigma_\pi,0)$,σ_π 为 π 平面上的正应力分量。P 点的坐标为 (σ_π,τ_π)。B 点坐标为 (σ_π,τ'_π)。此时 ZSI 可表述为:空间应力点相应的最稳定参考点沿洛德角方向到屈服面的距离与该参考点和应力点间的距离之比。

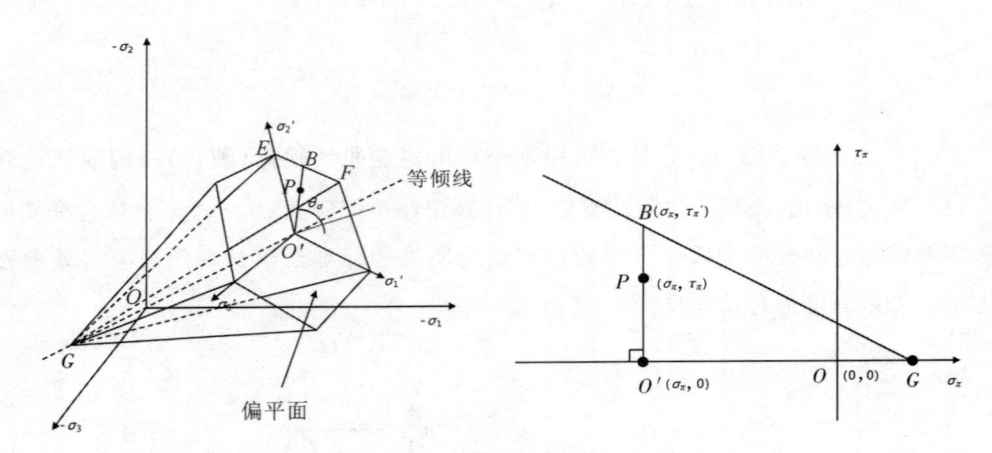

图 4-4 应力空间上应力点状态

由于 B 点在屈服面上,因此:

$$F = \frac{I_1 \sin\varphi}{3} + \left(\cos\theta_\sigma - \frac{1}{\sqrt{3}}\sin\theta_\sigma \sin\varphi\right)\sqrt{J_2} - c\cos\varphi$$

$$= \frac{I_1 \sin\varphi}{3} + \beta(\theta_\sigma)\tau_\pi - c\cos\varphi$$

$$= 0 \tag{4-3}$$

$$\beta(\theta_\sigma) = \frac{\cos\theta_\sigma - \dfrac{\sin\theta_\sigma \sin\varphi}{\sqrt{3}}}{\sqrt{2}} \tag{4-4}$$

第4章 流固耦合地层盾构施工稳定性分析与施工技术

$$\tau'_\pi = \frac{c\cos\varphi - \dfrac{I_1\sin\varphi}{3}}{\beta(\theta_\sigma)}, \quad \tau_\pi = \sqrt{2J_2} \tag{4-5}$$

$$ZSI = \frac{O'B}{O'P} = \frac{\tau'_\pi}{\tau_\pi} = \frac{\dfrac{I_1\sin\varphi}{3} - c\cos\varphi}{\left(\dfrac{1}{\sqrt{3}}\sin\theta_\sigma\sin\varphi - \cos\theta_\sigma\right)\sqrt{J_2}} \tag{4-6}$$

当应力点在屈服面上时，ZSI=1，应力点在等倾线上时 ZSI=+∞，表示单元在该阶段所能达到的最安全状态。需要说明的是，ZSI=+∞并不是指单元无限安全，而是在弹性剪切阶段处于相对最安全的状态。

通常，岩土材料抗拉强度相对抗剪强度要小很多，因此必须考虑材料在拉伸状态下的安全性，此时 ZSI=σ_t/σ_1，σ_1 趋近于 0，受拉状态为相对最安全状态 ZSI=+∞，然而此时仍不能排除单元剪切破坏的可能，为更好地把握岩土体的危险性，ZSI 值可取为剪切与拉伸同时考虑的情况下的较小值。弹性段 ZSI 的表达式为

$$ZSI = \begin{cases} \dfrac{\dfrac{I_1\sin\varphi}{3} - c\cos\varphi}{\left(\dfrac{1}{\sqrt{3}}\sin\theta_\sigma\sin\varphi - \cos\theta_\sigma\right)\sqrt{J_2}}, & \sigma_1 \leqslant 0 \\[2ex] \min\left(\dfrac{\dfrac{I_1\sin\varphi}{3} - c\cos\varphi}{\left(\dfrac{1}{\sqrt{3}}\sin\theta_\sigma\sin\varphi - \cos\theta_\sigma\right)\sqrt{J_2}}, \dfrac{\sigma_t}{\sigma_1}\right), & \sigma_1 > 0 \end{cases} \tag{4-7}$$

弹性阶段 ZSI∈[1，+∞)，ZSI 大于 1 时，单元处于弹性阶段，ZSI 值越大，安全性越高，当 ZSI=1 时，单元开始进入屈服阶段。

2. 屈服阶段($0 < \varepsilon^{ps} \leqslant \bar{\varepsilon}^{ps}$，$\bar{\varepsilon}^{pt}=0$；$\varepsilon^{ps}=0$，$0 < \varepsilon^{pt} \leqslant \bar{\varepsilon}^{pt}$；$0 < \varepsilon^{ps} \leqslant \bar{\varepsilon}^{ps}$，$0 < \varepsilon^{pt} \leqslant \bar{\varepsilon}^{pt}$)

当应力超过了屈服应力认为材料进入塑性软化的阶段，此时岩石出现了塑性变形，等效塑性应变大于 0。有学者指出：在宏观现象学上，材料的屈服和破坏取决于应变量，应用应变来建立屈服与破坏条件更能反映材料屈服和破坏的本质。也就是说以应变量来界定工程岩体的破坏是一个很好的方法。对岩体而言，等效塑性应变可以表示材料的累计损伤程度。因此可将破坏临界点的等效塑性应变值作为破坏的判据。

$\varepsilon^{ps}/\bar{\varepsilon}^{ps}$ 可以表示材料在剪切屈服段距离破坏段的接近程度，取 $\varepsilon^{ps}/\bar{\varepsilon}^{ps}$ 相补参量作为剪切屈服状态相对于破坏状态的指标 ZSI，这样处理的优点是可以将屈服阶段的值域与弹性阶段明显地区分开来，并且仍然保持值越小，安全性越低的趋势，此时：

$$ZSI = 1 - \frac{\varepsilon^{ps}}{\bar{\varepsilon}^{ps}} \tag{4-8}$$

同理，当材料处于拉伸屈服段时，公式如下：

$$ZSI = 1 - \frac{\varepsilon^{pt}}{\bar{\varepsilon}^{pt}} \tag{4-9}$$

值得注意的是，当 $0 < \varepsilon^{ps} \leqslant \bar{\varepsilon}^{ps}$，$0 < \varepsilon^{pt} \leqslant \bar{\varepsilon}^{pt}$ 时表示单元剪切和拉伸状态均达到了屈服，ZSI 值取两种情况中的较小值。

$$ZSI = \min\left(1 - \frac{\varepsilon^{ps}}{\bar{\varepsilon}^{ps}},\ 1 - \frac{\varepsilon^{pt}}{\bar{\varepsilon}^{pt}}\right) \tag{4-10}$$

3. 破坏阶段

当等效塑性应变量超过极限等效塑性应变时，材料进入破坏状态，$\varepsilon^{ps} > \bar{\varepsilon}^{ps}$ 单元发生剪切破坏，$\varepsilon^{pt} > \bar{\varepsilon}^{pt}$ 单元发生拉伸破坏。此时剪切与拉伸状态的 ZSI 表达式与式(4-10)相同。随着等效塑性应变增大，ZSI 持续减小，破坏阶段的 $ZSI \in (-\infty, 0)$，ZSI 越小，表示破坏程度越高。$ZSI = +\infty$ 或者 $-\infty$ 只是表达了本指标体系的两个极端。

ZSI 表达式如表 4-1 所示。

表 4-1 ZSI 表达式

状态	判断条件	公式	值域	单调性
弹性	$\varepsilon^{ps} = 0$, $\varepsilon^{pt} = 0$ $\sigma_1 \leqslant 0$	$\dfrac{\dfrac{I_1 \sin\varphi}{3} - c\cos\varphi}{\left(\dfrac{1}{\sqrt{3}}\sin\theta_\sigma \sin\varphi - \cos\theta_\sigma\right)\sqrt{J_2}}$	$[1, +\infty)$	ZSI 值随安全性的降低或破坏程度的增加而单调递减
弹性	$\varepsilon^{ps} = 0$, $\varepsilon^{pt} = 0$ $\sigma_1 > 0$	$\min\left(\dfrac{\dfrac{I_1 \sin\varphi}{3} - c\cos\varphi}{\left(\dfrac{1}{\sqrt{3}}\sin\theta_\sigma \sin\varphi - \cos\theta_\sigma\right)\sqrt{J_2}},\ \dfrac{\sigma_t}{\sigma_1}\right)$		
屈服	$0 < \varepsilon^{ps} < \bar{\varepsilon}^{ps}$ $\varepsilon^{pt} = 0$	$1 - \dfrac{\varepsilon^{ps}}{\bar{\varepsilon}^{ps}}$	$[0, 1)$	
屈服	$\varepsilon^{ps} = 0$ $0 < \varepsilon^{pt} < \bar{\varepsilon}^{pt}$	$1 - \dfrac{\varepsilon^{pt}}{\bar{\varepsilon}^{pt}}$		
屈服	$0 < \varepsilon^{ps} < \bar{\varepsilon}^{ps}$ $0 < \varepsilon^{pt} < \bar{\varepsilon}^{pt}$	$\min\left(1 - \dfrac{\varepsilon^{ps}}{\bar{\varepsilon}^{ps}},\ 1 - \dfrac{\varepsilon^{pt}}{\bar{\varepsilon}^{pt}}\right)$		
破坏	$\varepsilon^{ps} > \bar{\varepsilon}^{ps}$	$1 - \dfrac{\varepsilon^{ps}}{\bar{\varepsilon}^{ps}}$	$(-\infty, 0)$	
破坏	$\varepsilon^{pt} > \bar{\varepsilon}^{pt}$	$1 - \dfrac{\varepsilon^{pt}}{\bar{\varepsilon}^{pt}}$		

应用 ZSI 定量评价隧道围岩的稳定性具有众多优点：所需参数较少，均可通过三轴试

验获得；可以量化所有单元的安全程度或破坏程度；可以通过 ZSI 值判断单元所处的应变状态；单元处在任何一个变形阶段，ZSI 均随单元的安全程度提高保持单调递增，方便同阶段和不同阶段单元之间进行安全性的对比；对于破坏程度也可定量判断、计算岩土体局部化的破坏问题，分析岩石渐进破坏的过程。

4.3 基于单元状态指标的流固耦合数值模拟与隧道工程应用

4.3.1 隧道工程中流固耦合作用

在隧道工程中，常需要了解围岩的渗透性。岩石的渗透性是指气体、液体或离子通过岩石的难易程度。由于岩石固有的多孔性，存在液体或气体从高压处向低压处迁移渗透的现象，岩石的渗透性主要取决于岩石的孔隙结构和集料的性能。岩石材料都含有各种大小的孔隙和裂缝，所以孔隙率是影响渗透性的主要原因之一。岩土体孔隙中的自由水在重力作用下发生运动的现象，称为渗流。渗流是具有实际水流的运动特点（流量、水头、压力、渗透阻力），并连续充满整个含水层空间的一种虚拟水流，是用以代替真实地下水流的一种假想水流。水流作用在单位体积土体颗粒上的力称为渗透力，渗透力的存在对工程有着非常重要的影响。在工程实践中，渗流可能引起渗透破坏。因渗透力使土颗粒流失或局部土体产生移动，导致土体变形甚至失稳。

对于需要考虑水压力的隧道，在对结构进行荷载计算时，通常情况下都是把水压力作为边界力直接施加在结构表面来进行处理。从渗流观点看，由于围岩和地下结构物通常为透水介质，水流经后形成渗流场，渗流过程中由于孔隙水压力的梯度而产生渗透体积力。渗流体积力可以分为两部分：与水力梯度成比例的渗透力和浮力。水压力实际上是对地下水在渗流过程中作用在地下水位线以下的围岩和地下结构物的体积力。只有当计算域边界或内部有不透水面时，才在不透水面的法向作用有面荷载。对地下结构而言，体积力是水荷载的一般形态，而边界力只是它的特殊形态。

岩土工程软件 FLAC 3D 在岩土体的耦合多场模拟方面已经得到广泛的认可，可针对如静力、动力、渗流、温度、蠕变等多种模式进行分析。本节以渗流力学和软化模型为基础，视岩体为多孔介质，并满足小变形假定，流体在介质中的流动服从达西定律，引入 Biot 方程，根据相应的边界条件构建 H-M 耦合数学模型。

4.3.2 FLAC 3D 流固耦合数值模拟理论

1. 平衡方程

对于小变形，液体质量平衡可以表达为

$$-q_{i,j} + q_v = \frac{\partial \zeta}{\partial t} \tag{4-11}$$

其中：$q_{i,j}$ 为渗流速度，m/s；q_v 是体积液源强度，L/s；ζ 是多孔介质单位体积流体体积的变化，它取决于液体扩散的质量转换。

液体容量的变量的改变与孔隙压力 p、饱和度 s、力学容积应变 ε、温度 T 有关。

$$\frac{1}{M}\frac{\partial p}{\partial t} + \frac{n}{s}\frac{\partial s}{\partial t} = \frac{1}{s}\frac{\partial \zeta}{\partial t} - \alpha\frac{\partial \varepsilon}{\partial t} + \alpha\frac{\partial T}{\partial t} \tag{4-12}$$

其中：M 是 Biot 模量，N/m²；n 是孔隙度；α 是 Biot 系数；β 是无排水的热系数，1/℃，它考虑了液体和颗粒的热膨胀。

2. 运动方程

Darcy 定律描述了液体的运移。对于均匀的各向同性固体而且液体密度为常数，定理以下式给出：

$$q_i = -k_{ij}\hat{K}(s)[P - \rho_f x_j g_j] \tag{4-13}$$

其中：q 是给定的排出向量；k 为流体绝对运动系数张量，m²/(Pa·s)；$\hat{K}(s)$ 是相对运动系数，它是关于饱和度 s 的函数；ρ_f 是液体的密度，kg/m³；g_j 中 $j=1,2,3$ 是重力矢量的三个分量。

$$\hat{K}(s) = s^2(3 - 2s) \tag{4-14}$$

3. 本构方程

体积应变与流体的孔隙压力是相互影响的，应变的改变使孔隙压力重新调整，而孔隙压力的变化也影响着应变的发生。描述方程为

$$\hat{\sigma}_{ij} + \alpha\frac{\partial p}{\partial t}\delta_{ij} = H(\sigma_{ij}, \xi_{ij} - \xi_{ij}^T, \kappa) \tag{4-15}$$

式中：$\hat{\sigma}_{ij}$ 是共同旋转应力速度；H 是本构定律的泛函形式；κ 为历史参数；$\boldsymbol{\delta}_{ij}$ 为克罗内克因子；$\boldsymbol{\xi}_{ij}$ 是应变速度。

4. 协调方程

应变速率与速度梯度的关系式：

$$\boldsymbol{\varepsilon}_{ij} = \frac{1}{2}[v_{i,j} + v_{j,i}] \tag{4-16}$$

式中，v 为介质中的一点速度，m/s。

5. 边界条件

FLAC 3D 在渗流计算中有四种类型的边界条件：给定孔隙水压力；给定边界外法线方向流速矢量；透水边界；不透水边界。可根据问题的实际情况进行选择。

FLAC 3D流固耦合数值模拟要点包括：基础资料要求；计算范围和边界条件确定；初始水位的确定；模型可靠性问题等。

4.3.3 流固耦合过程中渗透系数的变化

FLAC 3D在模拟渗流的过程中，默认单元的渗透系数是不变的，然而这与实际的渗流情况并不相符。岩石的渗透性是与应力应变状态密切相关的。岩石在进入屈服阶段之前，即弹性阶段时，渗透系数将保持在较低水平上，而一旦进入屈服阶段，岩石的渗透系数将远远大于弹性阶段的渗透系数，而岩石破裂后渗透系数存在突跳现象，目前也较难找到连续光滑的函数表达，由于试件越接近均质，渗透系数突跳点越接近峰值点，可以认为细观单元突跳点和峰值点一致，通过细观单元的非均匀赋值，反映宏观试件应力应变-渗透系数的非线性。

关于渗透系数与应力、应变关系的方程有很多。推导方法包括经验公式、间接公式和理论模型等方法。但大多数方程参数较多，适应性不好。体应变能更好地反映单元屈服、软化和破坏过程中渗透系数的变化。初始压密阶段，体应变为负值，渗透性减小但变化并不明显；当应力达到峰值时，进入屈服状态，产生大量的微裂纹，体应变迅速增加；当单元破坏后，裂隙扩展、贯通，变形随应力迅速增长，裂隙贯通形成畅通的导水通道，渗透系数突跳。随着变形的进一步发展，破裂的凹凸部分被剪断或磨损，在围压作用下，破坏试件又出现一定程度的压密闭合，基于以上考虑本章中单元在弹性阶段到破坏阶段渗透系数k是与体积应变ε_v相关的函数，结合ZSI，基于Kozeny-Carman公式可表达为

$$k = \begin{cases} k_0 \dfrac{(1+\varepsilon_v/n_0)^3}{1+\varepsilon_v}, & \text{ZSI} \geqslant 1 \\ \xi k_0 \dfrac{(1+\varepsilon_v/n_0)^3}{1+\varepsilon_v}, & 0 \leqslant \text{ZSI} < 1 \\ \xi' k_0 \dfrac{(1+\varepsilon_v/n_0)^3}{1+\varepsilon_v}, & \text{ZSI} < 0 \end{cases} \quad (4-17)$$

其中孔隙度的演化方程为

$$n = \frac{n_0 + \varepsilon_v}{1 + \varepsilon_v} \quad (4-18)$$

该方程不仅表达形式简单，参数明确，更容易在FLAC 3D中实现。式中：n_0为初始孔隙度；ε_v是体积应变；k_0是初始渗透系数，m/d。由于破裂后的单元渗透系数与弹性或屈服状态相差若干个等级，屈服状态比弹性状态同样高出很多倍，增速比体应变突变速率要

快，因此这两个阶段分别用突跳系数 ξ、ξ' 来表征。ξ、ξ' 取决于岩体性质，由试验给出。

应变-渗透性方程是对岩石在受力过程中渗透系数变化的规律性方程，实际上岩石在不同状态下渗透系数变化是十分复杂的过程，例如孔隙和裂隙的分布情况，孔隙表面的粗糙程度及各相之间的分布细节等，应根据实际情况具体分析，因此流-固耦合过程中渗透性的变化问题仍需要深入的研究。

编制 FISH 程序，调用 whilestepping 命令，根据上一章中公式计算每个时间步的单元状态指标，并计算不同状态下单元的渗透系数，更新单元渗透参数并赋予每一个单元上。

4.3.4 数值模型的建立

以某实际盾构工程为例，建立数值模型，共 16 920 个单元，18 955 个节点，如图 4-5 所示。模型水平方向为 30 m，隧道长度为 36 m，模型高度为 37 m。侧向施加法向约束，底部固定约束。布置如图 4-5 所示的地表沉降监测点，测点间距为 7.2 m。模拟计算采用如下假设：①土体本身变形与时间无关；②渗流是通过开挖面的透水实现的，渗流模型为各向同性渗流模型；③围岩为各向同性、连续弹塑性材料，服从 Mohr-Coulomb 屈服准则。

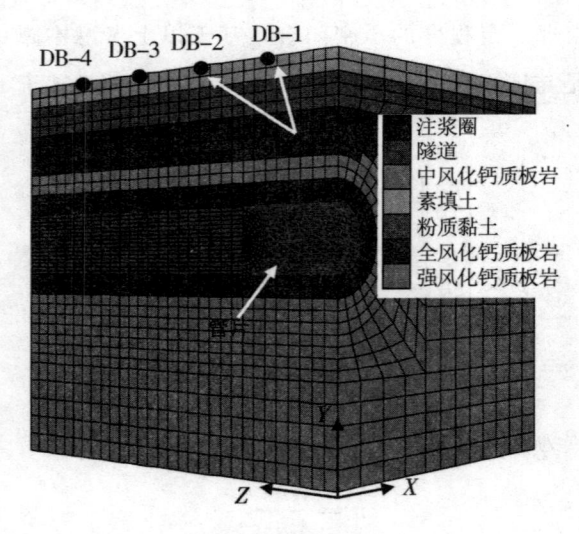

图 4-5 数值模型

4.3.5 计算参数和开挖步骤

由于地质条件复杂,对分析地层进行相应简化,通过现场勘察资料和部分室内试验获得围岩参数如表 4-2 所示。计算模型为应变软化模型,岩层发生塑性变形后参数折减,土层参数不折减。岩石残余强度的黏聚力和内摩擦角按照折减系数 1.1 取值。初始黏聚力与残余黏聚力,初始内摩擦角与残余内摩擦角之间随等效塑性剪切应变 ε_{ps} 的增加进行线性插值。盾构循环进尺为 2.4 m,共 15 步开挖完成。管片采用结构单元模拟,材料为 C50 钢筋混凝土,外半径为 3 m,每环长度为 1.2 m,底部管片施加 160 kPa 的施工荷载。地下水埋深 3 m,水面为自由边界,模型侧面及底部、隧洞四周为不透水边界。管片外围为注浆层,由于地层较为软弱,采用全断面径向注浆加固。注浆圈厚度为 2 m。根据现场勘察资料,风化岩石层综合渗透系数 $k_r = 2.3 \times 10^{-2}$ m/d,土层综合渗透系数为 $k_s = 0.1$ m/d,FLAC 3D 中渗透系数与达西定律中的渗透系数不同,需乘换算系数才能用于计算,因此岩层换算后的渗透系数 $k_r = 2.71 \times 10^{-11}/[\text{m}^2/(\text{Pa} \cdot \text{s})]$,初始孔隙率 $n_0 = 0.5$,$\xi = 5$,$\xi' = 138$。土层渗透系数则为 $k_s = 1.2 \times 10^{-10}[\text{m}^2/(\text{Pa} \cdot \text{s})]$。

表 4-2 各围岩层及支护的参数取值

地层	弹性模量/GPa	泊松比	厚度/m	密度/(kg·m⁻³)	内摩擦角/(°)	黏聚力/kPa
素填土	0.1	0.47	2	1 700	8	10
粉质黏土	0.12	0.35	3	2 000	10	12
全风化钙质板岩	0.27	0.43	4	1 800	16	38
强风化钙质板岩	0.28	0.32	2	1 800	18	40
中风化钙质板岩	0.8	0.32	24	2 100	25	58
管片	34.5	0.30	0.35	2 450	34	2 500
注浆圈	1.8	0.28	1.5	2 300	28	400

流固耦合模拟与分析的 FISH 程序流程如图 4-6 所示。

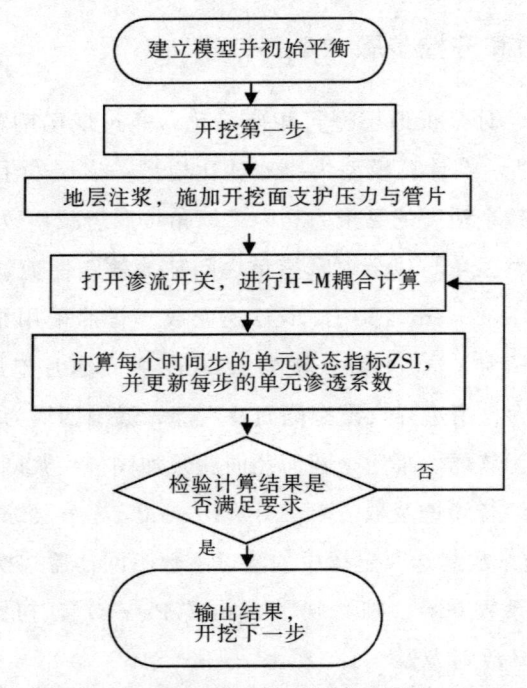

图 4-6 流固耦合模拟与分析的 FISH 程序流程

施加的开挖面支护压力为梯形荷载，如图 4-7 所示。计算采用支护压力比为 0.7。

$$\sigma = \lambda(\sigma_p + \sigma_s) \tag{4-19}$$

式中：λ 为支护压力比；σ_p 为孔隙水压力，σ_s 为水平静止土压力。σ_p 和 σ_s 根据隧道埋深和水头高度计算。

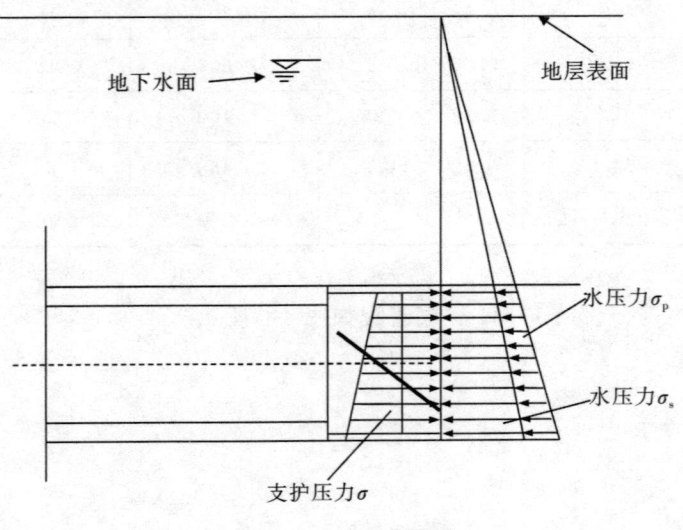

图 4-7 土压平衡原理

4.3.6 计算结果与分析

1. 渗流特性结果分析

图 4-8(a)所示为开挖第 10 步后开挖面前方的孔隙水压等值线图,地下水通过开挖面涌入隧道内,在开挖面附近形成漏斗状的低水压区域。地下水会在开挖面附近产生水头差,方向沿着地下水流动的方向。由于水头差而作用在土骨架上的渗透力一般为拉应力,降低了开挖面稳定性,相关文献计算结果发现,渗透力构成了总极限支护力的主要部分,不容忽视。又由于地下水的存在,使得开挖面上的变形更加复杂,使开挖面不稳定因素增大,尤其对开挖面的稳定性提出了新的要求。隧道掘进的过程中,围岩的力学行为不断发生变化,渗透性也便发生了改变,图 4-8(b)所示为开挖面附近渗透系数等值线分布图。由于开挖面出现了破坏区域(ZSI<0)和屈服区域(0≤ZSI<1),渗透系数在开挖面底部和中心处发生突跳,比没有破坏的部位的渗透系数要高两个数量级左右,破坏区周围的屈服区域渗透性也有所增加,从渗流矢量图中同样可以看出,破坏区的单元渗流速度远远大于其他区域,这会加速降低开挖面的稳定性,过大的渗流速度更容易导致渗流介质的加速破坏。

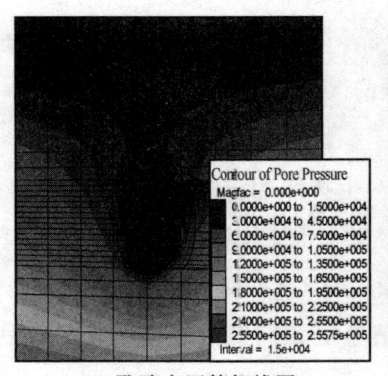

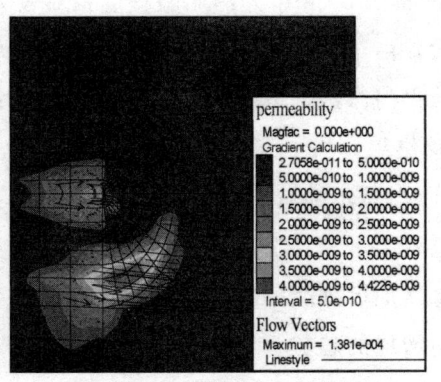

(a)孔隙水压等值线图　　(b)渗透系数等值线与渗流矢量

图 4-8　开挖面附近孔隙水压、渗透系数等值线图与渗流矢量

在隧道开挖面中心点沿 x 方向,选取等间距的 8 个单元,提取每个单元的渗透系数与 ZSI 值如图 4-9 所示。

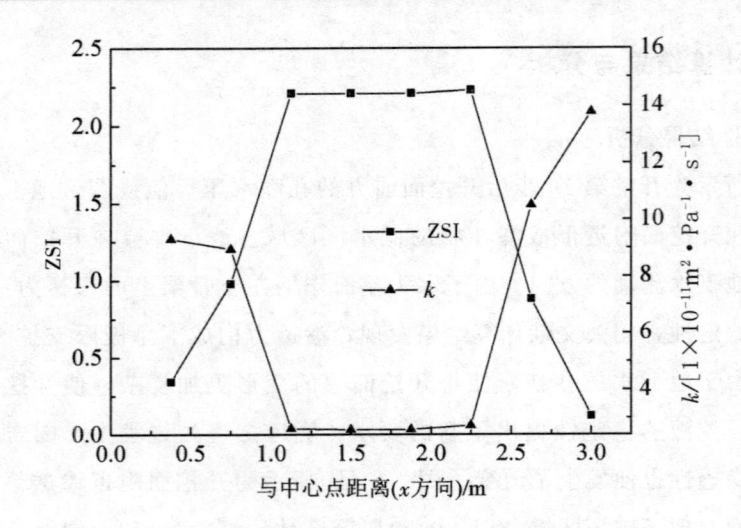

图 4-9　开挖面附近渗透系数与 ZSI 值

可以看出，单元的状态与渗透系数是紧密相关的，沿着 x 方向，渗透系数随着距离的增加先减小后增大，而 ZSI 随着距离的增加先增大后减小，两者的变化趋势相反。前 2 个单元 ZSI 在 0 到 1 之间，处于屈服状态，渗透系数明显大于弹性压密状态的第 3、4、5、6 单元，而第 7、8 单元的屈服程度相对较大，趋近于破坏状态，因此这两个单元的渗透系数更大，由于该方向上没有 ZSI 小于 0 的单元，各单元的渗透系数没有出现更大的突跳。计算结果与渗透性方程的变化理论均是相符的。

2. 位移结果分析

图 4-10(a)显示随着隧道的掘进，监测点均产生持续的沉降，施工完成后各监测点的沉降值相差不大，累计沉降量约为 11 mm。随着开挖面逐渐远离，DB-1 和 DB-2 的沉降速率呈现先增加后减缓的趋势，而 DB-3、DB-4 的沉降速率随着开挖面的临近，出现先期减缓，后期增加的趋势。所有的监测点与实测值趋势相同，由于模型的简化、地质条件的复杂性、监测点位置间隔及监测时间的间隔误差，数值略有差异，但整体趋势较为吻合，也验证了模拟的正确性。在模拟的过程中，监测点沉降在达到最终稳定之前会有小范围的上抬，表明施工对周围土体扰动造成的隧道瞬时隆起存在滞后性。

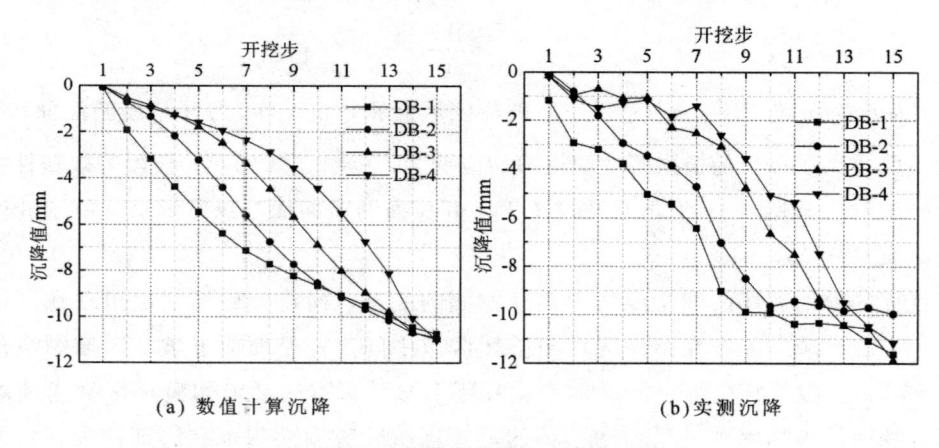

第4章 流固耦合地层盾构施工稳定性分析与施工技术

(a) 数值计算沉降

(b) 实测沉降

图 4-10 数值模拟结果与实测值对比

表 4-3 为 4 个监测点用不同的计算方法得出的最终沉降量,其中不考虑地下水所计算的沉降值与实测沉降值相差最大,其次为流固耦合但不考虑渗透性变化的情况,与实际监测最为接近的是流固耦合并且考虑渗透性变化的情况。考虑流固耦合作用的沉降值要远远高出单独力学计算得出的沉降值。考虑渗透性变化模式的最终沉降也要略大于渗透性不变化的模式,因此地下水的影响是不可忽略的,同时考虑渗透性的变化是较为符合实际的,在富水区盾构隧道的开挖模拟中值得注意。

表 4-3 不同计算方法监测点最终沉降

方法	监测点沉降值/mm			
	DB-1	DB-2	DB-3	DB-4
力学计算无渗流	−7.98	−7.34	−7.66	−7.90
H-M 耦合(渗透性不变化)	−9.35	−9.51	−9.6	−9.73
H-M 耦合(渗透性变化)	−10.74	−10.90	−10.96	−11.02
实测沉降值	−11.62	−9.96	−11.9	−11.16

3. 单元状态指标分析

根据本次盾构隧道 ZSI 计算情况可知,ZSI<0 的区域(破坏区)均集中在开挖面及前方的待开挖土体上。破坏区体积沿隧道掘进方向呈三角形逐渐减小,对隧道的每个横断面进行剖分,开挖面破坏面积最大,因此开挖面上的破坏面积的大小对于分析稳定程度具有一定的代表性。为便于分析提出开挖面破坏率的概念,即开挖面上单元状态指标 ZSI<0 的单元总面积之和与开挖面断面面积之比。

$$\eta = \frac{A_z}{A_0} \tag{4-20}$$

其中，η 为开挖面破坏率；A_z 为开挖面破坏区域面积，m^2；A_0 为开挖面断面面积，m^2。该区段中风化钙质板岩的极限等效塑性剪切应变为 $\bar{\varepsilon}^{ps}=1.5\times10^{-3}$，极限等效塑性拉应变为 $\bar{\varepsilon}^{pt}=8\times10^{-4}$。图 4-11 为不同开挖步下，开挖面的横断面与纵断面 ZSI 等值线图。图中虚线区域 ZSI<0，即破坏区。

开挖面的剪切破坏区域主要集中在开挖面的底部，而拉伸破坏区域出现在开挖面中心附近。屈服区域则分布在弹性区域与破坏区域中间。开挖面前方破坏区域影响范围约为 3.6 m，并且随着开挖距离的增加变化并不明显，只有底部剪切破坏区域向前略有扩展。而开挖面的破坏率则是呈增加趋势的，并且屈服区域面积也在逐渐扩大，仍处在弹性区域的面积逐渐减小，说明随着开挖面的推进，扰动增加，隧道开挖面的稳定性在减弱。值得注意的是：单元破坏为剪切破坏还是拉伸破坏无法直接从等值线上看出，可以通过 FISH 语言按照判断条件输出查看。

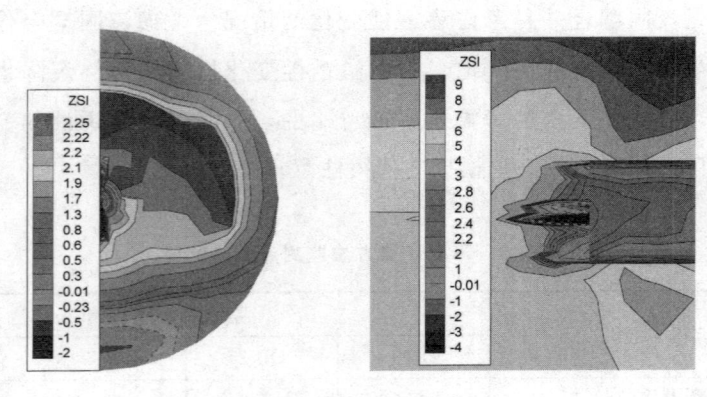

(a) 开挖第 3 步后($\eta=0.109$)

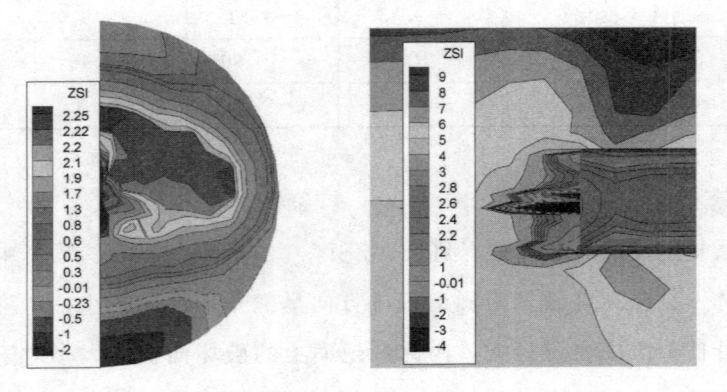

(b) 开挖第 6 步后($\eta=0.157$)

图 4-11 开挖面的横纵断面 ZSI 等值线图

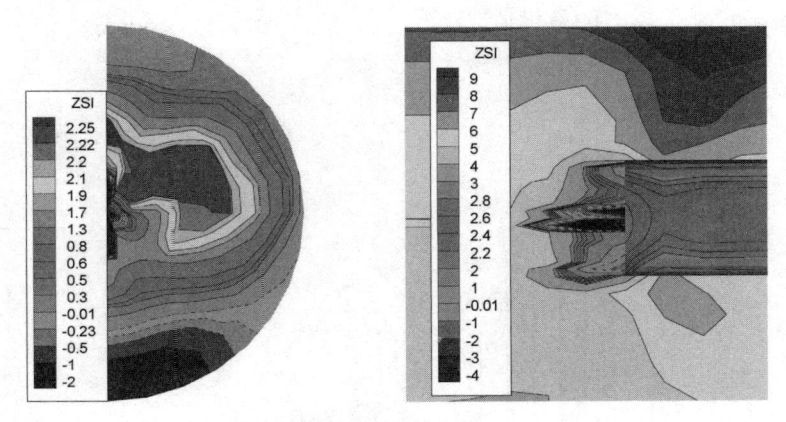

第4章 流固耦合地层盾构施工稳定性分析与施工技术

(c)开挖第 9 步后($\eta=0.201$)

图 4-11 开挖面的横纵断面 ZSI 等值线图(续)

由图 4-12 中可以看到开挖面破坏率在开挖 13 步时,破坏率急剧升高,稳定性下降。为提高第 13 步开挖面的稳定性,减小破坏率,根据分析原因,在开挖 12 步的基础上,调整第 13 步开挖面的支护压力比 λ。

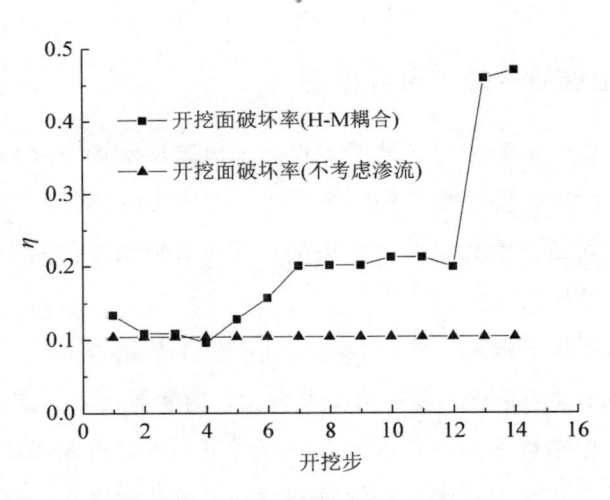

图 4-12 开挖面破坏率变化曲线

图 4-13 可以看出,支护压力比的增加,使开挖面的破坏率逐渐呈负指数减小,拟合曲线方差为 0.997。当 $\lambda=0.6$ 时,开挖面几乎全部破坏。若将破坏率控制在 0.2 左右,则应增加支护压力比,并且不应小于 0.8。说明根据实际情况适当调整支护压力比对控制开挖面破坏率具有重要作用。本例中盾构支护开挖面支护压力并没有考虑时间效应的影响,在围岩流变性较大的隧道工程中,应充分考虑施工时间及空间,根据监测数据得到

修正，并最终确定支护压力的最优值。

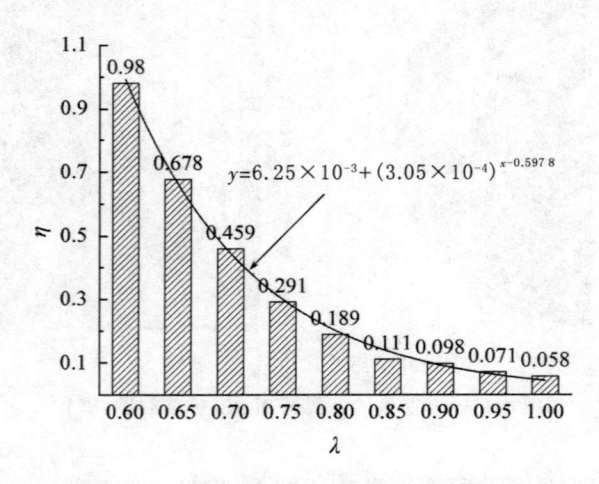

图 4-13 支护压力比对开挖面破坏率的影响

曲线方程：$y=6.25\times10^{-3}+(3.05\times10^{-4})x^{-0.5978}$

数据点（λ, η）：(0.60, 0.98)、(0.65, 0.678)、(0.70, 0.459)、(0.75, 0.291)、(0.80, 0.189)、(0.85, 0.111)、(0.90, 0.098)、(0.95, 0.071)、(1.00, 0.058)

4.4 针对地下水盾构开挖面的施工方案建议

4.4.1 富水地层盾构施工风险预测

在隧道施工中，地下水的控制是地下工程施工风险防治的重要内容，土的渗透性是影响工程安全的重要因素，特别是盾构始发时，土层突发性涌水和流沙容易引起较大的地面沉降，严重的时候还会引起地面突然塌陷，甚至隧道结构的变形破坏。含有沙性土层的地下水渗流，容易导致流沙。

施工中多种因素可能导致地下水水位变化而引发事故。例如，工作井内外水位差很大，可能造成较强的水动力条件。在盾构始发阶段，凿除洞门后，如果土体加固的质量、止水性或整体稳定性控制得不好，在水压力的作用下，可能引起渗流和管涌现象，严重的时候会引起土的坍塌和水土流失。盾构始发时，刀盘从加固土层进入原状土时，也可能因盾尾处水土流失而引起地面塌陷；盾构时，刀盘从加固土体进入工作井时可能因刀盘处水土流失而引起地面塌陷。

当隧道在低于地下水位的地层中开挖时，地下水流入隧道掘进面，会在掘进面附近产生水头差，由于水头差而作用在土骨架上的渗透力，其方向沿着地下水流动的方向，渗透力被视为附加力很可能影响隧道开挖支护与掘进面的稳定。

盾构的始发和到达施工，是盾构法隧道施工风险较大的环节，也是事故较多的环节。

而地下水又是盾构始发或到达施工事故的重要因素；工作井内外的地下水位差异较大，直接影响盾构刀盘穿越加固区域后掘进面的稳定；较大的水力梯度有可能使地下水挟带大量泥沙或流塑性软土，通过盾构机外壳与加固土的间隙流入工作井内，导致盾构前方地面塌陷，危及地下管线和周围建筑物安全；盾构法施工大多位于市区，井外降水受到严格控制。所以，封堵地下水是盾构顺利完成始发和到达施工的重要环节。

因此，在隧道施工中，对地下水进行有效控制与合理利用至关重要，必须根据隧道施工中的水文和地质情况采取控制措施。地下水位较高的地区，盾构施工潜水水位与工作井的水头差较大，地下水容易达到临界水力坡度，导致渗流。在隧道埋深大，潜水水位高的地层中，盾尾的密封至关重要。工程实践证明，在地下水位较高的地区，粉性土或沙土在动力水作用下会发生流沙、管涌，容易引发重大工程事故。

盾构在承压含水层中掘进时，若压力过大易造成隧道冒顶，过小则不足以平衡水土压力。另外，由于承压含水层的渗透性较好，盾构掘进时，正面的孔隙水消散很快，会导致正面土的抗剪强度及盾构侧面的摩擦阻力急剧上升，易使盾构设备受损。同时，在盾构到达和始发阶段，加固土扰动后被承压水破坏，易发生涌沙，土严重流失，会造成较大的临空面，管片受周围不均匀荷载作用，造成隧道管片破坏。

地下水位以下的粉土、粉沙、沙性土等孔隙比大、含水丰富、承载力低、容易压缩的土层，难以自稳。盾构在粉性土或沙土中掘进时，容易出现流沙、管涌，导致盾构掘进面的压力不稳定。

4.4.2 富水地层盾构施工参数

1. 盾构机选型

隧道围岩水文地质参数是盾构机选型依据的一个重要因素，围岩渗水系数是盾构机选型常用的一个参数指标。地层渗透系数和盾构机选型的关系如图4-14所示。当地层的渗透系数小于 10^{-7} m/s 时，可选用土压平衡式盾构；当渗透系数在 $10^{-7}\sim10^{-4}$ m/s 时，可选用泥水平衡式盾构，在渣土改良的情况下，也可选用土压平衡式盾构；当地层的渗透系数大于 10^{-4} m/s 时，宜采用泥水平衡式盾构。对于渗水系数大的隧道采用土压平衡式盾构施工，螺旋输送机"土塞效应"难以形成，螺旋输送机出渣发生大量"喷涌"现象。这样对施工是非常不利的，同时引起的一个直接反应是土仓压力波动大，地面沉降不利控制。如果采用泥水平衡式盾构，甚至采用气垫等措施，泥水仓压力波动可以控制在很小的范围内，欧洲设备采用气垫一般可以控制在 0.02 MPa 左右。对于渗透系数较小的隧道，如果采用泥水平衡式盾构施工，主要制约因素是隧道渣土排放需要较长的管道，同时需要昂贵的泥水处理设备，在环境要求高的场合还必须采用渣土压滤设备，同时耗费大量的膨润土，这样工程造价是比较高的。

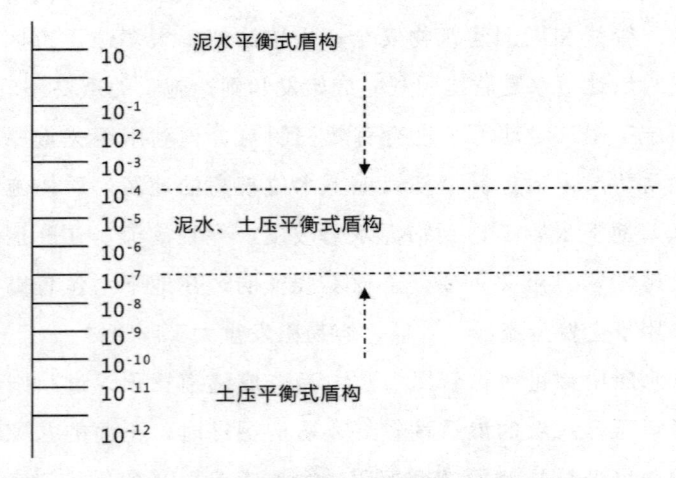

$$
\begin{array}{l}
10 \\
1 \\
10^{-1} \\
10^{-2} \\
10^{-3} \\
10^{-4} \quad \text{泥水平衡式盾构} \\
10^{-5} \quad \text{泥水、土压平衡式盾构} \\
10^{-6} \\
10^{-7} \\
10^{-8} \\
10^{-9} \quad \text{土压平衡式盾构} \\
10^{-10} \\
10^{-11} \\
10^{-12}
\end{array}
$$

图 4-14　不同渗透系数地层的盾构机选型

2. 盾构管片防水

1）衬砌外注浆防水

因盾构施工的特点，在管片与天然土体之间存在一定的空隙，若不加处理，空隙积水将增加管片间漏水的可能性。通过同步注浆与二次注浆充填空隙，形成一道外围防水层，有利于区间隧道的防水。对于渗透系数大的富水地层，同步注浆要求能快速充填，注浆材料要具有保水性强、不离析、倾析率小、注入后不易被地下水稀释掉等性能，而且须保证后期达到应有的强度。因此在富水地层盾构施工中，同步注浆材料须有适宜的凝结时间、较小的析水率、较强的抗水冲分散性等。

2）衬砌混凝土自防水

根据埋深、工程地质与水文地质条件以及结构尺度的拟定情况，计算分析得出管片混凝土的抗渗等级。

3）管片接缝防水

为满足接缝防水的要求，应在管片接缝处设置弹性密封垫和嵌缝两道防水措施，并以弹性密封垫为主要防水措施。

3. 刀具类型及刀具高差的选择

若盾构在富水沙层掘进，选择刀具的要点为：刀具体量大、圆钝。在全断面沙层或其他磨损较大的地层掘进时，先行刀应可在土仓内更换，先行刀应选择优质合金，刀具的合金高度应高于切刀或刮刀，形成对切刮刀的保护。

4.5 穿越复杂地层盾构施工技术措施

4.5.1 穿越上软下硬地层盾构施工技术措施

1. 盾构掘进模式选择及掘进参数控制

由于软硬不均地层是一种特殊的地层，既有软岩地层的不稳定性，又具有硬岩的强度。为确保地表及地面建(构)筑物的稳定，必须采用土压平衡掘进模式。

在软硬不均地层中掘进，局部岩石硬度较高，硬岩处刀盘的滚刀受力较大，而软岩部分只需对掌子面进行切削即可破坏土层，但局部硬岩对刀具即刀盘的损伤较大，应适当降低刀盘转速，刀盘的转速要控制在 1.0 r/min 左右。土压力的设定需要考虑多方面的因素，以静止土压力为计算依据，结合 10~20 kPa 的预备压力设置。为了防止盾构机抬头，掘进过程中适当加大顶部千斤顶的顶推力。要保证掌子面的稳定性，需要保持较高的土压。要求螺旋输送机的出渣量小，转速一般保持在 3~8 r/min 之间。

2. 渣土改良技术

在土压平衡式盾构中，添加材料是以下面的各种目的被注入开挖面或压力仓内的：①提高压力仓内充满的开挖土沙的塑性流动性；②与开挖土沙搅拌混合以提高不透水性；③防止开挖土沙在盾构机内的黏附。

另外，还可以得到以下附带效果：①减少切削刀头和面板等的磨损；②减小刀盘和螺旋出土器的扭矩。

1) 结泥饼发生机理及防治

当盾构在黏性土层或黏粒含量很高的残积土、风化土地层中施工时，由于黏性土具有内摩擦角小、黏性大和流动困难等特点，使得黏性土体黏附在刀盘上。被刀盘从开挖面上切削下来的黏土，通过刀盘砟槽进入压力仓后，在压力仓压力的作用下容易被压实固结，首先将刀盘支撑主轴中心充满填实，并很快地堵死刀盘中心的砟槽，使刀盘中心正面的土体不能通过中心刀砟槽进入压力仓，而是在刀盘挤压力的作用下从刀盘四周的砟槽进入压力仓。逐渐地，压实固结的土体范围不断地扩大，整个压力仓内全部被压实固结的土体充满并堵塞。当刀盘继续旋转切削土体时，固结土体的刀盘和开挖面土体之间产生很大的摩擦力，相互摩擦产生大量的热量，刀盘温度不断升高，使刀盘和压力仓内的土体不断地被烧结固化，最终在刀盘和整个压力仓内形成坚硬的"泥饼"。"泥饼"形成以后，刀具加剧损耗，刀盘扭矩和盾构机推进阻力均迅速增大，螺旋出土器无法正常出土，盾构机不能往前推进。压力仓内过高的温度会缩短刀盘主轴承的使用寿命，加速主轴承的损坏，甚至会出现主轴承"烧结、抱死"的严重后果。

在土压平衡式盾构施工中，遇到一些特殊地层存在结泥饼的风险时，一般采用发泡剂对渣土进行改良，表 4-4 中列出了常用的气泡改良法与土性的对应关系，盾构操作手可根据渣土的情况按表中所示对气泡剂的选用作出大致的判断。

表 4-4 常用的气泡改良法与土性的对应关系

地层类型	土体性质	气泡	气泡添加剂
沙砾型	无塑性，高透水性	采取发泡倍率较大，相对稳定的气泡	采用塑性增强类添加剂
粉质黏土	塑性大小取决于黏粒含量	采用较小或中等发泡倍率的普通气泡	根据含水率采用添加剂控制土体稠度
粉质黏土、纯黏土	塑性高、土体黏塑性取决于黏土类型	采用中等或较大发泡倍率、高分散性的气泡	采用降低土体黏附性的"抗黏"添加剂

另外，在盾构正常掘进时，水也是一种物美价廉的渣土改良剂，通过刀盘上的泡沫孔或土仓壁上的球阀向开挖面、土仓内注射水，可以提高渣土的流动性，降低刀盘及土仓的温度。特别在开挖面为全断面花岗岩风化岩层或上部为非沙层的上软下硬地层中掘进时，向土仓内添加水可以大大改善盾构机的出土条件。

2) 喷涌发生机理及防治

经螺旋出土器排出的渣土中的水，在出土器出口的压力一般接近于零，然后在重力作用下落入传送带。当到达出土器出口的渣土中的水还具有一定的压力时，就会发生喷涌。其主要发生于渗透性较大的沙性土地层或裂隙水丰富的风化岩地层施工时，原因是压力仓和出土器内的土体不能完全有效地抵抗开挖面上的较高的水压力，从而在螺旋出土器的出口处发生喷沙、喷泥和喷水的现象；在黏性土中，在非正常施工状态下（如在压力仓发生堵仓情况下，强行推进），偶尔也会出现喷涌现象。

发泡剂和膨润土是防治出土器喷涌最常用的两种添加剂。膨润土特别适用于细粒含量少的沙性地层，而发泡剂适用于各种级配的沙性地层。试验表明，当膨润土质量百分

第4章 流固耦合地层盾构施工稳定性分析与施工技术

比达到12%或发泡剂的质量百分比达到8%时,就能够完全地抑制喷涌事故发生。

膨润土在遇水膨胀后体积可以达到原来体积的数十倍,和水混合后制成的泥浆具有流变性质,因此膨润土又是一种优良的开挖面封闭材料。在上软下硬地层半敞开模式下盾构施工,当盾构机停机拼管片或开仓作业时,通过土仓向开挖面输送膨润土浆液,浆液在开挖面形成封闭泥膜可以有效地减少开挖面水土流失,保持土压稳定。

3. 刀具布置及科学更换刀具

1)刀具配置

在刀具的布置上,增加边缘滚刀的数量,减小刀间距,增强边缘的破岩能力;同时,利用安装在刀盘上的超挖刀,在掘进方向发生偏差时能够对硬岩进行超挖,及时纠正偏差,确保盾构机前进方向与隧道设计轴线一致。

2)科学更换刀具

在软硬不均地层盾构施工,为了保护盾构机刀盘和确保刀具磨损达到极限值时能够及时更换刀具,应注意总结刀具在类似地层中的磨损规律,超前制定刀具配件计划,并结合工程地质及地面环境等因素,提前确定开仓检查刀具的位置,做到开仓的计划性、可控性。在软硬不均及硬岩地层施工时,当边缘滚刀磨损量在15 mm、正面区滚刀磨损量在20 mm、中心区滚刀磨损量在20~25 mm时需要进行更换;当刮刀合金齿缺损达到一半以上或耐磨层磨损量达2/3以上时需要进行更换。

3)监控测量

盾构推进过程中要加强施工监测,通过盾构机采集信息和地面监测信息相互校核,更好地指导施工,为区间隧道的顺利贯通提供安全和质量保证。地面监测项目包括线路地表沉降观测、沿线邻近建筑物变形测量和地下管线变形测量。

4.5.2 穿越松软地层盾构施工技术措施

盾构机在松软地层掘进通过时,会对地层产生较大的扰动,引起地基变形和失稳,刀盘中心区域容易结泥饼,造成掘进速度降低、切削扭矩增大,同时造成土仓内温度升高,影响主轴承密封的寿命,严重时会造成主轴承密封老化破坏。为避免刀盘结泥饼,刀箱被糊,进而出现刀具偏摩,应按照以下施工措施进行操作:

(1)浅埋隧道施工、刀盘开口率小于40%并且地层标贯值大于20的情况下,即地层相对自稳时,设定出土压力不宜超过主动土压,并且最好控制在0.1 MPa以下,即宜采用欠土压平衡模式掘进。

(2)控制土仓压力,在保证地面安全的情况下,掘进的过程中可以适当降低土仓压力,若地层稳定性较差,但隔气性较好时,宜采用辅助气压作业,掘进也宜采用欠土压平衡模式。

(3) 控制掘进速度,关注连续几环的参数变化,尤其注意推力和扭矩的变化。

(4) 特别注重渣土改良,及时关注渣土温度变化情况,避免掘进过程中不出渣,向土仓挤土,保证足够的加水量及添加剂注入量。

(5) 长时间掘进或是发现有糊刀盘或结泥饼的征兆时,应停机加水并向刀盘前方注入分散剂空转刀盘,采用冷却措施,避免土仓高温高热。

4.5.3 穿越硬岩地层盾构施工技术措施

采用盾构法修建地铁隧道遇到硬岩地层时,通常采用传统工法即利用矿山法开挖隧道,盾构机拼装管片通过。盾构机在硬岩地层中施工,掘进所需推力大,掘进速度缓慢,刀具磨损严重,刀具更换频率高,错台现象比较严重,因此在硬岩地层施工中应采用以下施工技术措施。

1. 掘进模式的选择

硬岩地层中推进宜选择敞开式掘进模式,盾构机切削下来的渣土进入土仓内,立刻被螺旋输送机排出。土仓内仅有少量渣土,掘进中刀盘和螺旋输送机所受反扭力较小。由于不需控制土仓压力,刀盘扭矩较低,掘进效果较好。

2. 盾构机姿态的控制

盾构机在硬岩段掘进时,一定要控制好盾构姿态,因为硬岩段的开挖难度大,调整千斤顶推力纠偏效果不明显,并且会加大刀具的磨损,同时,纠偏过猛,存在盾构机被卡和管片错台加大的风险。一旦盾构姿态出现偏离,要遵循"长距离、缓纠偏"的思想。

3. 掘进参数的设定

硬岩地段盾构施工主要掘进参数的设定遵循"高转速、小扭矩、大推力"的思想。"高转速、小扭矩"是指在盾构机设计允许的范围内,刀盘转速尽量设定为最大值,这样扭矩就会变小。"大推力"是相对于软土层而言,在硬岩掘进中,盾构机一定要有足够的推力。掘进施工控制以保护刀具为原则,掘进参数的选择以刀具贯入度为基准来控制掘进速度和总推力。正常推进时速度宜控制在 3 cm/min 之内,同时根据监测数据适当加快或放慢推进速度。在硬岩单轴抗压强度大于 40 MPa 的情况下,刀具贯入量取 3 mm/r 以下。盾构机尽可能以同一坡度推进,以减小盾构推进对土体的扰动,控制盾构通过后地面后期沉降。

4. 同步注浆参数的设定

硬岩地段盾构掘进围岩收敛小，已拼装的管片壁后与围岩之间裂隙较大，应及时注浆回填，防止管片在千斤顶推力作用下产生上移。合理控制同步注浆的注浆压力，注浆量以及注浆速度，能够有效遏制管片上浮现象。在硬岩地层条件下管片同步注浆宜采用快凝的水泥砂浆，以使管片尽早稳定。

5. 二次注浆施工

盾构施工时，由于同步注浆参数有时难以有效控制，导致注浆不充分，壁厚仍留有一部分间隙。同时，由于地层变化大，致使同步注浆参数设定不是很合适，或是注浆不及时，将导致浆液不能在较短的时间内固结，从而导致地表沉降加大。因此，需要进行二次补注浆将壁后间隙填满，避免地面沉降过大，在下穿建(构)筑物时更应及时进行二次注浆。

6. 刀具的相关处理措施

盾构长距离通过硬岩地段，盾构机刀盘、刀具磨损严重，换刀频率增加，影响掘进速度。刀具破损主要是由刀具的质量、围岩坚硬程度和人工操作三种因素所造成。为保证盾构顺利安全通过硬岩地段，施工过程中需采取有针对性的技术措施。

1)加强刀具的管理

隧道穿越微风化地层时，刀具磨损较大。因此，在掘进过程中，根据微风化岩强度高的特点，合理配置刀盘及刀具，加强刀具管理，提前储备好充足的刀具用来更换。

2)刀具更换标准

盾构在硬岩中掘进，正常磨损情况下刀具更换标准一般为：当周边刀刀圈磨损掉 10~15 mm、面刀和中心刃刀刀圈磨损掉 20~25 mm 时就需要更换。

3)建立定期和不定期刀具检查制度

每掘进完成一定距离后，进行刀具磨损的常规检查，通过检查对照后，决定是否更换。停机检查时，尽量避开软弱地层和地表有建(构)筑物段地段。刀具更换完成后，试运转后检查刀具的安装是否良好，若刀具安装不牢靠，要重新复紧刀具螺栓。

4)建立完善的刀具更换流程

刀具的更换需要在土仓中进行，作业空间狭小，而一把滚刀一般质量达 150 kg，人工拆卸、调运、安装难度比较大，突发事件多，若是更换中心刀，难度更大。因此建立完善的刀具检查、更换流程是至关重要的，能够加快刀具的更换速度，保证换刀人员的生命安全，为盾构掘进提供更多的时间保障，从而加快掘进速度，提高施工效率。

4.5.4 盾构开挖面的控制原则

开挖面稳定是盾构控制的核心问题,在上述分析开挖面稳定性基础上给出开挖面稳定性控制方法,从以下几方面进行:

(1)初始土压力值设定:根据盾构施工的地质条件和隧道埋深预先设定正面土压力,初始土压力设定范围通常在(主动土压力+水压力)到(被动土压力+水压力)之间。

(2)设定土压力的修正:根据盾构机前方的地面沉降监测数据,对设定土压力进行调整,尽量减少推进过程中对切口前方土的扰动。

(3)仓内土压力的动态调整:以盾构密封仓的土压力为控制目标,通过调节推进速度、螺旋输送机转速、推力等参数来控制密封仓的土压力,使密封仓内土压力与设定土压力尽量一致。

(4)注浆控制:注浆是保证隧道质量和安全的重要工序。不仅关系到地面建筑物和地下管线的安全,而且也与衬砌管片的安全相关。在施工中,必须依靠地层特点和监控量测结果,及时调整与注浆有关的施工参数,确保充分注浆。

4.6 小结

本章介绍了基于单元状态稳定性指标的围岩稳定性判别方法,对流固耦合围岩条件下的隧道施工过程进行了数值模拟,计算结果表明在隧道掘进的过程中,围岩的力学行为不断发生变化,渗透性也发生了改变;考虑流固耦合作用的沉降值要远远高出单独力学计算得出的沉降值,考虑渗透性变化模式的最终沉降也要略大于渗透性不变化的模式,因此地下水的影响是不可忽略的,同时考虑渗透性的变化是较为符合工程实际的,在富水区盾构隧道的开挖模拟中应当值得注意。在数值计算的基础上本章提出了富水地层盾构施工的风险预测以及盾构施工参数调整,同时提出了在穿越流固耦合地层时应采取的盾构隧道施工技术措施。

第5章 上软下硬地层盾构施工反分析及参数优化

5.1 引言

随着城市化进程的推进，城市地铁数量及规模得到空前发展。受地质条件的制约和限制，盾构法已成为地铁工程主要的施工方法之一。盾构法是一种暗挖施工技术，即盾构机在盾壳抵御围岩压力的情况下，由刀盘切削开挖面土体并排送至盾后运输系统，通过顶推千斤顶的推力自行前进，同时进行管片拼装形成隧道的主体结构。其施工特点是：施工布局更合理、更安全，工期更短，对环境无污染，施工领域更宽，造价更低。

随着地铁工程的快速发展以及盾构施工的广泛应用，盾构施工过程经常会遇到一些特殊的地质状况，给施工带来不便。其中在我国大连一带，上软下硬复合地层就是盾构施工中经常遇到的一类特殊地质状况。在上软下硬复合地层条件下进行盾构施工有以下特点和难点：在盾构推进的过程中，土压以及出土量不宜控制，容易造成地面较大沉降甚至是塌陷；硬岩地层强度大，盾构刀盘上用于切削地层的刀具由软岩过渡到硬岩的过程中，容易碰撞岩石，极易造成刀具的不正常磨损；软岩和硬岩分界位置，水系丰富，在制作换刀加固区的过程中，不容易确保加固区的加固质量；上软下硬地层地质掘进时盾构姿态不易控制，同时，千斤顶受力不均，易造成管片破碎。

20世纪70年代出现并不断完善的差异进化算法，已成为解决复杂岩土工程问题的有效方法之一，并应用于盾构隧道的分析研究。大连地铁某区间内，隧道横穿疏港路、东联路、哈大铁路桥及周边建筑物等。隧道所穿越地层，地质条件差，上部为软弱层，下部为岩石，软硬变化大且交通干道网络错综复杂，地下水富集，施工中极易出现变形过大甚至塌方现象，对施工控制及安全要求很高。本章以该区段的开挖为工程依托，介绍了反分析方法在盾构施工过程中的应用，通过反分析方法获得地层围岩合理的力学参数，进而推求较符合实际的盾构施工参数，为地铁安全施工提供科学依据及指导。

5.2 地质参数敏感性分析及参数反演

5.2.1 正交试验设计

正交试验设计是利用"正交表"进行科学地安排与分析多因素试验的方法。其主要优点是能在很多试验方案中挑选出代表性强的少数几个试验方案，并且通过这少数试验方案的试验结果的分析，推断出最优方案，同时还可以做进一步的分析，得到比试验结果还要多的有关因素的信息，试验数据具有均衡分散性和整齐可比性。

正交表是运用组合数学理论在正交拉丁名的基础上构造的一种规格化的表格，用符号 $L_n(p^q)$ 表示，其中：L——正交表的符号，n——正交表的行数（试验次数），q——正交表中的数码（试验的水平数），p——正交表的列数（试验因素的个数）。

正交试验设计的基本步骤：
(1)确定目标、选定因素(包括交互作用)、确定水平；
(2)选用合适的正交表；
(3)按选定的正交表设计表头，确定试验方案；
(4)组织实施试验；
(5)试验结果分析。

5.2.2 均匀试验设计

均匀试验设计方法是单纯地从数据点分布均匀性出发的试验设计方法，不考虑试验数据的整齐可比性，只考虑让数据点在试验范围内均匀分散，将试验次数减少至比正交试验设计方法更少。均匀设计采用"均匀设计表"来安排试验，试验工作量更少，这是均匀试验设计的一个突出的优点。

在正交试验设计表中各列的地位是平等的，因此无交互作用时，各因素安排在任一列是允许的。均匀设计表则不同，表中各列的地位不一定是平等的，因此，因素安排在表中的哪一列不是随意的，需根据试验中要考察的实际因素数，依照附在每一个均匀设计表后的"使用表"来确定因素应该放在哪几列。

均匀设计表用符号 $U_n(q^s)$ 或 $U_n^*(q^s)$ 表示，其中 U 表示均匀设计，n 表示试验次数，q 表示每个因素有 q 个水平，s 表示该表有 s 列；均匀设计表的右上角加 * 表示有更好的均匀性，即其均匀度的偏差 D 较不加 * 的均匀设计表的 D 较小，应优先选用。

5.2.3 地质参数敏感性分析"

采用 FLAC 3D 建立复杂的三维数值模型，截取盾构隧道穿越铁路桥段为研究对象。本模型考虑了铁路桥及复杂软弱土体层对隧道的影响因素，铁路桥墩采用实体单元嵌入土体中，注浆圈的厚度采用改变注浆的强度和变形参数的方法进行控制。模型共 120 770 个单元，134 672 个节点。图 5-1 所示为建立的数值模型。

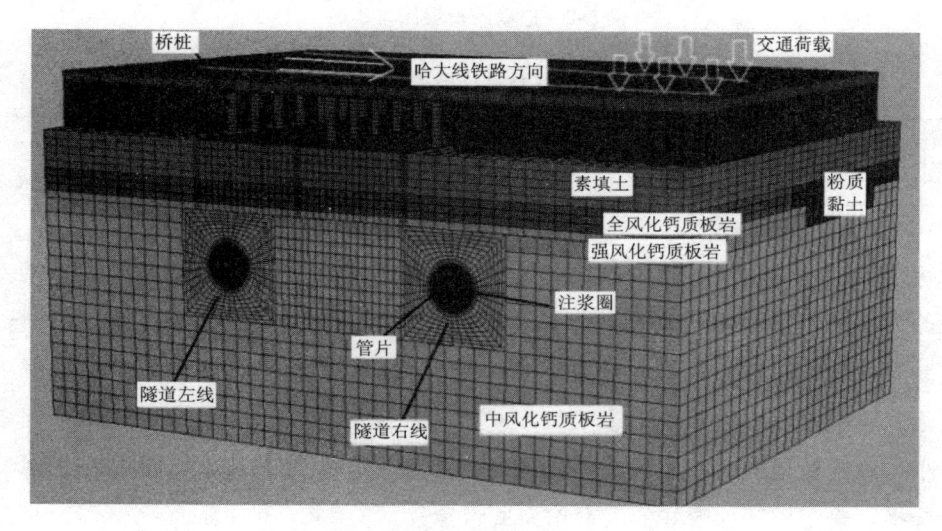

图 5-1 数值模型

用正交表安排试验可以保证任何因子的每个水平均值的计算公式中所用的试验结果对应的其余因子的各个水平出现的频数是相等的，这样就可以通过比较因子的每个水平均值的大小来评判此因子的水平的影响程度。数据分析参考吴今培、孙德山的《现代数据分析》。

本开挖段的粉质黏土层是开挖过程中遇到的较软弱土体，实际监测数据显示，粉质黏土层上方沉降较大。为了探讨粉质黏土层对位移沉降的影响规律，本节选取 6 因素 5 水平的正交表来设计 25 组试验方案 $L_{25}(5^6)$，E_1、μ_1、C_1、φ_1 分别为中风化钙质板岩的弹性模量、泊松比、黏聚力和内摩擦角，E_2、C_2 分别为粉质黏土的弹性模量和黏聚力，如图 5-2 所示。正交方案的因素取值范围如表 5-1 所示。

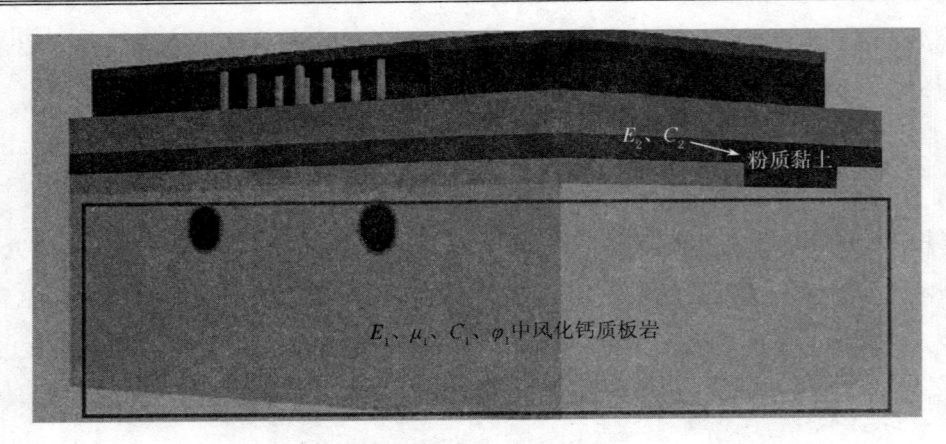

图 5-2 选取的地层因素参数

表 5-1 正交设计因素取值范围

因素	E_1/GPa	μ_1	C_1/kPa	φ_1/(°)	E_2/GPa	C_2/kPa
取值范围	[0.4, 1.2]	[0.26, 0.38]	[38, 78]	[19, 31]	[0.08, 0.16]	[8, 16]

对每个因子计算各水平均值的极差——因子各水平均值的最大值与最小值的差，根据极差的大小来判断因子对指标的影响大小。正交试验结果采用极差分析法进行分析：计算极差 R，即各因素同一水平结果之中的最大差值，确定因素的主次顺序；哪一因素的极差值大表明该因素对试验的影响程度最大，因素对应的极差值小则说明该因素的影响程度小。确定最优方案。通过分析各因素对试验的影响敏感程度，可进一步对试验因素进行选择，确定敏感性较好的因素作为试验参数。

选取粉质黏土层 6 个监测点进行位移沉降的数据采集，选取测点的规则为它们分别是桥墩监测点(QCJ-8、QCJ-9)，侧墙测点(Q-2、Q-3)，GD-50、DB-5。根据现场监测数据显示，隧道开挖至 QCJ-8 附近时，沉降突增，工程部门开始采取注浆措施，正交方案及计算结果如表 5-2 所示。

表 5-2 正交方案及计算结果

	影响因素						观测点					
	E_1/GPa	μ_1	C_1/kPa	φ_1/(°)	E_2/GPa	C_2/kPa	QCJ-8	QCJ-9	Q-2	Q-3	GD-50	DB-5
实验 1	0.4	0.26	38	19	0.08	8	−18.122	−17.610	−32.307	−56.791	−2.858	−49.494
实验 2	0.4	0.29	48	22	0.10	10	−9.211	−8.832	−21.215	−34.581	−1.749	−29.431
实验 3	0.4	0.32	58	25	0.12	12	−6.099	−6.006	−17.178	−27.348	−1.228	−23.110
实验 4	0.4	0.35	68	28	0.14	14	−4.495	−4.424	−14.844	−23.531	−0.944	−19.747

第5章 上软下硬地层盾构施工反分析及参数优化

续表

	影响因素						观测点					
	E_1/GPa	μ_1	C_1/kPa	φ_1/(°)	E_2/GPa	C_2/kPa	QCJ-8	QCJ-9	Q-2	Q-3	GD-50	DB-5
实验5	0.4	0.38	78	31	0.16	16	−3.588	−3.513	−13.391	−21.233	−0.779	−17.700
实验6	0.6	0.26	48	25	0.14	16	−5.364	−5.237	−16.294	−25.743	−1.248	−21.546
实验7	0.6	0.29	58	28	0.16	8	−5.245	−3.191	−14.333	−23.466	−1.073	−20.521
实验8	0.6	0.32	68	31	0.08	10	−5.547	−5.684	−14.242	−24.933	−0.869	−20.968
实验9	0.6	0.35	78	19	0.10	12	−6.237	−3.723	−15.728	−26.094	−1.112	−20.968
实验10	0.6	0.38	38	22	0.12	14	−8.844	−8.537	−20.723	−34.568	−1.732	−29.121
实验11	0.8	0.26	58	31	0.10	14	−4.397	−4.440	−13.300	−22.656	−0.859	−18.885
实验12	0.8	0.29	68	19	0.12	16	−5.131	−5.049	−15.386	−24.823	−1.136	−20.750
实验13	0.8	0.32	78	22	0.14	8	−5.102	−5.091	−13.582	−22.791	−0.959	−18.992
实验14	0.8	0.35	38	25	0.16	10	−7.406	−7.286	−17.579	−29.541	−1.621	−24.664
实验15	0.8	0.38	48	28	0.08	12	−6.468	−6.605	−15.769	−27.796	−1.260	−23.376
实验16	1.0	0.26	68	22	0.16	12	−4.432	−4.382	−13.500	−21.980	−1.004	−18.231
实验17	1.0	0.29	78	25	0.08	14	−4.616	−4.744	−13.260	−23.338	−0.864	−19.485
实验18	1.0	0.32	38	28	0.10	16	−6.021	−6.123	−16.145	−27.564	−1.306	−23.024
实验19	1.0	0.35	48	31	0.12	8	−5.498	−5.565	−13.592	−23.760	−1.076	−19.792
实验20	1.0	0.38	58	61	0.14	10	−6.471	−6.416	−16.267	−27.146	−1.441	−22.656
实验21	1.2	0.26	78	28	0.12	10	−4.041	−4.107	−11.705	−20.435	−0.694	−16.888
实验22	1.2	0.29	38	31	0.14	12	−5.049	−5.110	−14.129	−23.904	−1.202	−19.824
实验23	1.2	0.32	48	19	0.16	14	−6.526	−6.369	−17.419	−28.120	−1.477	−23.420
实验24	1.2	0.35	58	22	0.08	16	−5.862	−5.957	−15.583	−26.991	−1.252	−22.615
试验25	1.2	0.38	68	25	0.10	8	−5.646	−5.725	−13.420	−23.906	−1.008	−19.941

根据有限差分计算软件FLAC 3D计算25组正交方案得到各测点的位移沉降值,求得极差和次序如表5-3所示。

表5-3 极差的计算和排序

极差	E_1/GPa	μ_1	C_1/kPa	φ_1/(°)	E_2/GPa	C_2/kPa
QCJ-8的极差	2.895	1.421	4.372	3.682	2.827	2.729
QCJ-8的极差次序	3	6	1	2	4	5
QCJ-9的极差	2.803	1.770	4.698	2.971	3.172	2.271
QCJ-9的极差次序	4	6	1	3	2	5
Q-2的极差	5.336	1.956	6.643	5.691	3.209	2.186

续表

极差	E_1/GPa	μ_1	C_1/kPa	φ_1/°	E_2/GPa	C_2/kPa
Q-2 的极差次序	3	6	1	2	4	5
Q-3 的极差	8.026	3.538	11.695	9.298	7.347	4.872
Q-3 的极差次序	3	6	1	2	4	5
GD-50 的极差	0.385	0.165	0.862	0.648	0.262	0.251
GD-50 的极差次序	3	6	1	2	4	5
DB-5 的极差	7.359	3.255	10.222	8.220	6.635	4.621
DB-5 的极差次序	3	6	1	2	4	5
极差均值	4.467	2.018	6.415	5.085	3.909	2.822
极差次序	3	6	1	2	4	5

分别计算测点 DB-5、GD-50、Q-3、Q-2、QCJ-8、QCJ-9 的沉降的极差值，如图 5-3 所示。通过极差的计算和次序的排列，得出六个参数的敏感度由大到小依次为 C_1、φ_1、E_1、E_2、C_2、μ_1。由图 5-3 曲线可以看出，中风化钙质板岩的 C_1、φ_1 对于测点位移的影响是最大的，其他参数对拱顶和拱底的影响都不大。从位移的极差值曲线分析可以看出，强度参数对位移的影响比刚度参数的要大。因为此时土体大部分接近破坏，材料承受压力的能力、承受拉力的能力、致弯外力的承受能力、承受剪切力的能力减弱，主要通过 C、φ 值对位移产生影响。

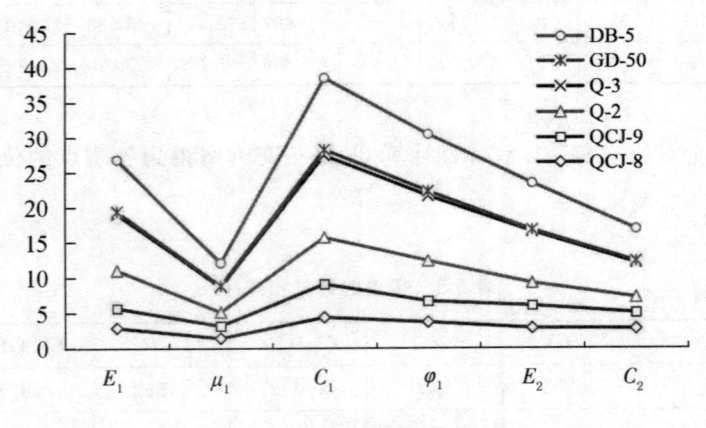

图 5-3 沉降的极差值

5.3 上软下硬地层地铁盾构施工反分析

5.3.1 差异进化算法

要想使得反演所得的地质参数合理，首先要保证参与反演的测量信息的准确性，及时测量掌子面附近的位移沉降，减小由于洞室"空间效应"和"瞬间卸荷"产生的不可测位移及应力，为反演提供准确的目标限制条件。此外，反分析方法众多，所选的优化方法需要能高度表达非线性动态处理和全局寻优的能力。因此，本节选取差异进化算法（DE 算法）作为反分析方法。

在 DE 算法中，所有的新个体以相同的概率被选为父代，并不依赖于个体适应度。DE 算法采用贪婪选择过程，也就是在新个体及其父代个体中挑选较优的作为下一代，与遗传算法相比，收敛速度更快。DE 算法主要依靠变异操作。

令第 G 代种群中向量的个数为 N_p，第 G 代中向量可以表示为 $\boldsymbol{x}_i(G)$，$i=1,2,\cdots,N_p$，每个向量个体包含 D 个分量，DE 算法过程如下：

（1）产生初始种群。在 D 维空间里随机产生满足自变量上下界约束的 N_p 个染色体，公式如下：

$$x_{ij} = \text{rand}_{ij}(0,1)(x_{ij}^U - x_{ij}^L) + x_{ij}^L$$
$$(i=1,2,\cdots,N_p; j=1,2,\cdots,D) \tag{5-1}$$

式中：x_{ij}^U，x_{ij}^L 分别为第 i 个向量中第 j 个分量的上界和下界；$\text{rand}_{ij}(0,1)$ 是 [0,1] 之间的随机数。

（2）变异操作。在 DE 算法中，缩放种群中任意两个目标向量个体之间的差值并叠加到种群中的第 3 个向量个体上，形成新的变量，此过程为变异。对于第 G 代目标向量，其变异向量第 j 分量为

$$v_{ij}(G+1) = x_{r_1j}(G) + F(x_{r_2j}(G) - x_{r_3j}(G)) \tag{5-2}$$

式中：下标 r_1，r_2，r_3 为 $[1, N_p]$ 中的随机整数且互不相同；F 为缩放因子，用来调节向量差异的步长幅值。

（3）交叉操作。将目标向量 $\boldsymbol{x}_i(G)$ 为变异向量 $\boldsymbol{v}_i(G+1)$ 按照如下规则杂交，生成新的试样向量 $\boldsymbol{u}_i(G+1)$。

$$\boldsymbol{u}_i(G+1) = \begin{cases} \boldsymbol{v}_i(G+1), & r_j \leqslant \text{CR} \parallel j = n_i \\ \boldsymbol{x}_i(G+1), & r_j > \text{CR} \& j \neq n_i \end{cases} \tag{5-3}$$

式中：$r_j \in [0, 1]$ 为与向量第 j 个分量对应的随机数；$CR \in [0, 1]$ 为杂交概率常数；n_i 为在 $1, 2, \cdots, D$ 中随机挑选一整数，以确保变异向量 $\boldsymbol{v}_i(G+1)$ 中，至少有一个分量被试样向量 $\boldsymbol{u}_i(G+1)$ 采用。

采用贪婪搜索方法进行选择操作。将试样向量 $\boldsymbol{u}_i(G+1)$ 与目标向量 $\boldsymbol{x}_i(G)$ 比较，如果 $\boldsymbol{u}_i(G+1)$ 对应较小的目标函数值，则选择向量 $\boldsymbol{u}_i(G+1)$；反之如果 $\boldsymbol{x}_i(G)$ 对应较小的目标函数值，则保留向量 $\boldsymbol{x}_i(G)$。

5.3.2 基于差异进化算法的地质参数识别方法

地铁地质参数识别本质上是优化问题。根据模型参数的特定物理意义，可设定上下限，以位移和应力作为两个约束条件同时控制目标值达到最小。

$$\min E(x_1, x_2, \cdots, x_n) = \frac{1}{m}\sum_{i=1}^{m}[Y_i^0 - Y_i]^2,$$
$$x_i^a \leqslant x_i \leqslant x_i^b (i = 1, 2, \cdots, n) \tag{5-4}$$

式中：$\min E(x)$ 是位移的控制值函数；m 为观测值个数；x_i 为参数，n 为参数的个数；x_i^a 和 x_i^b 为 x_i 的上下限；Y_i 是以围岩参数为自变量的隐函数，需要通过三维数值模拟求解；Y_i^0 为实测围岩变形值。

本章采用正交设计和均匀设计表来进行试验，产生数据样本，极大地减少了试验数量。基于差异进化算法的地铁地质参数及分析流程如图 5-4 所示，具体方法如下：

(1) 建立精细化 FLAC 3D 三维数值模型，按照正交设计法构造参数组合方案，进行数值试验。

(2) 对正交试验结果进行极差分析，选择较敏感的力学参数作为待反演变量，将不敏感参数按照经验值固定，在正交方案基础上重新计算样本，作为回归函数拟合的数据。按照均匀设计方案计算样本，作为回归函数预测检验数据。

(3) 选择合适的回归函数模型，利用计算的数据样本进行训练或拟合，获得多项式的系数。用均匀样本对上述模型进行检验，使回归精度符合要求。

(4) 以待反演参数作为优化变量，用回归模型计算值与现场监测值的均方差作为适应值函数，代入差异进化算法。设定差异算法初值，按照差异进化步骤进行岩石力学参数搜索。

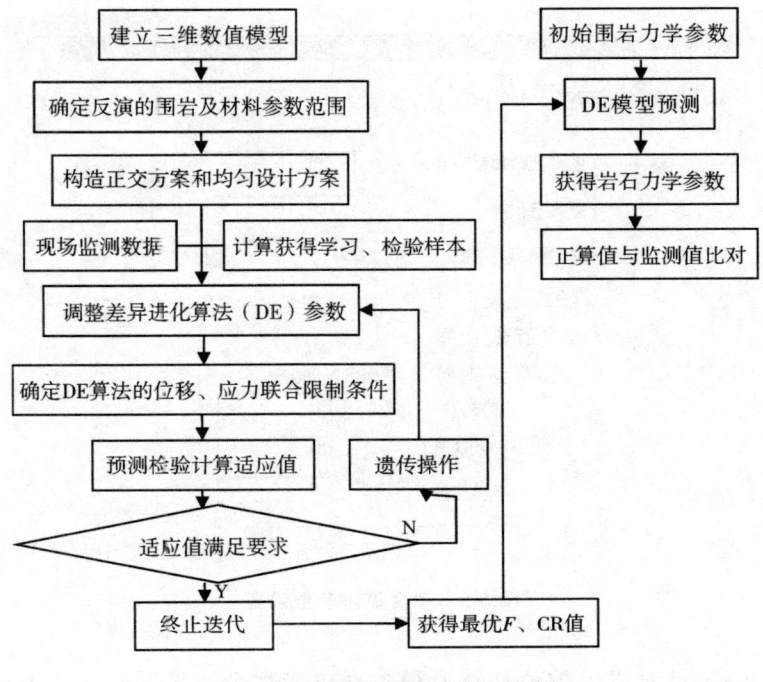

第5章 上软下硬地层盾构施工反分析及参数优化

图 5-4 地铁地质参数反分析流程

5.3.3 参数拟合

考虑到三维正算耗时太长，采用回归公式反映参数组合与位移的关系。由力学知识可知，试验的位移在弹性条件下与初应力$\{\sigma_0\}$呈线性关系，与弹性模量E成反比，与黏聚力C的关系较为复杂，建议取如下的回归模型，采用拟牛顿法进行拟合，拟合公式如下：

$$y = \alpha_0 + \alpha_1 \left(\frac{E_0}{E}\right) + \alpha_2 \left(\frac{C_1}{C_0}\right) + \alpha_3 \left(\frac{C_1}{C_0}\right)^2 + \alpha_4 \tan\varphi_1 + \alpha_5 \tan^2\varphi_1 \quad (5-5)$$

式中：$E_0 = 0.8 \times 10^9 \text{Pa}$、$C_0 = 58 \times 10^3 \text{Pa}$ 为灰质泥岩层的弹性模量和黏聚力的经验估计值；$\alpha_0 \sim \alpha_5$ 为回归系数，拟合算法参数设置如图 5-5 所示，经过拟合得出的曲线如图 5-6 所示。

图 5-5 拟合算法参数设置

采用 1stOpt 软件对以上数值计算所得数据进行拟合，采用的优化方法为拟牛顿法（quasi-Newton method）——BFGS 法。

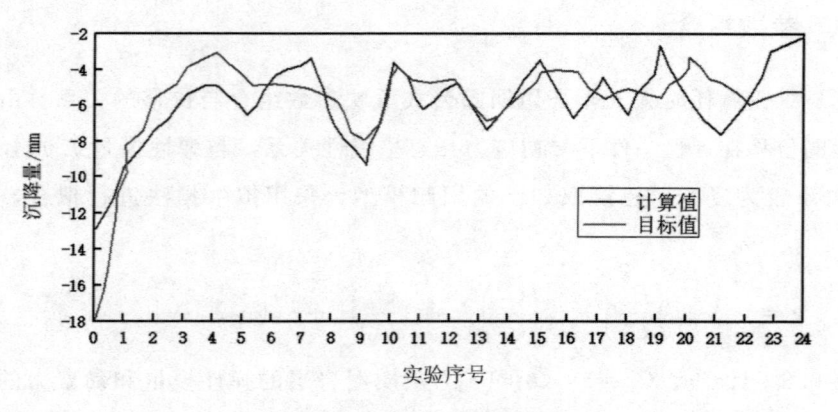

(a)测点 QCJ-8 的拟合曲线

图 5-6 各测点拟合曲线

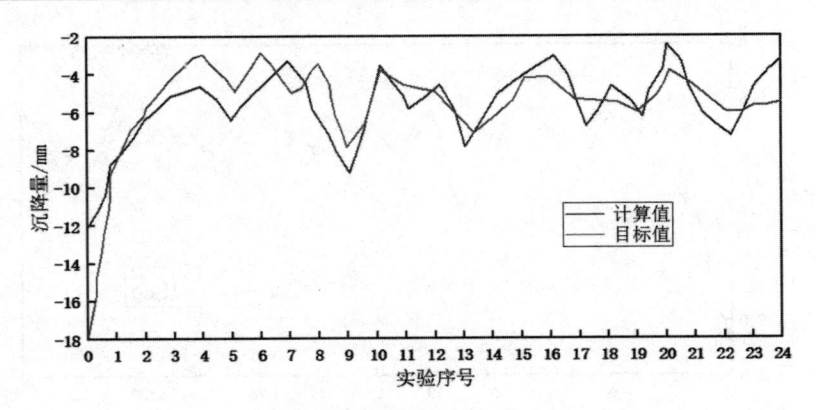

第 5 章 上软下硬地层盾构施工反分析及参数优化

(b)测点 QCJ-9 的拟合曲线

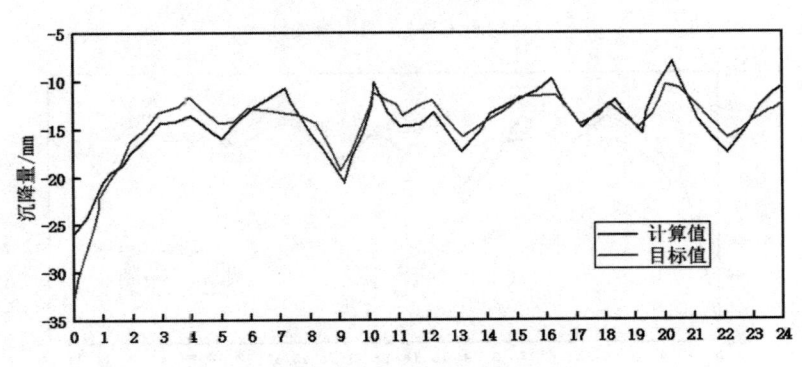

(c)测点 Q-2 的拟合曲线

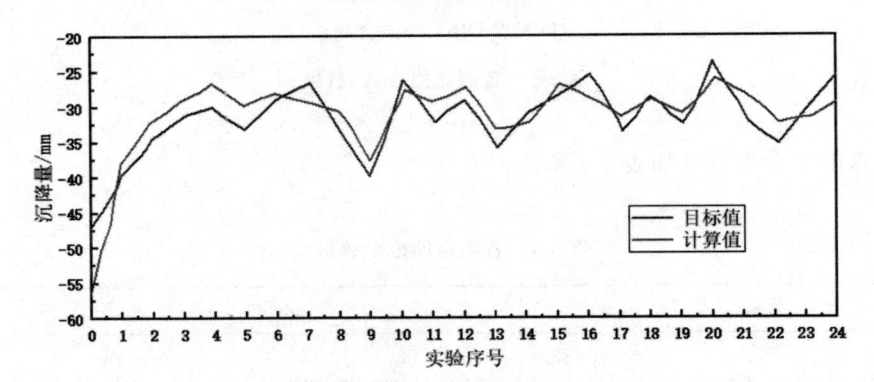

(d)测点 Q-3 的拟合曲线

图 5-6 各测点拟合曲线(续)

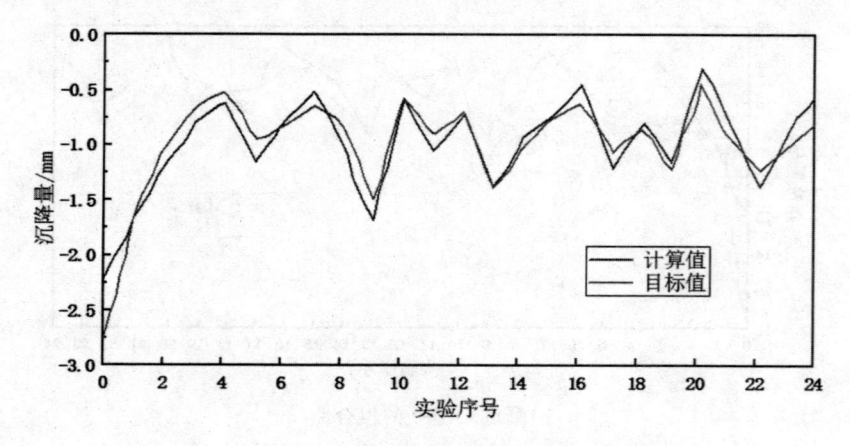

(e)测点 GD-50 的拟合曲线

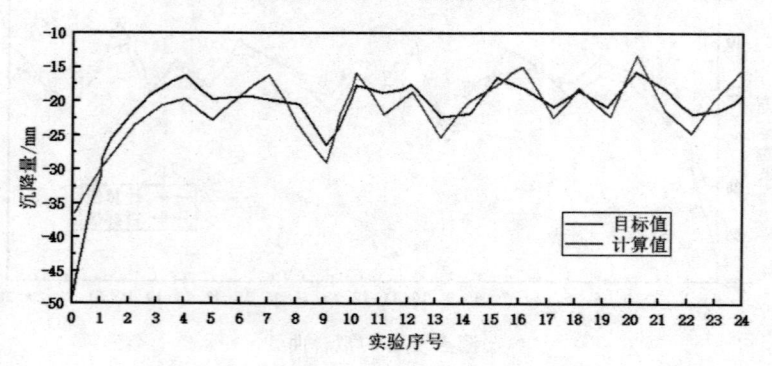

(f)测点 DB-5 的拟合曲线

图 5-6　各测点拟合曲线(续)

各测点的拟合参数值如表 5-4 所示。

表 5-4　各测点的拟合参数值

测点	α_0	α_1	α_2	α_3	α_4	α_5
QCJ-8	−20.864	−20.482	−34.172	−63.578	−3.486	−53.732
QCJ-9	−20.482	−1.884	27.250	−10.475	−7.537	−8.321
Q-2	−34.172	−4.102	36.206	−13.502	−13.076	−13.136
Q-3	−63.578	−6.146	71.855	−27.936	−22.102	−24.580
GD-50	−3.486	−0.288	3.884	−1.335	−1.423	−1.233
DB-5	−53.732	−5.655	61.524	−23.793	−19.370	−21.686

由以上 6 个位移沉降的拟合曲线可以看出,对两桥墩监测点的拟合相对较差,对拱顶

第5章 上软下硬地层盾构施工反分析及参数优化

沉降位移的拟合较好，说明 E_1、C_1、φ_1 对拱顶的影响不如对桥墩和侧墙点等的影响大。

均匀设计(uniform design)，又称均匀设计试验法(uniform design experimentation)，或空间填充设计，是一种试验设计方法(experimental design method)。它是一种只考虑试验点在试验范围内均匀散布的试验设计方法。均匀设计是继20世纪60年代华罗庚教授倡导、普及的优选法和我国数理统计学者在国内普及推广的正交法之后，由方开泰教授和数学家王元在1978年共同提出一种试验设计方法，是数论方法中的"伪蒙特卡罗方法"的一个应用。均匀设计只考虑试验点在试验范围内均匀散布，挑选试验代表点的出发点是"均匀分散"，而不考虑"整齐可比"，它可保证试验点具有均匀分布的统计特性，可使每个因素的每个水平做一次且仅做一次试验，大大减少了试验次数。本章采用2水平6因素的10个均匀设计方案作为测试样本。

表5-5是回归模型的预测监测对比，QCJ-8为回归模型计算位移值，QCJ-8′为数值模型计算位移值。对比结果见表5-6。由表可见，选取的回归模型和系数能够较好地反映力学参数与测点位移的关系，计算误差个别较大，最大误差为-9.25%，大部分的预测误差都较小，平均计算误差为-0.04%，则说明该回归模型可用于参数识别。

表5-5 均匀设计方案样本及计算结果

	影响因素						观测点					
	E_1/GPa	μ_1	C_1/kPa	φ_1/(°)	E_2/GPa	C_2/kPa	QCJ-8	QCJ-9	Q-2	Q-3	GD-50	DB-5
实验1	1	0.35	78	28	0.12	16	-3.293	-3.316	-11.61	-19.797	-0.67	-16.32
实验2	0.8	0.29	48	19	0.1	16	-7.807	-7.591	-19.705	-32.452	-1.538	-27.338
实验3	1.2	0.35	58	22	0.08	8	-5.623	-5.984	-16.293	-27.178	-1.207	-22.556
实验4	0.4	0.38	58	22	0.16	14	-6.654	-6.429	-17.294	-26.774	-1.302	-23.518
	E_1/GPa	μ_1	C_1/kPa	φ_1/(°)	E_2/GPa	C_2/kPa	QCJ-8	QCJ-9	Q-2	Q-3	GD-50	DB-5
实验5	1.2	0.26	68	25	0.14	14	-4.332	-4.824	-12.43	-20.679	-0.853	-17.085
实验6	0.6	0.26	38	25	0.12	8	-9.134	-8.518	-20.122	-34.537	-1.846	-29.163
实验7	0.8	0.38	38	28	0.1	12	-7.026	-7.178	-16.892	-29.351	-1.427	-24.598
实验8	0.6	0.32	78	19	0.14	10	-5.47	-5.397	-15.23	-24.63	-1.098	-20.644
实验9	0.4	0.29	68	31	0.08	12	-5.008	-4.752	-15.787	-24.394	-0.858	-20.346
实验10	1	0.32	48	31	0.16	10	-5.425	-5.426	-12.901	-23.676	-0.99	-19.946

表 5-6　回归模型预测检验对比

单位:mm

QCJ-9	QCJ-9′	Q-2	Q-2′	Q-3	Q-3′	GD-50	GD-50′	DB-5	DB-5′
−3.57	−3.316	−11.277	−11.61	−19.275	−19.797	−0.677	−0.67	−15.723	−16.32
7.11%		−2.95%		−2.71%		1.09%		−3.79%	
−7.612	−7.591	−18.894	−19.705	−31.55	−32.452	−1.541	−1.538	−26.646	−27.338
0.28%		−4.29%		−2.86%		0.16%		−2.60%	
−5.888	−5.984	−15.233	−16.293	−25.463	−27.178	−1.144	−1.207	−21.349	−22.556
−1.64%		−6.96%		−6.74%		−5.54%		−5.65%	
−6.796	−6.429	−18.658	−17.294	−28.718	−26.774	−1.38	−1.302	−24.788	−23.518
5.39%		7.31%		6.77%		5.66%		5.13%	
−4.592	−4.824	−12.878	−12.43	−21.549	−20.679	−0.87	−0.853	−17.895	−17.085
−5.05%		3.48%		4.04%		1.91%		4.53%	
−8.147	−8.518	−19.277	−20.122	−32.825	−34.537	−1.727	−1.846	−27.835	−29.163
−4.55%		−4.38%		−5.22%		−6.86%		−4.77%	
−7.437	−7.178	−17.445	−16.892	−30.727	−29.351	−1.535	−1.427	−25.792	−24.598
3.48%		3.17%		4.48%		7.03%		4.63%	
−5.345	−5.397	−15.956	−15.23	−25.565	−24.63	−1.106	−1.098	−21.396	−20.644
−0.97%		4.55%		3.66%		0.73%		3.52%	
−4.49	−4.752	−14.45	−15.787	−22.622	−24.394	−0.805	−0.858	−19.204	−20.346
−5.83%		−9.25%		−7.83%		−6.52%		−5.95%	
−5.538	−5.426	−14.194	−12.901	−25.174	−23.676	−1.004	−0.99	−20.886	−19.946
2.03%		9.11%		5.95%		1.37%		4.50%	

5.3.4　差异进化算法搜索地质力学参数

获得的多项式模型以及监测线测量值 QCJ-8 为 −6.14 mm、QCJ-9 为 −6.06 mm、Q-2 为 −18.03 mm、Q-3 为 −29.03 mm、GD-50 为 −1.41 mm、DB-5 为 −24.48 mm，拟合公式如下：

$$f(x) = \left| \alpha_0 + \alpha_1 \left(\frac{E_0}{E_1}\right) + \alpha_2 \left(\frac{C_1}{C_0}\right) + \alpha_3 \left(\frac{C_1}{C_0}\right)^2 + \alpha_4 \tan \varphi_1 + \alpha_5 \tan^2 \varphi_1 - y_i \right| \quad (5-6)$$

式中：$\alpha_0 \sim \alpha_5$ 为回归所得系数；E_0、C_0 为初始参数估计值；E_1、C_1、φ_1 为变量；y_i 为实际监测值（i 取 0，1，2 三个值）。以此式计算位移与实际位移的最小误差平方和作为差异

第5章 上软下硬地层盾构施工反分析及参数优化

进化的适应度函数,根据参数范围令公式(5-2)中的 $E_0=0.8$ GPa, $C_0=58$ kPa。设置差异进化初始参数,优化变量数为3,种群数为50。

给监测应力值5%的随机误差,代入公式(5-5)中采用差异进化算法进行围岩力学参数的搜索,当 result $= f_{x1}+f_{x2}$ 的值达到最小时就是该监测值所对应的实际围岩力学参数。

1) DE算法中不同初始参数的影响

考虑到变异因子 F 和交叉因子 CR 对于收敛速度的影响,现选取不同的 F、CR 值绘制DE算法在搜索过程中的迭代收敛曲线。变异因子 F 决定变异操作,F 其值越大,收敛速度越慢。交叉因子 CR 对 F 的影响可以从图5-7中体现出来。表5-7是 $F=0.9$ 时 CR 取不同值时的收敛值。

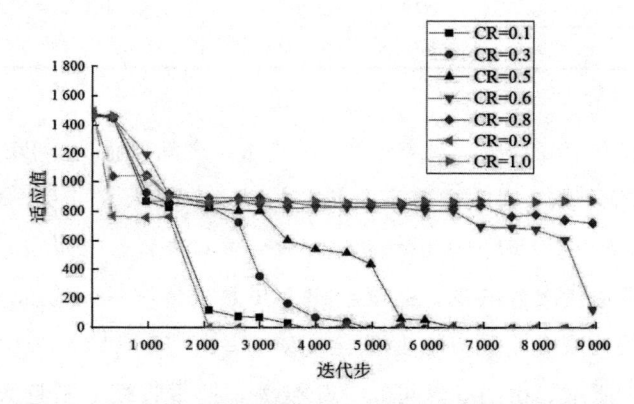

图5-7 $F=0.9$,CR 取值变化条件下搜索的迭代收敛曲线

表5-7 $F=0.9$ 时 CR 取不同值时的收敛值

$F=0.9$ 迭代步	CR						
	0.1	0.3	0.5	0.6	0.8	0.9	1
100	1 479.0	1 479.9	1 479.9	1 479.9	1 479.9	1 479.9	1 479.9
150	1 479.0	1 479.9	1 479.9	1 479.9	1 063.4	1 479.9	1 479.9
200	1 479.0	1 479.9	1 479.9	1 479.9	1 063.4	1 479.9	1 479.9
250	1 479.0	1 479.9	1 479.9	1 479.9	1 063.4	777.9	1 479.9
300	1 479.0	1 479.9	1 470.7	1 479.9	1 063.4	777.9	1 479.9
350	1 479.0	1 479.9	1 470.7	1 208.0	1 063.4	777.9	1 479.9
400	1 479.0	1 273.1	1 470.7	1 208.0	1 063.4	777.9	1057.1
450	965.3	1 061.2	889.8	1 208.0	1 063.4	777.9	1 057.1
500	965.3	1 061.2	889.8	1 208.0	1 058.0	777.9	1 057.1
550	965.3	1 060.1	889.8	1 208.0	1 058.0	777.9	1 057.1

续表

$F=0.9$				CR			
迭代步	0.1	0.3	0.5	0.6	0.8	0.9	1
600	965.3	1 060.1	889.8	1 208.0	1 058.0	777.9	1 011.4
650	965.3	1 002.0	889.8	1 208.0	940.4	777.9	1 011.4
700	965.3	1 002.0	889.8	1 012.5	940.4	777.9	1 011.4
750	965.3	1 002.0	889.8	1 012.5	940.4	777.9	1 011.4
800	965.3	1 002.0	889.8	1 012.5	940.4	777.9	1 006.4
850	965.3	910.8	889.8	1 012.5	940.4	777.9	903.8
900	965.3	910.8	889.8	1 005.5	940.4	777.9	903.8
950	958.7	910.8	889.8	1 005.5	940.4	777.9	903.8
1 000	958.7	910.8	889.8	935.2	940.4	777.9	903.8
1 050	905.7	910.8	889.8	935.2	908.6	777.9	903.8

假定 $F=0.9$，$CR=0.1\sim 1$，当 CR 在 $0.1\sim 0.5$ 之间取值时，DE 迭代搜索较平稳，收敛效果较好，当 $CR=0.3$ 时收敛速度最快，如图 5-7 所示。当 $CR\leqslant 0.5$ 时，DE 迭代搜索曲线较快，当 $CR>0.1$ 时搜索曲线位于 $CR=0.1$ 的上方，而当 $CR=0.9$ 时搜索曲线突降到最下方，且迭代次数减少，甚至会出现早熟的情况。$CR\geqslant 0.6$ 时，收敛速度减慢，可能出现不收敛的现象。图 5-8 是假定 $CR=0.3$，$F=0.4\sim 0.9$ 绘制的收敛曲线，具体收敛值如表 5-8 所示。由图 5-8 可知，F 越大，搜索收缩范围越大，$F=0.7$ 收敛速度相对较平缓。所以选取合适的搜索初始参数，不仅能节省时间、改善收敛速度，而且使算法不至于陷入局部最优的必要条件。

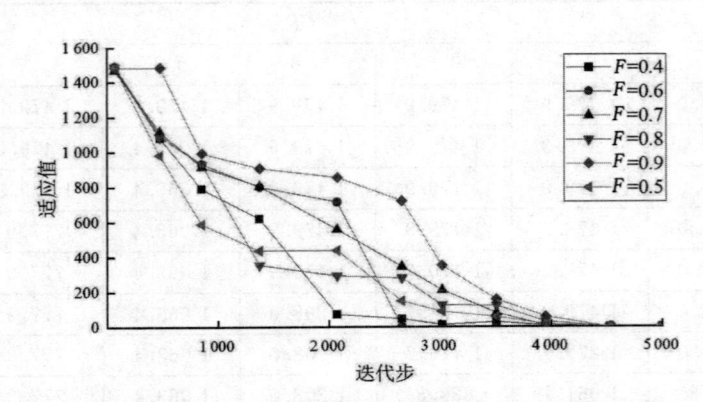

图 5-8 $CR=0.3$，F 取值变化条件下搜索的迭代收敛曲线

第5章 上软下硬地层盾构施工反分析及参数优化

表 5-8 $CR=0.3$ 时 F 取不同值时的收敛值

$CR=0.7$ 迭代步	F				
	0.4	0.6	0.7	0.8	0.9
100	1 412.7	1 412.7	1 412.7	1 412.7	1 412.7
150	1 412.7	1 412.7	1 412.7	1 412.7	1 412.7
200	1 412.7	1 412.7	1 412.7	1 412.7	1 412.7
250	1 412.7	1 151.2	1 204.9	1 412.7	1 412.7
300	1 295.5	1 151.2	1 204.9	1 212.8	1 412.7
350	1 004.7	1 151.2	1 204.9	1 212.8	1 412.7
400	1 004.7	1 151.2	1 147.8	1 212.6	1 266.6
450	1 004.7	1 151.2	1 147.8	1 212.6	1 235.8
500	1 004.7	1 147.9	1 087.2	1 166.6	1 235.8
550	1 004.7	1 147.9	1 087.2	1 166.6	1 234.6
600	1 004.7	989.1	1 087.2	1 166.6	1 234.6
650	1 004.7	989.1	1 087.2	1 022.6	1 055.6
700	987.5	989.1	1 087.2	1 019.3	1 055.6
750	911.8	989.1	989.7	1 019.3	1 055.6
800	879.9	988.6	989.7	995.4	1 055.6
850	879.9	988.6	631.5	992.0	1 037.6
900	879.9	988.6	631.5	992.0	1 037.6
950	879.9	988.6	631.5	992.0	1 037.6
1 000	879.9	988.6	631.5	990.8	1 028.6
1 050	848.2	987.4	631.5	990.8	1 003.0
1 100	848.2	987.4	498.4	990.8	1 003.0
1 150	848.2	422.7	498.4	990.8	1 003.0
1 200	848.2	422.7	498.4	976.7	1 003.0
1 250	454.6	422.4	493.6	976.7	1 003.0

2) DE 搜索参数

考虑到变异因子 F 和交叉因子 CR 对收敛速度的影响，现选取不同的 F、CR 值绘制 DE 算法在搜索过程中的迭代收敛曲线。变异因子 F 决定变异操作，其值越大，收敛速度越快。

这里选择收敛性较好的初始参数变异因子 $F=0.3$，交叉因子 $CR=0.7$。搜索得使适应度函数取得最小值时的最佳力学参数组为：$E_1 = 0.418$ GPa，$C_1 = 22.626$ kPa，$\varphi_1 = 35.7°$。最优迭代曲线见图 5-9。

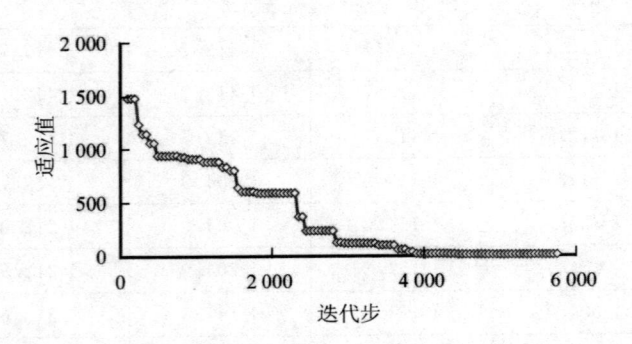

图 5-9　$F=0.3$，$CR=0.7$ 的最优取值迭代

5.3.5　地质力学参数的确定

通过差异进化算法进行反分析计算，得到各地层和支护的参数取值，如表 5-9 所示。

表 5-9　各地层及支护的参数取值

地层	弹性模量/GPa	泊松比	厚度(高度)/m	密度/(kg·m^{-3})	内摩擦角/(°)	黏聚力/kPa
素填土	0.1	0.47	5	1 700	8	10
全风化钙质板岩	0.27	0.43	3	1 800	16	38
粉质黏土	0.12	0.35	6	2 000	10	12
强风化钙质板岩	0.28	0.32	3	1 800	18	40
中风化钙质板岩	0.8	0.32	31	2 700	25	58
铁路路基	60	0.30	1.5	2 500	30	6 000
铁路路堤	1	0.35	6	2 000	20	100
桥墩	10	0.25	15	9 000	28	1 000
管片	31.5	0.30	1.2	2 500	34	2 500
注浆圈	1.8	0.28	1.2	2 300	28	400

为了检验反分析参数的合理性，将上述反分析参数用于隧道地层位移的正分析数值计算，计算测点 QCJ-8、QCJ-9、Q-2、Q-3、GD-50、DB-5 的沉降值，然后与实际监测值进行对比分析，见表 5-10。

第 5 章　上软下硬地层盾构施工反分析及参数优化

表 5-10　计算值与实测值对比

测点	监测值/mm	预测值/mm	相对误差/%
QCJ-8	−6.14	−6.716	9.38
QCJ-9	−6.06	−6.446	6.37
Q-2	−18.03	−19.66	9.04
Q-3	−29.03	−30.66	5.61
GD-50	−1.41	−1.56	10.63
DB-5	−24.48	−26.55	8.46

将反演参数计算值与已知监测位移值进行对比分析，如图 5-10 所示，结果表明实际现场监测值略小于数值计算结果，相对误差最大为 10.63%，反演的结果令人满意，证明了反分析参数的可靠性。因此对于该隧道工程，可先根据盾构隧道位移反分析方法，利用实测的地层位移进行参数反分析，以获得地层的参数，然后以此为依据，分析后续隧道施工引起的地层位移，从而确定上软下硬地层盾构施工参数。

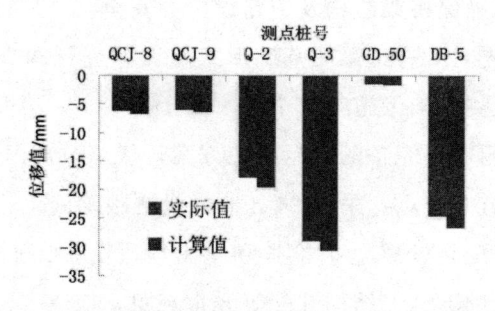

图 5-10　实际位移与计算位移对比

5.4　上软下硬地层盾构施工工艺控制要点

通过前一节的反分析确定地层的地质参数，确定施工区间为典型的上软下硬地层，由于软硬不均地层是一种特殊的地层，既有软岩地层的不稳定性，又具有硬岩的强度，给隧道施工带来了很大的困难，因此在盾构施工时要根据地质反分析结果，科学选择掘进参数、掘进模式以及制订合理的施工预案，减少施工的盲目性。盾构施工工艺的选择不仅要考虑工程所处的地质情况，还要考虑施工区域所面临的环境问题。

5.4.1 盾构施工区间建筑物、桥梁、管线处理措施

1. 建筑物

盾构隧道埋深较深，隧道顶至建筑物基础底距离均大于两倍盾构直径，盾构施工前应对施工路线建筑物进行评估，并由相关单位明确其允许变形值及沉降值等指标。盾构施工期间需要对周围建筑物进行重点监测。盾构下穿的过程中严格控制盾构推进参数，控制沉降量。根据监测结果，根据建筑物的基础形式，必要时采取地面注浆加固等保护措施。当地下水位、地面变形和建筑物沉降、倾斜任何一项超过警戒值时，应立即停止施工，对建筑物基础底部土体进行注浆加固。

2. 桥梁

盾构施工前应对桥梁进行评估，并由相关单位明确其允许变形值及沉降值等指标。并采取以下措施：

(1) 为了减小隧道施工对道路的影响，道路穿越段及两侧各 100 m 范围内盾构通过时需要控制盾构推进参数，加强盾构同步注浆。并加强监测施工造成的铁路的沉降和振动，根据监测结果跟踪注浆，确保桥梁结构及道路设施的安全。

(2) 下穿段施工前应先对既有桥梁的基础形式及埋深进行调查，并根据调查结果，采取相应措施，加强监控量测，确保施工安全。

(3) 施工前向路政部门申报完备的穿越施工方案，待路政部门审批通过后方可施工。

(4) 加强监测频率及监测布点，采取 24 h 监控量测跟踪施工，信息反馈指导施工。施工期间指派专职人员昼夜配合铁路监护检查和施工地段防护。通过监控数据反映信息发现如有道床下沉、桥涵基础下沉、结构开裂等异常现象，应立即停止施工。

3. 地下管线

区间施工前应首先对施工影响范围内管线进行安全评估，并由相关单位明确其允许变形值及沉降值等指标。在区间施工过程中，对于带水、带压等敏感管线应重点监测及保护，保障安全。

开工前应先对地下管线进行调查，探明区间隧道平面范围内目前尚未明确的管线。若施工单位发现区间隧道平面范围内有大型的控制管线，应根据现场情况，采取合适的管线改移、保护措施，加强监控量测，确保施工安全。

5.4.2 上软下硬地层盾构施工控制地表沉降的措施

盾构推进过程中保压推进，通过注入聚合物、膨润土进行渣土改良，防止喷涌，严

第5章 上软下硬地层盾构施工反分析及参数优化

格控制除渣量。加强同步注浆，在管片完成部分分段施作止水环，并进行二次注浆填充施工。盾构推进过程中加强日常管理及监测，做到信息化施工。做好各项应急预案的准备工作，做到有备无患。

1. 出土量控制

出土量控制以实际出土量为准，即除去土箱上部清水后的渣土体积，出土量均按照每环 65 m³ 控制。出土量根据千斤顶绝对进尺控制，每进尺 50 mm 进行一次目测估计，每 100 m 进行一次钢尺测量，并在出土记录表上及时、准确记录每一进尺的出土量。当出现单位进尺出土超量的情况应立即电话汇报值班领导；当出现出土量明显超标的情况时，立即保压停机，第一时间汇报值班领导并通知各相关单位，未经允许不得擅自恢复推进，表 5-11 为出土量控制表。

表 5-11 出土量控制

绝对进尺/mm	初始行程	100	200	300	400	500	600	700	800	900	1000	1100	1200	加水总量/m³
油缸行/mm	260	360	460	560	660	760	860	960	1060	1160	1260	1360	1460	
出土量/m³		4.7	9	13.3	17.5	21.9	25.2	29.2	33	37.4	43.4	47.8	51.9	8.7
加水量/m³		1.5			1.8			2.9			2.5			
出土箱数	第1箱		第2箱		第3箱		第4箱		第5箱		第6箱			实际总进尺/mm
油缸行程/mm	463		732		1 011		1 220		1 508		1 755			1 497
相对上环进尺/mm	205		269		279		209		288		247			箱内清水总量/m³
箱内清水含量/m³	1.5		0		0.1		0.3		0.1		0.2			2.2
渣土含量/m³	9		11.8		12		9.3		12		9.5			箱内渣土总量/m³
渣土温度/℃	39.5		39.4		39.5		39.4		39.5		39.6			63.6

2. 土仓压力控制

土仓压力控制值为 0.13～0.15 MPa，应尽量控制波动幅度，最低不得低于 0.1 MPa，否则说明仓内渣土情况不良，需及时采取措施调整。穿越上软下硬地层时，盾构机推进

· 133 ·

时必须采用满仓保压推进模式进行，并通过土仓压力与地面监测数值反复对照设定，逐步确定保压最理想值，表5-12所示为土仓压力记录表。

表5-12 土仓压力记录值

土压计编号	压力设定值/bar	油缸行程/mm						
		300	500	700	900	1 100	1 300	1 500
1	0.2	0.3	0.2	0.4	0.2	0.2	0.4	0.2
2	0.3	0.4	0.4	0.5	0.5	0.3	0.7	0.4
3	0.3	0.5	0.5	0.6	0.4	0.3	0.4	0.5
4	0.7	0.8	0.6	0.7	0.7	0.8	0.6	0.3
5	0.5	0.6	0.8	0.5	0.5	0.8	0.8	0.5

注：1 bar=0.1 MPa。

3. 渣土改良及防喷涌措施

根据专家意见及掘进过程中的情况，采取如下渣土改良措施：在黏粒成分超过20%的全、强风化地层中采用泡沫改良、刀盘前方注水改良、仓内加水改良并适当加注分散剂的综合改良方式；在黏性成分不足20%的强、中风化地层中则采用泡沫改良配合刀盘前方及仓内加注膨润土泥浆的改良方式。表5-13为泡沫在不同土层用量统计表。

表5-13 泡沫在不同土层用量统计表

序号	土层	用量(占总量百分比)	序号	土层	用量(占总量百分比)
1	沙性土	30%～50%	5	硬黏土	20%～35%
2	沙和砾石性土	25%～35%	6	软黏土	20%
3	沙、黏土混合物	25%～30%	7	岩石	100%

4. 盾构仓内渣土高度控制

盾构掘进时，严格控制每环出渣量不超过50 m³，推进过程中以检查仓内实土高度的方法控制土仓状况，将长80 cm的钢筋插入土仓内检查仓内实土是否达到此高度，若仓内渣土未达到此高度，在恢复掘进时应降低出土速度，确保足够多的渣土存于仓内，及时复查渣土高度。

5. 同步注浆及二次注浆

注浆是保证地面建筑、地下管线、盾尾密封及衬砌管片安全的重要一环，因此必须严格控制，并依据地层特点及监控量测结果及时调整各种参数，确保注浆质量，因此需要及时填充盾尾建筑空隙，支撑管片周围岩体，有效地控制地表沉降。凝结的浆液将作为盾构施工隧道的第一道防水屏障，增强隧道的防水能力，为管片提供早期的稳定并使管片与周围岩体一体化，有利于盾构掘进方向的控制，并能确保盾构隧道的最终稳定。

同步注浆采用水泥砂浆作为注浆材料，浆液具有结石率高、结石体强度高、耐久性好和能防止地下水浸析的特点。二次注浆要选用具有速凝性能的化学浆液，以达到迅速地填充、凝固效果，达到填充管片后空隙、控制地表沉降的目的。同步注浆拟采用表5-14同步注浆材料配比表所示的配比，在施工中，根据地层条件、地下水情况等，通过试验调整配比。同步注浆浆液的主要物理力学性能应满足下列指标：胶凝时间一般为3～10 h，根据地层条件和掘进速度，通过现场试验加入促凝剂及变更配比来调整胶凝时间。对于强透水地层和需要注浆提供较高的早期强度的地段，可通过现场试验进一步调整配比和加入早强剂，进一步缩短胶凝时间；固结体强度：一天不小于0.2 MPa，28天不小于2.5 MPa；浆液结实率＞95%，即固结收缩率＜5%；浆液稠度8～12 cm；浆液稳定性指标层析率（静置沉淀后上浮水体积与总体积之比）小于5%。

表5-14 同步注浆材料配比表

水泥/kg	粉煤灰/kg	膨润土/kg	沙/kg	水/kg	外加剂
300	300	50～75	650	500	按需要根据试验加入

二次注浆采用速凝型化学浆液，在确保能施作的前提下，浆液凝固时间控制在1 min之内为宜，采用水泥浆与水玻璃混合溶液进行注入，配比为普通硅酸盐42.5水泥：水＝5:3（质量比）配成A液，波尔度为40的水玻璃配成B液，然后采用双液注浆泵将A液与B液按1:1的体积比注入管片注浆孔中。

同步注浆时要求在地层中的浆液压力大于该点的静止水压及土压力之和，做到尽量填补同时又不产生劈裂。注浆压力过大，管片周围土层将会被浆液扰动而造成后期地层沉降及隧道本身的沉降，并易造成跑浆；而注浆压力过小，浆液填充速度过慢，填充不充足，会使地表变形增大，通常同步注浆压力一般为1.1～1.2倍的静止土压力，初步确定注浆压力为0.1～0.2 MPa 二次注浆压力为0.3～0.4 MPa。通过不断地跟进注浆效果及注浆量进行注浆参数的修正从而调整到最优注浆参数。同步注浆量理论上是充填盾尾建筑空隙，但同时要考虑盾构推进过程中的纠偏、浆液渗透（与地质情况有关）及注浆材料固结收缩等因素。根据本标段的地质及线路情况，注浆量一般为理论注浆量的120%～150%，并应通过地面变形观测来调节。注浆量按下式进行计算：

$$Q = V \cdot \lambda \tag{5-7}$$

式中：Q 为注入量，m^3；λ 为注浆率（取120%～150%，曲线地段取较大值，其他地段根据实际情况选定）；V 为盾尾建筑空隙，m^3。

$$V = \frac{\pi(D^2 - d^2)L}{4} \tag{5-8}$$

式中：D 为盾构切削土体直径（即为刀盘直径6.28 m）；d 为管片外径（6.0 m）；L 为管片宽度（1.2 m）。

代入相应数值可得

$$V = \pi[(6.28 - 6.0) \times 1.2] \div 4 = 3.24 \ m^3$$

理论计算值 $Q = 3.89 \sim 4.86 \ m^3$/环（系数考虑1.2～1.5），实际施工注入量按照每环不少于 $6 \ m^3$ 进行施工，并结合注浆压力补充同步注浆量。二次补强注浆量根据地质情况及注浆记录情况，分析效果，结合监测情况，由人工打孔检查并控制注浆压力。根据盾构机推进速度，同步注浆以每循环达到总注浆量而均匀注入，盾构机推进开始注浆开始，推进完毕注浆结束，二次注浆以达到要求注浆压力为基准。

注浆具体操作要求：①回填注浆工作要以具备注浆条件后立即施作的原则，注浆位置以拱顶优先，其次为腰线及腰线以上位置。②为防止回填注浆的浆液因凝固不及时造成的流失，要在施工人员的可操作范围内尽量加大水泥浆液的稠度以达到最快凝固效果。③回填密实效果必须采用人工打穿拱顶注浆孔的方法逐个检查，以确保管片拱顶回填密实。④注浆回填范围为全部隧道范围。

5.5 现场工程监测评价

为确保施工期间盾构附近地下及地上管线、周围建（构）筑物、道路和其他设施的安全及正常使用，施工期间必须加强监控量测，做到信息化施工。同时，通过施工监控量测掌握围岩、支护结构、场区周围建（构）筑物的动态，并及时分析、预测和反馈信息，以指导施工，必要时修改设计，确保工期和施工安全。

5.5.1 施工监测

在注浆过程中，根据监测规范每2 h监测一次，并根据具体情况，随时准备进行监测。监测数据现场进行处理，根据规范将变形控制在 10 mm 范围内。根据现场处理数据，当变形大于 10 mm 时及时向现场负责人及相关部门汇报，并停止注浆，实际监测过程中，一般当变形大于 1 mm 时就要与现场负责人沟通，及时做好处理准备，并加强监测频率。根据监测数据的记录将每次变形计算出来后，查看最大变形是否超过警戒值，如果没超过，则将其计算到累计变形中，再次进行分析其是否超过警戒值，如果超过，则及时向项目负责人汇报。

5.5.2 可能出现的工程状况及应急技术措施

面对周边环境复杂、周边道路下管线较多、区间隧道施工具有复杂地质条件的工程，虽然对每一工况都进行了精心设计，但由于是地下工程，在施工中总是会遇到难以预计的情况，这时，有效的施工监测与分析，将会预先发现过程中存在的问题和风险，起到提前预警的作用。根据本工程的特点，结合已有工程的经验，对该工程可能出现的风险进行分析，并建立相对应的措施。

(1)桥桩沉降报警：应密切关注其差异变形，并结合地表环境变形情况综合分析。若出现较大沉降和差异沉降，应及时反馈施工单位，配合做好各项处理措施。

(2)周边建筑物变形报警：根据不同建筑物的结构特征，及时汇总单体建筑不同位置处的沉降变形资料和信息，及时提交施工方，以便及时采取针对措施。加强监测频率，增加监测手段，如在裂缝处补贴石膏饼、安装裂缝监测仪等。

(3)应对风险的监测保证措施：建立完善的项目组织管理体系，项目配备有经验、有专业技能的组织管理者，做到快速、准确、及时提供监测信息。建立规范的工作程序，依次为现场数据采集、工况信息收集、数据综合分析、形成成果报告。

5.6 小结

本章以盾构穿越某铁路桥为工程依托，首先对地质参数的敏感性进行分析，寻找对地质影响较敏感的参数，然后通过反分析方法获得地层地质合理的力学参数，进而推求上软下硬地层盾构施工工艺控制要点和较符合实际的盾构施工参数，最后通过现场监测结果对施工效果进行评价。此方法得到如下结论：

中风化钙质板岩的 C_1、φ_1 对于测点位移的影响是最大的，其他参数对拱顶和拱底的影响都不大。由于土体大部分接近破坏，材料承受压力的能力、承受拉力的能力、致弯外力的承受能力、承受剪切力的能力减弱，强度参数对位移的影响比刚度参数的要大。

在 DE 反演中，选择收敛性较好的初始参数(变异因子和交叉因子)，搜索得到最佳力学参数组为：$E_1=0.418$ GPa，$C_1=22.626$ kPa，$\varphi_1=35.7°$，从而得到各地层和支护的参数。经过验算，反演参数计算值与已知监测线位移相对误差最大为 9.62%，反演的结果比较准确，证明了反分析参数的可靠性，可以以此为依据，分析后续隧道施工引起的地层位移，从而确定上软下硬地层盾构施工参数。

通过反分析方法得到了上软下硬地层盾构施工工艺控制要点和盾构施工参数，然后把它们用在现场工程中，现场监测结果认为此方法是合理的，能够有效地控制施工沉降与结构变形，达到了施工的预期效果，并且降低了施工周期，产生了良好的经济、社会效益。

第6章 下穿建(构)筑物盾构隧道动态施工及地层加固

6.1 引言

在城市地铁隧道开挖过程中,由于隧道处于地下岩土层中,因此,在隧道的开挖施工中,不论采用何种施工技术都将引起地层运动,破坏了原有地层的自稳能力,直观地体现在上部地表的沉降与隆起。其中,地表隆起主要是因为隧道掘进过程中掘进界面支护力过大或注浆改善地层性质而引起地层发生向上的位移;地表沉降是由于隧道施工中隧道周围土体受扰动,发生触变性,进而在土体自身重力作用下,发生向地层中土体损失的隧道内的位移与沉陷。受此影响,隧道相邻地区的建(构)筑物将会产生沉降、位移或变形,致使建(构)筑物受到破坏或破损。因此,控制施工过程中隧道与建(构)筑物的安全稳定已成为目前施工中急需解决的问题,若能预先评估隧道开挖对周边建(构)筑物的影响,会对指导隧道的设计与施工具有重大作用。

6.2 盾构隧道施工对路桥影响的基本理论

6.2.1 地层损失引起的地表沉降

隧道开挖时通常会导致隧道周围土体与衬砌之间产生间隙,这主要是因为在施工中不可避免地产生支护与隧道开挖的时间间隔,二者不可能同时同步跟进进行,其次支护体系与隧道轮廓线之间的空间也是产生沉降的原因,或者因为超挖使得实际出土量比隧道断面设计的出土量大得多。在软黏土地层中,空隙会被隧道周围土体及时填充,引起地层移动,产生地表沉降。地层的移动首先由于隧道周围轮廓围岩土体应力状态发生改变，隧道周围岩土体首先发生位移，其次形成由应变—变形—位移—地面沉降逐步上传的土体位移。所谓地层损失是指隧道掘进过程中实际开挖出的土体体积与理论设计的排土体积之差。地层损失率用地层损失体积与隧道理论设计排土体积的百分比来表示。

6.2.2 地层损失沉降

地层损失一般可以分为三种情形。

1. 正常地层损失

忽略各种主观因素的影响，认为工程施工中完全是按照设计规范进行操作，不出现任何施工错误。此时，地层损失的原因都归结于施工地区的客观条件，如地质条件的勘察、隧道施工参数的选取、支护参数的选取等。从整体上来说，这种正常沉降在一定程度上是可控制的，通过各种措施可以使沉降量达到最小。此时的地表沉降槽体积与地层损失体积是相等的。在土质均匀的地层中，由正常地层损失导致的地表沉降变化差异不明显。

2. 非正常地层损失

这部分地层损失沉降的产生主要是由于施工过程中操作不当而引起的。如操作过程中各类施工参数设置不合理、注浆不及时、超欠挖等。非正常地层损失引起的地表沉降有局部变化的特征，然而，一般认为这种地层损失沉降是无法避免的。

3. 灾害性地层损失

在隧道开挖过程中岩土体产生突发性的急剧流动，造成迅速的崩塌，从而引发灾害性的工程事故沉降。这种情况通常是由于工程中地层水压过大和透水性较强的颗粒软土等不良地质条件造成。

6.2.3 土体损失理论地表沉降预测

1969年，Peck 在总结了20多个隧道工程的地表沉降规律的基础上，认为地层移动是由土体损失引起的，地表横向沉降槽分布近似正态分布曲线，因此提出了地层损失的概念。如图6-1所示，假定土体不排水、体积不可压缩，采用高斯分布函数及 Peck 预测公式来描述隧道开挖引起的地表沉降规律，其预测公式如下：

$$S(x) = S_{\max} \exp\left(-\frac{x^2}{2\,i^2}\right) \tag{6-1}$$

$$S_{\max} = \frac{V_\mathrm{I}}{\sqrt{2\pi} \cdot i} \tag{6-2}$$

$$i = \frac{H}{\sqrt{2\pi} \tan\left(45° - \dfrac{\varphi}{2}\right)} \tag{6-3}$$

式中：$S(x)$ 表示距离隧道中心线为 x 处地表沉降量；S_{max} 表示隧道中心线处地层损失引起的最大沉降量；x 表示离隧道中心线的距离；i 表示沉降槽宽度系数；V_1 表示隧道单位长度地层损失量；H 表示隧道轴线埋深；φ 表示土的内摩擦角。

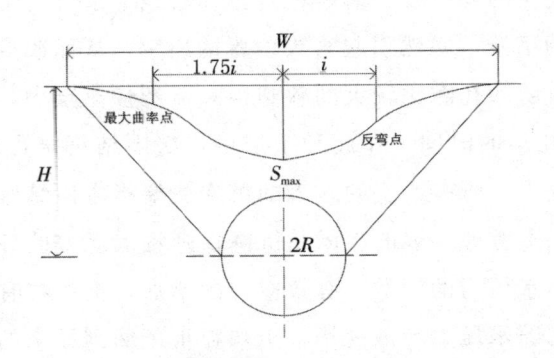

图 6-1 隧道上部沉降槽断面形状

1976 年，Cording 将沉陷体的界面简化成斜直线，于是就导出沉降槽宽度估算公式：

$$W = 2.5i \tag{6-4}$$

式中：W 表示沉降槽半宽。

6.2.4 固结沉降

固结沉降主要发生在含水地层中，由于隧道开挖过程中的超挖、注浆等作用，使地层产生扰动，导致周围土体发生触变性，产生新的平衡，并同时产生正、负超孔隙水压力，从而引发地表沉降，称之为固结沉降。固结沉降又分为两种形式，分别是主固结沉降与次固结沉降。两种沉降方式发生的时间效应不同，主固结沉降是初始超孔隙水压力的消散、有效应力增加而引起的土体压缩，主固结沉降短时间内发生的沉降量较大；次固结沉降为主固结沉降基本完成后，有效应力基本稳定不变，土层骨架的蠕动引起剪切变形，次固结沉降历时较长，沉降量也不容小觑。

主固结沉降与隧道埋深有着密切的关系。在实际工程中，隧道埋深越大，在固结沉降中，主固结沉降所占比例越大。因此，在深埋隧道施工中，施工引起的沉降可能比较小，但由于含水层内地下水水位下降对主固结沉降的影响是不可以忽视的，其产生的有效应力的增加也会改变土层中的应力。

由太沙基有效应力原理可知，在地下 z 处时，土体的总应力为 σ，孔隙水压力为 μ，有效应力为 σ'，则

$$\sigma = \mu + \sigma' \tag{6-5}$$

可知，随着水位的下降，孔隙水压力也不断减小。假定土体总应力不变，减小的孔隙水压力转化为有效应力增量，如下式：

$$\sigma = (\mu - \Delta\mu) + (\sigma' + \Delta\mu) \tag{6-6}$$

在孔隙水压发生变化的同时会引起两种现象：①地下水位的下降会使土体所受的浮力减小；②地下水位的下降，必然引起水头位置的改变，从而改变了渗流路径，导致渗透压发生变化。在灵敏度和孔隙比较大的软塑性和流塑性土层中，次固结沉降往往可以持续好几个月，甚至几年的时间。在此种土层中，次固结沉降占总沉降的比例超过了35%。在隧道开挖过程中，所有产生的地表的沉降主要指主固结沉降、次固结沉降和施工沉降三者之和。如果不考虑长远的次固结沉降，则隧道上方的各土层的相对沉降值是相等的。因为随着孔隙水压力的消散、有效应力的增加，土颗粒有向着它原来的相对位置移动的趋势，当超孔隙水压力消散完毕，土颗粒重新回到原来的相对位置，如果在总沉降中考虑次固结沉降，那么还要考虑因地层土体初始结构的破坏产生的蠕变沉降。

6.2.5 间隙参数 GAP

1969 年，Peck 在地层损失中，概括了地层损失的定义为盾构施工中实际开挖土体体积和竣工隧道体积（包括隧道外围包裹的压入浆体积）之差。地层损失对于解释地表沉降槽具有意义，但是在实际工程中，由于隧道形式及施工质量等因素差异很大，常导致较大误差，因此，在 1982 年，Lo 和 Rowe，1992 年 Lee 等引入了间隙参数 GAP 来描述地层损失，预测地表沉降及地层沉降。GAP 的定义为大于隧道衬砌外径的超挖土体的量，包括开挖面在推力作用下的三维运动造成的超挖土体损失及施工因素造成的土体损失，GAP 的大小等于盾构开挖的拱顶位置到衬砌顶的距离。

根据 Lee 的定义：

$$\text{GAP} = G^P + U_{3D}^* + w \tag{6-7}$$

$$U_{3D}^* = \frac{K}{2}\delta_x \tag{6-8}$$

式中：U_{3D}^* 指由于开挖面应力释放导致土体的三维弹塑性变形；w 指人为施工因素（包括盾构的纠偏、上抛、扣头等）产生的土体损失；G^P 指物理间隙，在圆形隧道中通常是指盾构机械的最大外径与隧道管片外径之差；K 为土-刀阻力系数；δ_x 为开挖面土体侵入系数。

6.2.6 盾构施工引起地层损失的因素

在盾构施工中，引起地层损失的因素主要包括以下几个方面，第一，在开挖面土体移动时,也即当盾构掘进时,开挖面土体受到的水平支护力小于原始侧向应力,导致开挖面土体向盾构内移动,也即土仓压力小于土体的土压力,从而引起盾构上方的地表沉降;当土仓压力大于隧道内土体的土压力时,则在土压力作用下,其盾构上部地表的变化是隆起趋势。第二,在施工过程中,不可避免地需要使盾构机改变推进方向、后退等调整性工作,使得实际开挖断面不是圆形而是椭圆,因此引起地层损失,盾构轴向与隧道轴线的偏角越大,则对土体扰动和超挖程度及其引起的地层损失越大。第三,在管片与隧道壁之间的注浆厚度也是影响地表沉降的一个重要原因,在实际注浆加固过程中,注浆液一方面起着填充隧道间隙、防止沉降继续发生的作用,另一方面,在注浆的过程中,也会对隧道壁造成破坏,引起新的沉降。第四,盾构施工过程中出渣、管片衔接、排水等一系列施工工序的施加间隔也是影响地表沉降的重要原因,现场需要根据实际工程情况,控制地表沉降。

6.3 盾构施工对地表沉降影响分析

本节对南昌某轨道交通线 ZCK33+562～ZCK33+502 区段的盾构隧道进行数值模拟研究,该标段盾构施工难度大,且盾构机姿态难以控制,会造成大范围的地表沉降,重点研究盾构施工过程中的地表沉降规律,以及盾构施工对地表沉降的影响因素,并制定严格的地表沉降控制措施。

6.3.1 盾构隧道施工过程数值模型建立

随着地铁盾构隧道建设的推进,地层难免会受到一定程度的干扰,随之而来的还有地层力学平衡状况的破坏。当管片施作结束后,地层会达到新的力学平衡。尤其本研究区域的上软下硬地层比较复杂,地表沉降与盾构开挖施工参数关系值得研究,对于指导施工有重要意义。本节研究的区域为南昌某轨道交通线 ZCK33+562 到 ZCK33+502,地层分布情况见图 6-2。

利用 Abaqus 有限元软件研究隧道施工时的地表沉降变化规律,隧道施工会对离隧道中心 3～5 倍直径范围内的土体产生很大作用。通常,离隧道中心三倍直径处的应力变化会在 11% 以内,离隧道中心 5 倍直径处的应力变化在 4% 以内。两侧面与隧道界限的间距为 21 m,底部到隧道界限的间距为 16 m,地面到隧道界限的间距为 13 m。各个边界均为位移边界,地面为自由平面,侧面和底面均为法向约束。掘进方向为 Y 轴,垂直方向为 Z 轴,垂直于地层 Y、Z 轴为 X 轴。而模型设计的所有 X、Y、Z 方向的长度都一致,即

60 m。图 6-3 为建立的三维数值模型。网格分割对构建数值模型来说很关键，需要从很多角度考虑，其分割的网格形状也将对计算结果精确度和算法持续时间产生影响。通常来说，通过增大网格总量，可以提升计算结果精确度，但同时也会带来计算结果持续时间的增加，所以在网格分割时要进行综合考虑。根据以往实践经验，在计算满足工程建设需要时，增加网格单位数量对提高计算精度的作用较小，故在提高设计精度时，减少网格单元数量可使网格安排更加科学合理。本次数值模拟中同时采用了映射网格分割与自由网格分割的方法，模型中包含了 68 420 个单元体。

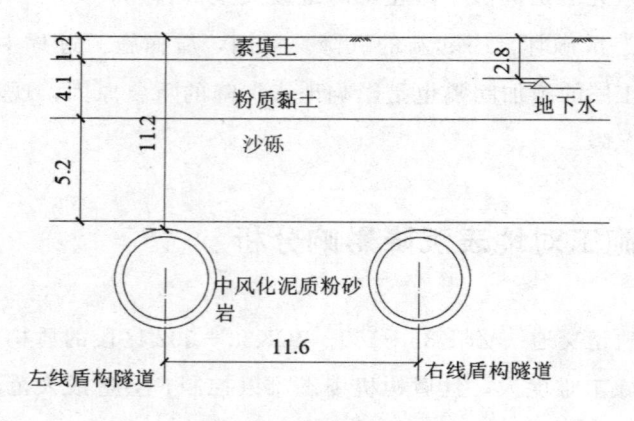

图 6-2 地层分布图

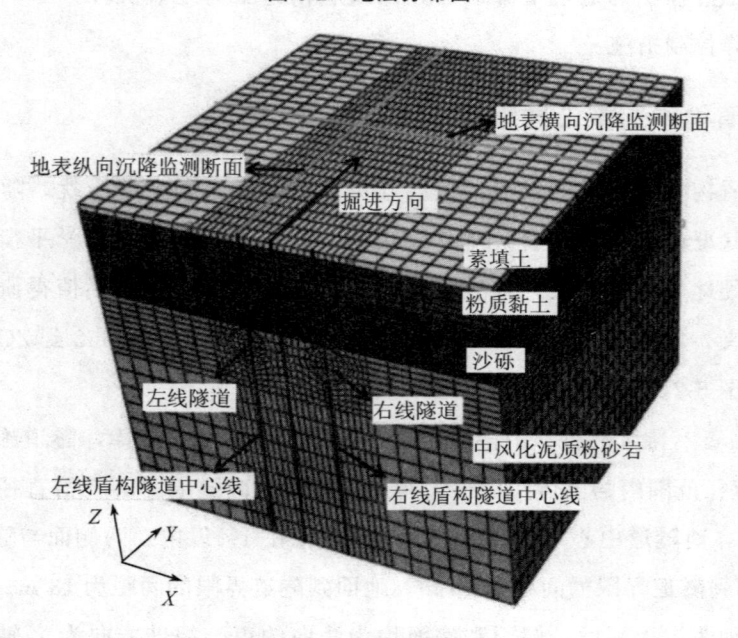

图 6-3 三维数值模型

第6章　下穿建(构)筑物盾构隧道动态施工及地层加固

根据地勘资料，地层从上往下分别是素填土、粉质黏土，沙砾和中风化泥质粉砂岩。岩土体采用理想弹塑性 Mohr-Coulomb 准则，各土层参数选取如表6-1所示。

表6-1　模型计算参数

材料名称	容重/(kN/m³)	弹性模量/MPa	泊松比	内摩擦角/(°)	黏聚力/kPa
素填土	13	3.6	0.25	10	5
粉质黏土	19.2	6	0.3	16	20
沙砾	19.5	12	0.3	26	0.001
中风化泥质粉砂岩	23.4	700	0.32	32	1 150
管片(C50)	25	50 000	0.25	—	—
注浆层(C20)	24	20 000	0.25	—	—

本节将利用土压平衡式盾构机，对研究区域内实施掘进模拟，盾构区间隧道由左线隧道和右线隧道构成。在实际的施工中，两条隧道间一般有60 m到80 m间距，于是首先进行40个开挖步的施工，待左线隧道贯通后，接着再实施40个开挖步将右线隧道贯通。具体流程如下。

(1)依据地勘资料，模型土层共划分4层。对不同土层赋参数，分析弹塑性地应力，得到自重应力下的初始应力场，再将初始位移值清零。图6-4所示为地层初始平衡竖向应力云图。

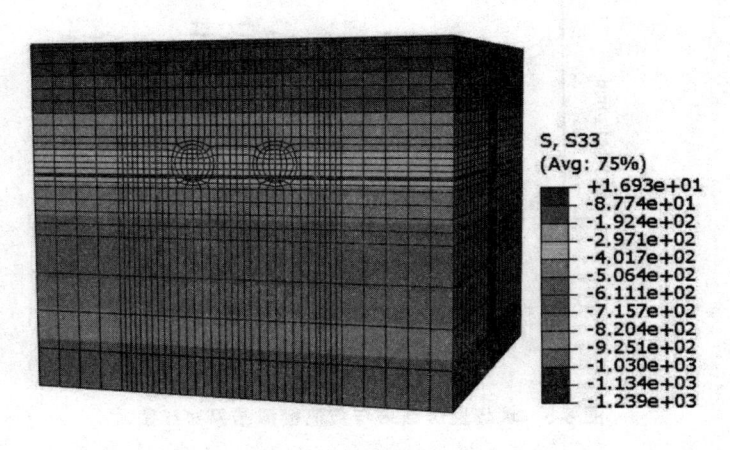

图6-4　地层初始平衡竖向应力云图

(2)当对先行隧道开挖模拟时，首先将一环管片同宽的开挖土体以及注浆层单位使用null单元钝化法挖去，在开挖面上施以大小为230 kPa的土仓压力，在土体表面产生壳单元，且给出了其盾构外壳的力学参数，再按之前的步骤进行4个开挖步的重复，这样盾构机就能完全钻入土体。

(3)根据盾构机每次开挖一环管片的距离,在工作平面上施以大小 230 kPa 的土仓压力后,土体表面会形成一环盾构机壳,去掉盾构机尾一环机壳,且对盾构机尾间隙处的土体按照 0.2 比值的应力进行释放,稳定后加装管片并同时注浆,然后把其他应力加到隧道注浆层上,共进行了 40 个周期后先行隧道完成施工。先行隧道施工结束后,参照之前的施工流程,模拟后行隧道的施工,使用了 80 个施工步骤即完成双线隧道的施工。

6.3.2 模型验证

为了验证模型的正确性,本书将按照现场实际开挖的顺序(先开挖左侧隧道,右侧暂不开挖)进行模拟分析,并和隧道 $Y=30$ m 截面的现场实际监测进行了比较分析,结果见图 6-5。

由图 6-5 可知,$Y=30$ m 截面处现场监测结果的最大值在左线隧道上方,并沿着轴线下降。数值模拟和现场监测变化趋势基本一致,但是在数据大小上仍有差别,实际沉降最大值有 0.5 mm 的差值,主要由于现场土体在各个方位上特性均有所不同,而模拟土体在宏观上各个方位特性均相同,另外模拟土层的内部残余应力释放量很大,因此实际土层的掌子面土体侧压力也与数值分析结论中存在一定差别。但总体上比较一致,说明模拟结果具有合理性。

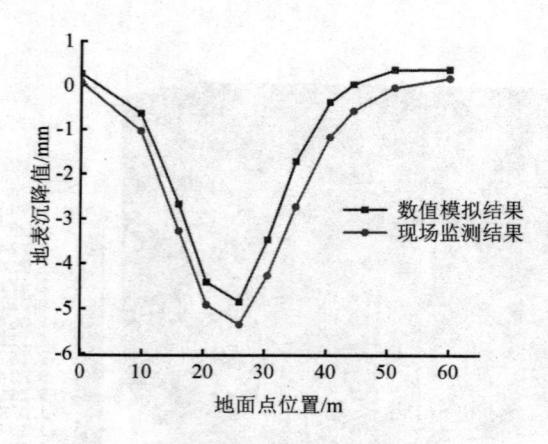

图 6-5 现场监测结果与数值模拟结果对比图

6.3.3 盾构开挖过程中位移沉降规律

1. 地表横向沉降变化规律分析

为了更准确地模拟盾构隧道的施工流程,将盾构机每次向前推进间距设定为 1.5 m,

第6章 下穿建(构)筑物盾构隧道动态施工及地层加固

当盾构机到左线隧道的 12 m，24 m，36 m，48 m，60 m 处以及双线盾构隧道开挖工作全部完成时，通过 Abaqus 软件后处理功能，获得盾构机推进到先行隧道 12 m，24 m，36 m，48 m，60 m 处时竖向云图，如图 6-6 所示。

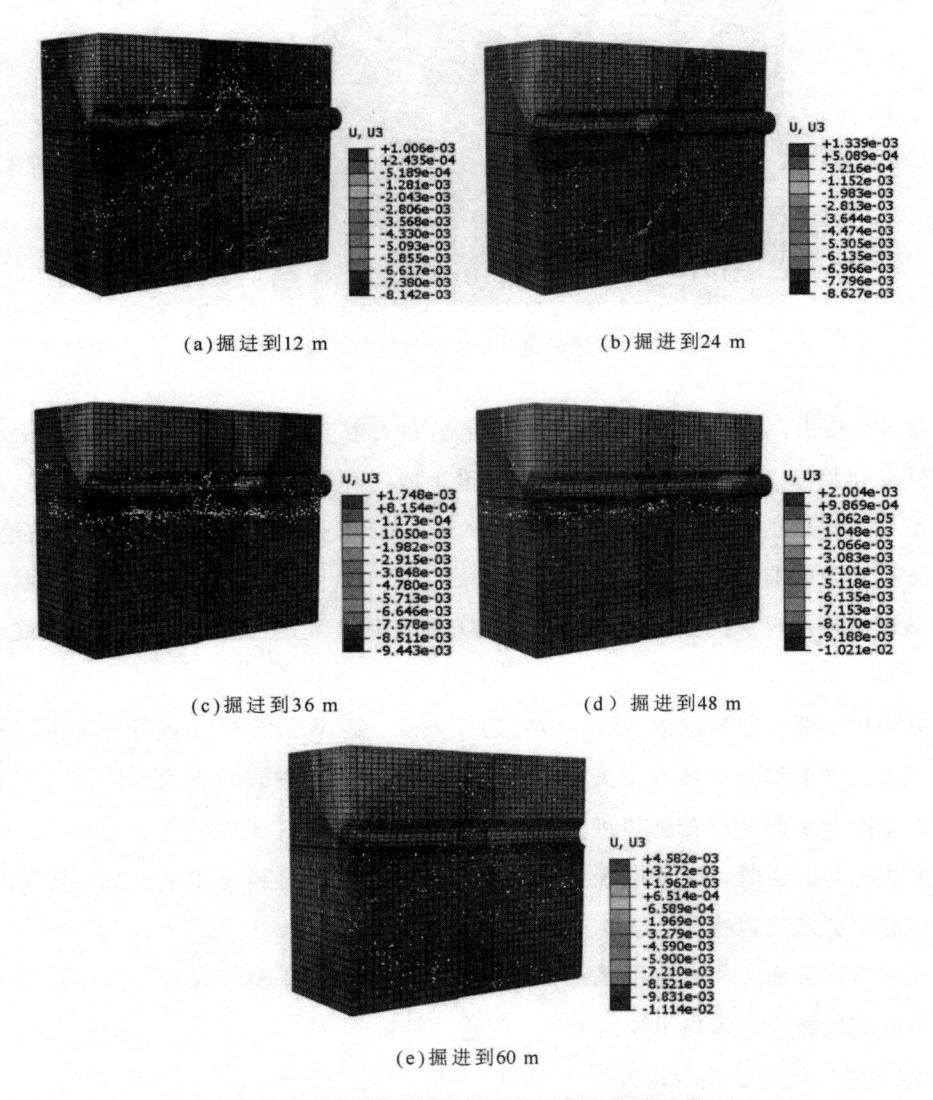

(a) 掘进到12 m

(b) 掘进到24 m

(c) 掘进到36 m

(d) 掘进到48 m

(e) 掘进到60 m

图 6-6 推进到不同距离时地层竖向位移云图

盾构机推进到先行隧道 12 m、24 m、36 m、48 m 和 60 m 时地层的最大沉降值分别是 8.14 mm、8.63 mm、9.44 mm、10.21 mm 和 11.14 mm，均位于盾构隧道拱顶注浆层上部；盾构机推进到先行隧道 12 m、24 m、36 m、48 m 和 60 m 时最大隆起值分别是 1.01 mm、1.34 mm、1.75 mm、2.01 mm 和 4.58 mm，均位于截面中间且在盾构隧道

· 147 ·

拱底注浆层以下。

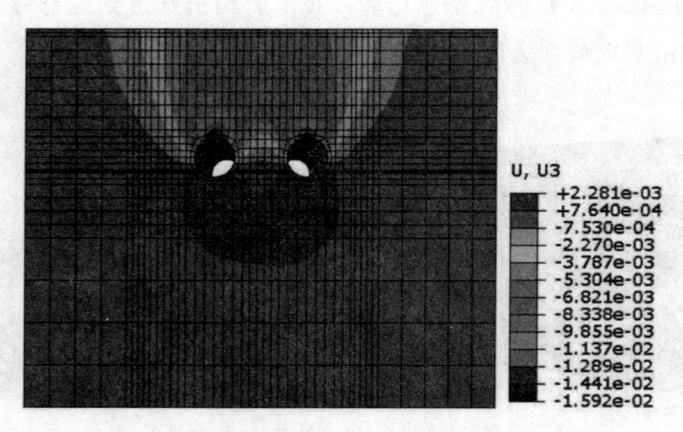

图6-7 双线隧道开挖完时地层竖向位移云图

从图6-7得出，当双线隧道全部施工结束后，大致上的竖向位移云图与$X=30$ m截面有相同变化趋势。围岩最大沉降值位于隧道拱顶处，最大沉降值为15.92 mm；围岩最大隆起值位于隧道拱底处，最大隆起值为2.28 mm。由竖向位移云图得到以下结论。

在盾构隧道的前进开挖过程中对围岩造成了扰动，打破了围岩原来的平衡状态，造成盾构隧道拱顶出现下沉和拱底隆起。隧道开挖完后，地层的竖向位移以隧道线路中线呈对称分布。

在盾构机不断向前开挖中，因为盾壳的保护层，距掌子面9 m范围内的围岩最大隆起值和最大沉降值都相对较小，沉降值和隆起值也较小，围岩的最大沉降值与最大隆起值分别位于距掌子面9 m的隧道拱顶与拱底。

在开挖先行隧道时，隧道中线上土体的沉降值会跟随隧道施工而上升；隧道中线下土体的隆起值会随隧道施工而减少。

在地层沉降方面，与隧道中线距离不同的土体下降速率差异显著，离中线距离越小的土体下降速度越快，远离中线的土体下降速度较慢。

2. 地表纵向沉降变化规律分析

1)先行隧道施工中的地表横向沉降槽曲线分析

在盾构机掘进过程中，受隧道开挖的干扰，地面沉降现象始终都在发生。本节依据盾构机掌子面距离大小，将先行隧道的施工流程分成五步；第一步是掌子面距离监测截面15 m；第二步是掌子面距离监测截面5 m；第三步是掌子面距离监测截面0 m；第四步是掌子面距离监测截面－5 m；第五步是掌子面距离监测截面－30 m。并利用这五步，研

第 6 章 下穿建(构)筑物盾构隧道动态施工及地层加固

究其地表横向沉降槽曲线变化规律。

选取模型的纵向 $y=30$ m 横截面作为本节的地表横向沉降观测断面,计算结束后再观测断面地表上输出的地表沉降数据,如图 6-8 所示。

通过对图 6-8 的数值模拟结果进行综合分析,我们可以得出如下结论。

地表沉降最大值为 -4.98 mm,曲线上部分曲率的改变受到从地表到轨道中线的距离的影响,还受到盾构机到监测截面的距离的影响。

盾构机在地层中开挖时,由于施工产生的地表沉降一般可分成如下五个阶段。

监测截面与盾构机相距 15 m 时,监测截面的地表最大沉降值约为 -0.67 mm,地表沉降率也相当小,这时地表最大沉降值占地面稳定时的最大沉降值的 13.45%。因此,该阶段形成的最大沉降值很小,施工时几乎无法观察。

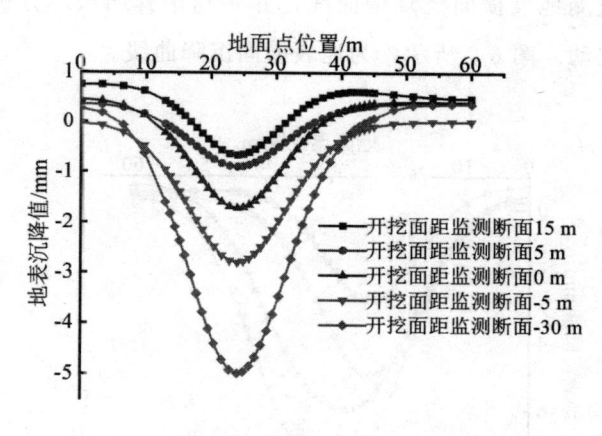

图 6-8 地表沉降曲线

监测截面与盾构机相距 5 m 时,监测截面的地表最大沉降值为 -0.90 mm,这时地表最大沉降值为稳定时的 18.7%。故需要提高对土仓压力的要求,以减少土体应力对地表沉降的作用。

盾构机处于监测截面时,监测截面的地表最大沉降值为 -1.71 mm,这时地表最大沉降值为稳定时最大沉降值的 34.33%。这一阶段的地面沉降是由三个因素造成的,分别是:土体的应力释放、盾构机外壳和土体之间的摩擦阻力以及盾构刀盘开挖方位的改变。

盾构机远离监测截面 5 m 时,监测截面的地表最大沉降值约为 -2.80 mm,这时地表最大沉降值约占稳定时的 56.22%。这一阶段地表沉降是由于注浆液填充到隧道空隙中是无效的,以及注浆液注入量不够,引起了隧道四周土体的应力释放。

当盾构机离监测断面为 30 m 时,地表沉降最大值为 -4.98 mm,此时地表沉降最大值趋于平稳状态。这时地表沉降的出现是由于盾构机开挖，以及土体的重新固结而产生的。盾构隧道继续施工，沉降槽曲线将会继续变化，曲线从宽而浅转为窄而深，沉降稳定后地表沉降在横向的影响区域一般为35 m，而监测截面地表横向沉降槽曲线的拐点一般出现在距地层中心点8～12 m处。

2) 后行隧道开挖过程中地表横向沉降槽曲线分析

后行隧道的施工过程会对土体造成二次影响，因此先行隧道施工完成后地表横向沉降槽曲线仍会波动。为研究后行隧道的施工对曲线产生的影响，本书将模型纵向中部（$y=30$ m）的截面作为地表横向沉降监测截面，并将先行盾构机掘进到的监测截面的计算结果、先行隧道施工完的计算结果、后行盾构机掘进到的监测截面的计算结果、后行隧道施工完毕的计算结果分别保存。之后使用Abaqus软件从监测截面地表上输出地表沉降的数值，得出了四条监测地表横向沉降槽曲线，并将利用其结果，分析后行隧道施工中地表横向沉降曲线的波动。图6-9所示，为地表横向沉降曲线。

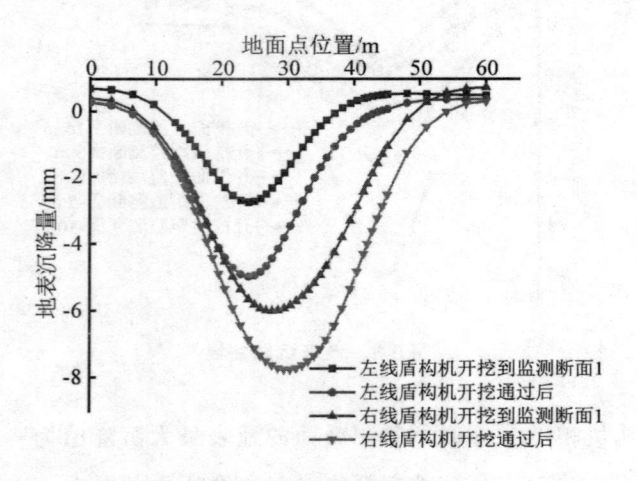

图6-9 地表横向沉降曲线

由图可知，当左线盾构机开挖完后，地表横向沉降曲线关于$X=24$对称，地表沉降最大值为4.98 mm；当右线盾构机开挖到监测截面1时，地表横向沉降曲线关于$X=28$对称，地表沉降最大值为6.02 mm；当右线盾构机开挖完后，地表横向沉降曲线关于$X=30$对称，地表沉降最大值为7.77 mm。在右线盾构机开挖完成后，地表沉降最大值从4.98 mm增加到7.77 mm，增加了2.79 mm。故沉降曲线的形态与距离都与后行隧道的施工有关。

3. 地表纵向沉降变化规律分析

先行隧道施工过程中的地表纵向沉降如图 6-10 所示，左线盾构隧道开挖时，地表沉降最大值位于左线正上方。选取 $Y=30$ m 断面，进行左线盾构隧道的中线上方地表纵向沉降分析。将地表纵向沉降分为盾构机后方 27~11 m($Y=0$~16 m)、盾构机后方 11~0 m($Y=16$~27 m)，以及盾构机壳体($Y=27$~33 m)、盾构掌子面前方 0~9 m($Y=33$~42 m)、盾构掌子面前方 9~27 m($Y=42$~60 m)五个部分。

当数值模拟计算完毕后，输出左线隧道中线上方地表沉降值，获得了左线隧道中线地表纵向沉降曲线，如图 6-10 所示。

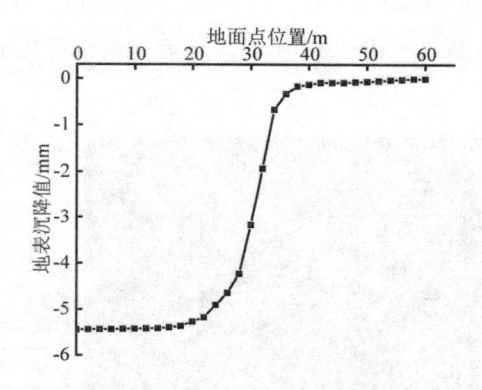

图 6-10　先行隧道中心线地表纵向沉降曲线

综合分析图 6-10 数值模拟结果，可得到以下结论。

在盾构机尾后 27~11 m($Y=0$~16 m)：该范围内地表沉降约为 -5.42 mm，沉降率接近 0。说明在盾构机尾后约 16 m 外为沉降稳定区，土体、注浆层和管片都达到了受力平衡。

盾构机尾后方 11~0 m($Y=16$~27 m)：该范围内地表沉降慢慢减小，地表沉降值由 -4.23 mm 增加到 -5.42 mm，沉降速率为 -0.11 mm/m。该区段沉降较大，但沉降速率较小。主要是因为在盾尾空隙进行了同步注浆，避免了隧道周围围岩向盾构机盾尾空隙移动。

盾构机壳体($Y=27$~33 m)：该范围内地表沉降值由 -1.93 mm 增加到 -4.23 mm，平均沉降速率为 -0.48 mm/m。由于盾构机与土体间的摩擦力对土体产生了扰动，产生了地表沉降。

盾构掌子面前方 0~9 m($Y=33$~42 m)处：该区域范围内地表沉降值从 -0.13 mm 下降到 -1.93 mm，沉降速率为 -0.20 mm/m。尽管在工作平面上方施加了土仓压力，但还没有完全抵消横向压力，工作平面前方的土体仍然出现了少许沉降。

盾构掌子面前方 9～27 m（$Y=42$～60 m）：该范围内地表沉降速率为 -0.007 mm/m，在前方 18 m 范围地表沉降值很小，沉降速率为 -0.007 mm/m，表明对该地区的施工干扰程度较小。

6.3.4 盾构施工地表沉降的影响因素研究

1. 隧道施工方法对地表沉降的影响

本节所研究的盾构区间由两台盾构机施工。通常有两种施工方法，工况一为两台盾构机一起始发和接收。工况二为先施工左线隧道，左线隧道开挖到 50～70 m 时，再进行右线隧道的开挖。计算完后提取横断面 $Y=30$ m 处的地表沉降值，两种工况下盾构隧道模型的竖向位移云图如图 6-11～图 6-12 所示，地表侧向沉降槽曲线如图 6-13 所示。

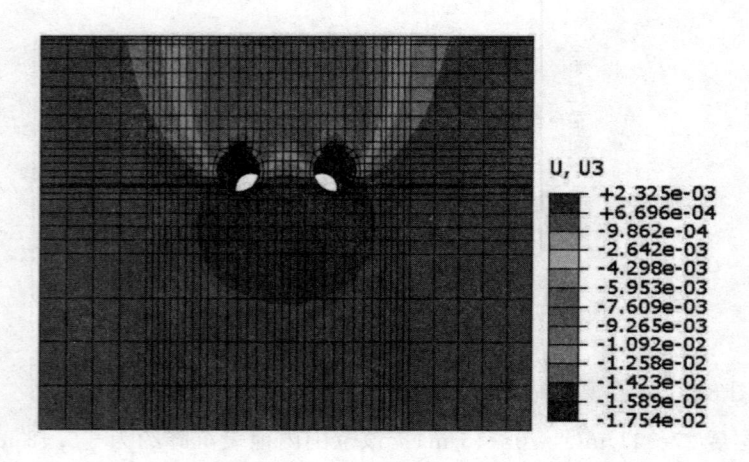

图 6-11 工况一时地层竖向位移云图

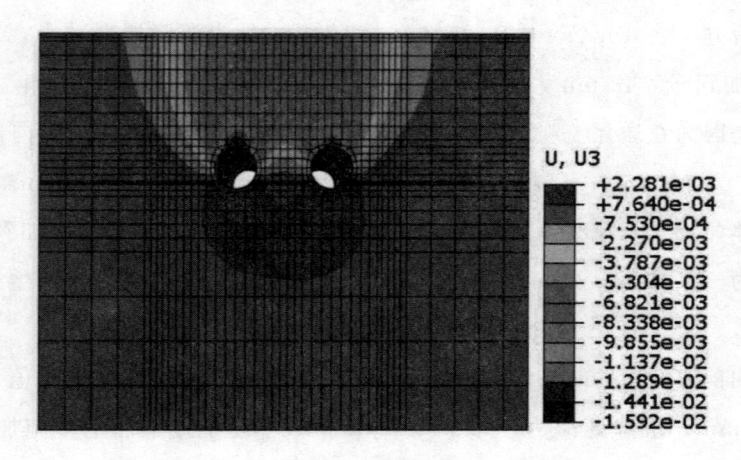

图 6-12 工况二时地层竖向位移云图

第6章 下穿建(构)筑物盾构隧道动态施工及地层加固

由图 6-11 和图 6-12 可知,工况一施工完成后产生的土体沉降最大值为 17.54 mm,隆起最大值为 2.32 mm;工况二产生的土体沉降最大值为 15.92 mm,隆起最大值为 2.28 mm。工况二的土体沉降最大值比工况一产生的土体沉降最大值少 1.62 mm,土体隆起最大值多 0.04 mm。从图 6-13 上可以发现,第一种施工方式造成的地表最大沉降值为 8.35 mm,而第二种施工方式所导致的地表最大沉降值为 7.83 mm,两种施工方法带来的地表最大沉降值差值为 0.52 mm。因此,该研究区间在施工时,建议施工方案调整为两台盾构机的间隔在 50~60 m。

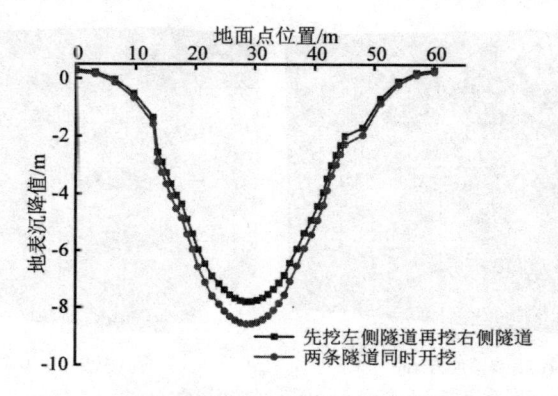

图 6-13 不同隧道施工方法地表横向沉降槽曲线

2. 嵌岩深度对地表沉降的影响

在盾构隧道施工过程中,盾构机施工的地层是不断变化的。可以设定四个工况,对比分析盾构施工过程中,不同嵌岩深度对地表沉降的影响。工况 1:盾构机嵌岩深度为 0 m;工况 2:盾构机嵌岩深度为 2 m;工况 3:盾构机嵌岩深度为 4 m;工况 4:盾构机嵌岩深度为 6 m。基于盾构隧道施工对地表沉降造成的影响,本节先对不同嵌岩深度盾构隧道模型进行运算,而后进一步分析所得结果。考虑到隧道施工的空间效应,为更直观地反映不同嵌岩深度下,盾构机对地表沉降的影响,需要确定恰当的监测断面,因此本节将选择模型中 $Y=30$ m 的横向断面进行地表沉降分析。通过数值模拟的结果可以看出,在不同嵌岩深度下,地表沉降存在一定差异。图 6-14 所示是四种不同嵌岩深度下的模型图,图 6-15 所示则是四种不同嵌岩深度下的竖向位移云图。

(a) 嵌岩深度为 0 m

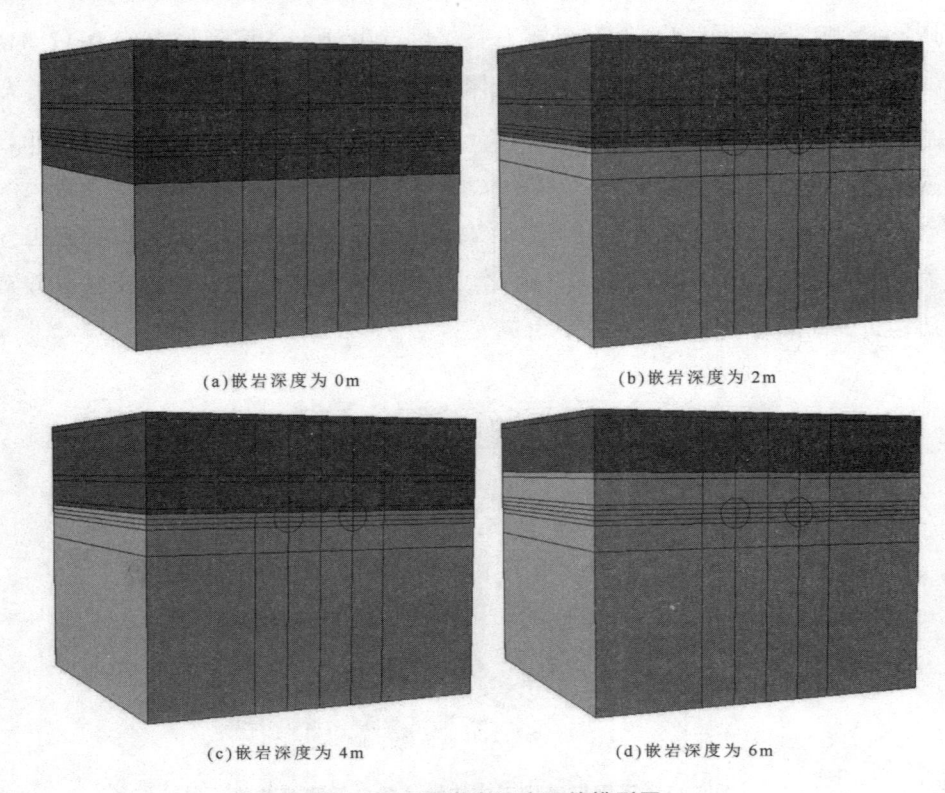

(b) 嵌岩深度为 2 m

(c) 嵌岩深度为 4 m

(d) 嵌岩深度为 6 m

图 6-14　不同嵌岩深度下的模型图

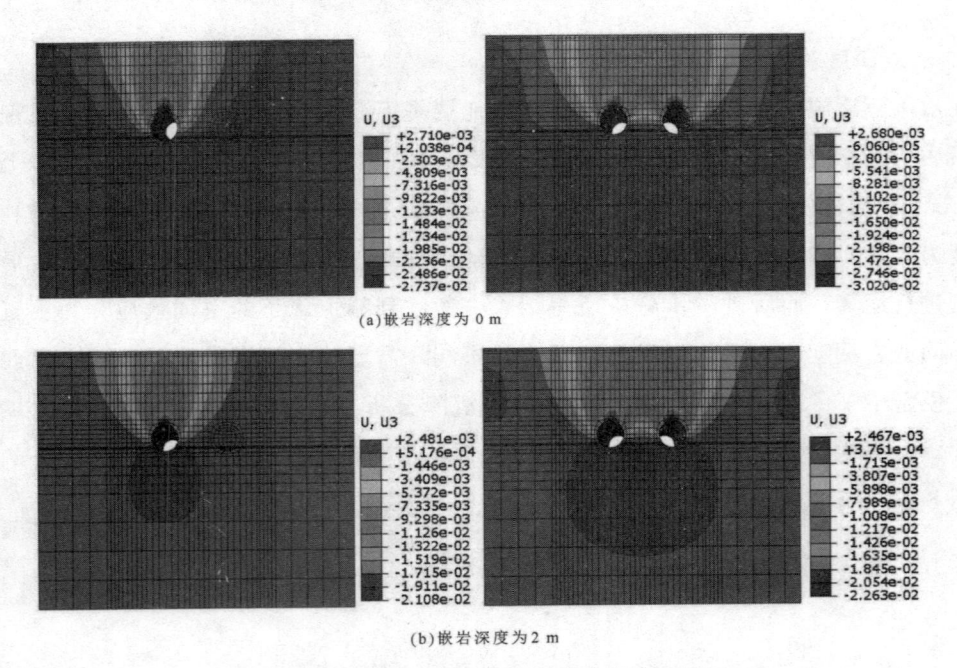

(a) 嵌岩深度为 0 m

(b) 嵌岩深度为 2 m

图 6-15　不同嵌岩深度下的竖向位移云图

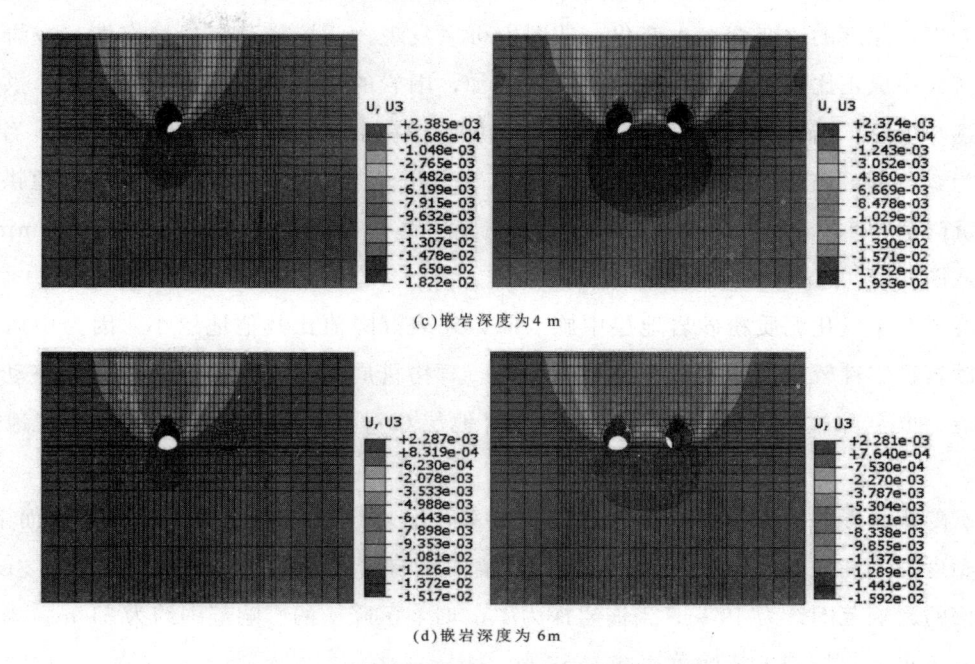

第6章 下穿建(构)筑物盾构隧道动态施工及地层加固

(c)嵌岩深度为4 m

(d)嵌岩深度为6 m

图6-15 不同嵌岩深度下的竖向位移云图(续)

通过对图6-15所示的位移云图展开分析,可以得出在不同嵌岩深度下,盾构施工过程对隧道围岩及其地表位移的影响,具有以下特征。

(1)隧道拱顶沉降值和拱底隆起值随着盾构机的开挖环数增加而增加,由于盾构机开挖对围岩产生扰动,导致周围土体向隧道内移动。

(2)左线隧道先施工后,隧道周围土体原有的平衡状况受到破坏,右线隧道开挖完后,又对周围土体产生又一次扰动,造成了更大的土体变形。扰动影响程度与嵌岩深度成反比。在一般情况下,施工的扰动区域以两条隧道中点为起点,呈逐渐扩大态势。

(3)右线盾构隧道上部的沉降大于左线盾构隧道,两条盾构隧道的沉降差异与嵌岩深度成反比,在全断面沙砾地层中,隧道施工对地表沉降的影响程度和范围大,在全断面中风化泥质粉砂岩地层中,隧道施工对地表沉降的影响程度和范围小。其中嵌岩深度为0 m时,地表最大沉降值处于7.33～12.87 mm间;而嵌岩深度为2 m时,地表最大沉降值位于6.96～11.15 mm之间;嵌岩深度约为4 m时,地表下最大沉降值一般集中在5.63～9.02 mm之间;嵌岩深度约为6 m时,地表下最大的沉降值集中在2.51～4.55 mm之间。

(4)从土层的物理力学特性来分析各种土层下对地表沉降值的影响,坚硬土层显著优于软弱土层和软硬不均土层,此外隧道拱顶沉降值和底板隆起程度的相对大小关系,也会随着嵌岩深度的改变而发生变化。从图中可以发现,开挖隧道围岩稳定性与嵌岩深度的相对大小成正比关系,随着嵌岩深度的增加,围岩的相对稳定性也由弱变强,拱顶沉降值逐步下降。当嵌岩深度为 0 m 时,隧道拱顶土体的最大沉降值为 20.26 mm;当嵌岩深度为 2 m 时,隧道拱顶土体的沉降值为 16.72 mm;当嵌岩深度为 4 m 时,隧道拱顶土体的沉降值为 13.52 mm;当嵌岩深度为 6 m 时,隧道拱顶土体的沉降值为 7.28 mm。

从图 6-16 可以看出:

隧道在中风化泥质粉砂岩地层中施工时,地表沉降值比其他地层小,因为中风化泥质粉砂岩稳定性较强。盾构机在施工过程中,盾构机周围的土体会向隧道方向移动,导致隧道上方空隙过大。但中风化泥质粉砂岩地层相对其他地层,可以较大幅度地减小破坏。

沉降槽的影响范围和嵌岩深度成反比关系,影响区域随着嵌岩深度的增加而下降,但敏感度并不高。当嵌岩深为 0 m 时,沉降槽的影响范围约为 46 m;当嵌岩深为 2 m 时,沉降槽的影响范围约为 49 m;当嵌岩深为 4 m 时,沉降槽的影响范围约为 51 m;当嵌岩深为 6 m 时,沉降槽的影响范围约为 52 m。

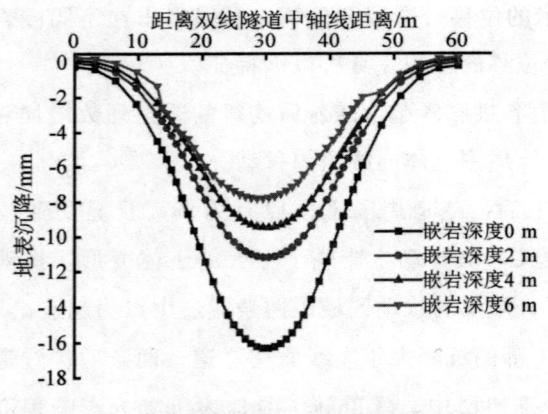

图 6-16 不同嵌岩深度下地表沉降曲线

由图 6-17 可以看出:

地层损失与嵌岩深度成反比,同时从沉降槽曲线整体的分布情况和地表最大沉降值来分析,可发现嵌岩深度的改变对地表影响的敏感性较高。右线隧道通过后,在嵌岩深度为 0 m 时,地表的最大沉降为 −16.32 mm;当嵌岩深度为 2 m 时,地表的最大沉降为 −11.19 mm;当嵌岩深度为 4 m 时,地表的最大沉降为 −9.44 mm;当嵌岩深度为 6 m 时,地表的最大沉降为 −7.75 mm。

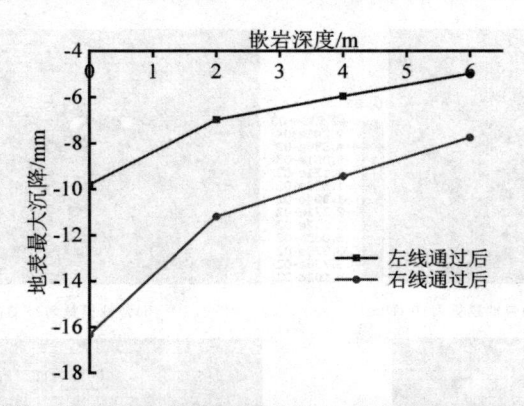

第6章　下穿建(构)筑物盾构隧道动态施工及地层加固

图6-17　隧道中轴线沉降值随嵌岩深度的变化曲线

右线隧道对地表沉降值与嵌岩深度成反比。右线隧道在施工过程中，会对周围土体产生又一次扰动。嵌岩深度分别为0 m、2 m、4 m和6 m时，右线盾构隧道与左线盾构隧道相比，对地表沉降增加值分别为6.52 mm、4.22 mm、3.48 mm和2.66 mm。

3. 盾尾注浆材料强度对地表沉降的影响

为了控制地表沉降，在隧道围岩和管片间的建筑空隙处注入泥浆，注浆完成后，因为管片外会有泥浆和泥土的混合物，混合物进行定量分析的难度较大。在模拟中将简化为质地均匀的等代层，通过改变等代层弹性模量分析盾尾注浆材料强度对地表沉降的影响，等代层如图6-18所示。

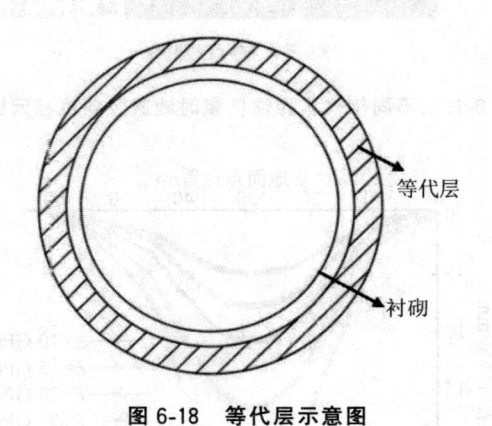

图6-18　等代层示意图

盾构施工模拟过程中取盾尾注浆材料强度 E 分别是10 GPa、15 GPa、20 GPa、25 GPa和30 GPa。提取纵向横断面 $Y=30$ m处地表沉降值，不同盾尾注浆材料强度的地层竖向位移云图如图6-19所示，地表横向沉降槽如图6-20所示。

(a) 弹性模量为 10 GPa

(b) 弹性模量为 15 GPa

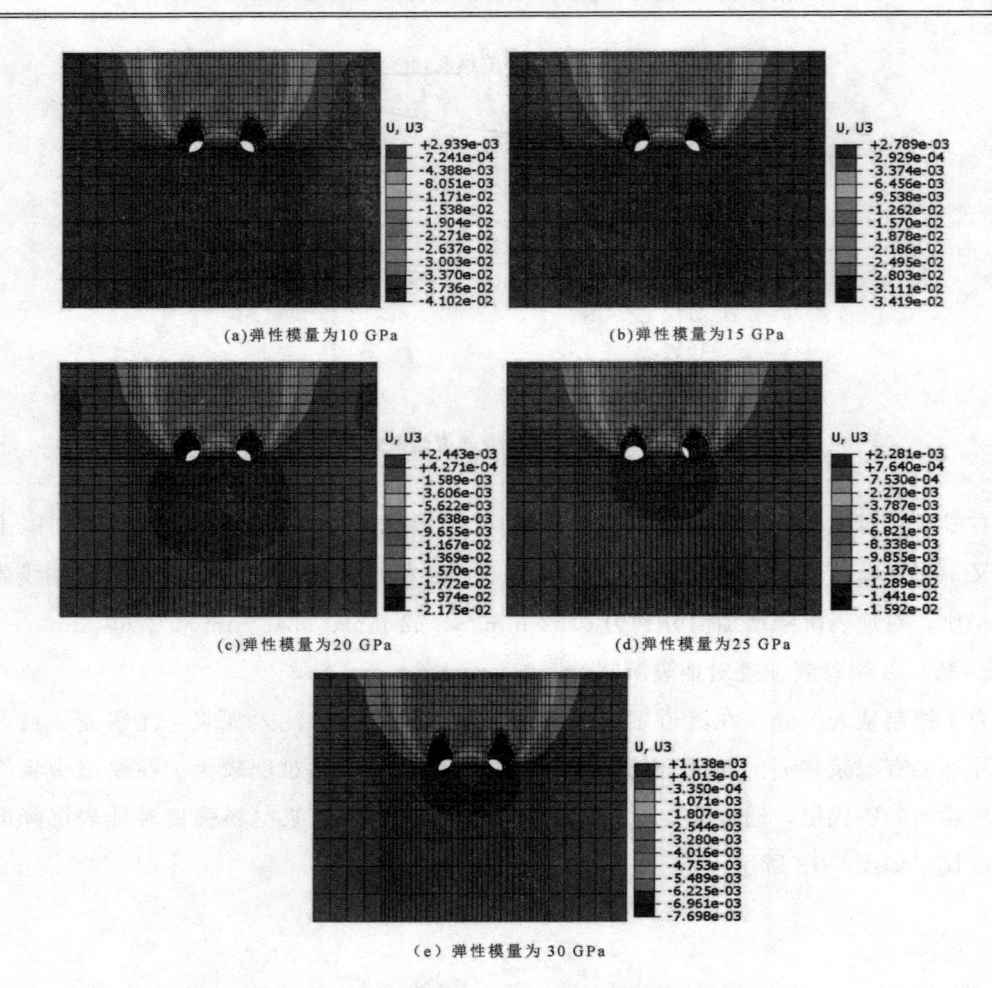

(c) 弹性模量为 20 GPa

(d) 弹性模量为 25 GPa

(e) 弹性模量为 30 GPa

图 6-19 不同等代层弹性模量时地层竖向位移云图

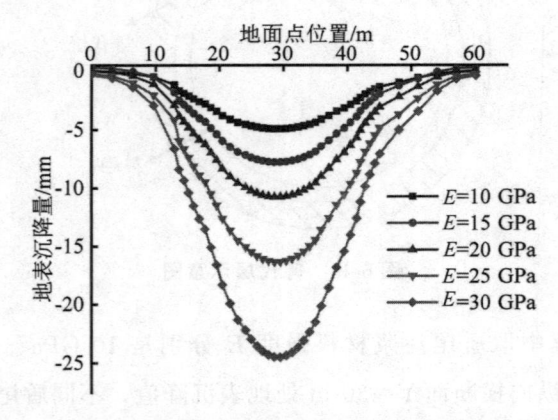

图 6-20 不同等代层弹性模量地表横向沉降槽曲线

第6章 下穿建(构)筑物盾构隧道动态施工及地层加固

由图 6-19 可知，当盾尾注浆材料强度分别为 10 GPa、15 GPa、20 GPa、25 GPa 和 30 GPa 时土体沉降最大值分别为 −41.02 mm、−34.19 mm、−21.75 mm、−15.92 mm 和 −7.69 mm，土体隆起最大值分别为 2.93 mm、2.78 mm、2.44 mm、2.28 mm 和 1.13 mm。随着盾尾注浆材料强度由 10 GPa 增加到 30 GPa，土体沉降最大值降低了 33.33 mm，土体隆起最大值降低了 1.80 mm。

由图 6-20 可知，当盾尾注浆材料强度分别为 10 GPa、15 GPa、20 GPa、25 GPa 和 30 GPa 时，地表沉降最大值分别为 −24.50 mm、−16.35 mm、−10.75 mm、−7.76 mm 和 −4.93 mm。盾尾注浆材料强度由 10 GPa 增加到 25 GPa，地表沉降最大值从 −24.50 mm 下降到 −4.93 mm，最大值减小了 19.57 mm，盾尾注浆材料强度对地表沉降影响较大。在盾尾注浆材料强度为 10 GPa 时，与规定的地表沉降最大值 25 mm 接近。在现场施工中，盾尾注浆材料强度最小为 15 GPa。

6.3.5 土仓压力对地表沉降的影响

盾构机通过土仓压力来减小开挖面前方土体的应力释放，土仓压力过大会产生地表隆起，土仓压力过小会产生地表沉降。数值模拟的土仓压力分别为：$p=170$ kPa、$p=190$ kPa、$p=210$ kPa、$p=230$ kPa。模型计算完后在模型纵向横断面 $Y=30$ m 处提取地表沉降，不同土仓压力下的竖向位移云图如图 6-21 所示，地表横向沉降槽如图 6-22 所示。

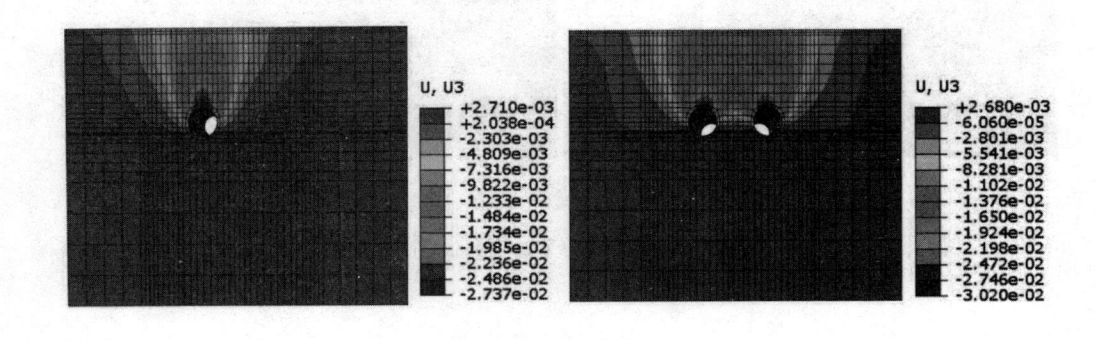

(a) $p=170$ kPa

图 6-21 不同土仓压力下的竖向位移云图

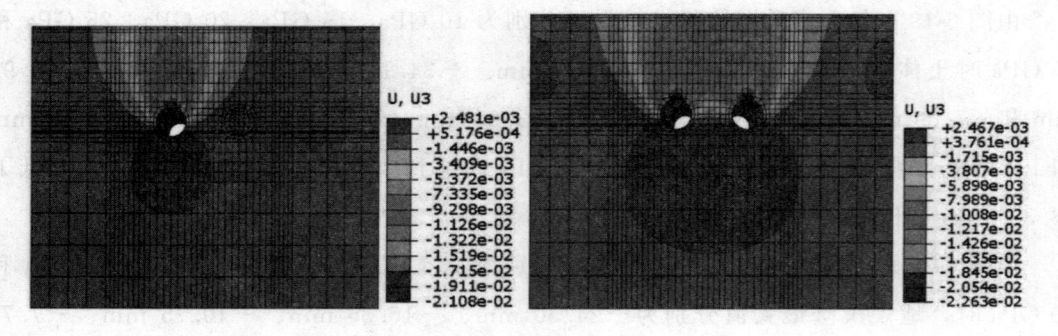

(b) $p=190$ kPa

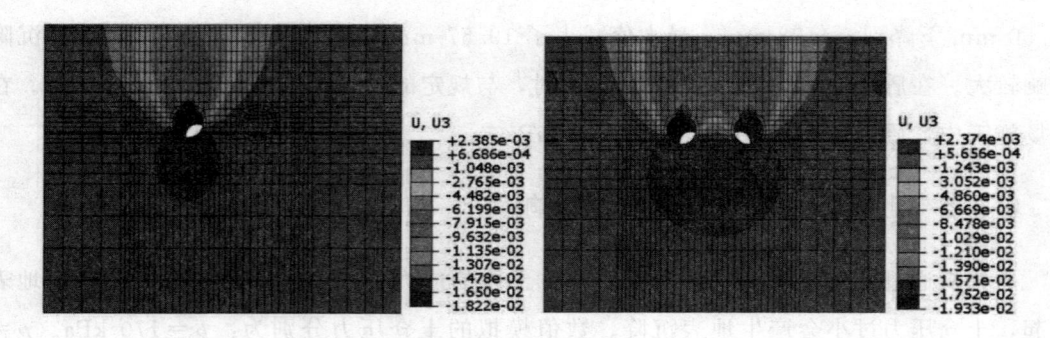

(c) $p=210$ kPa

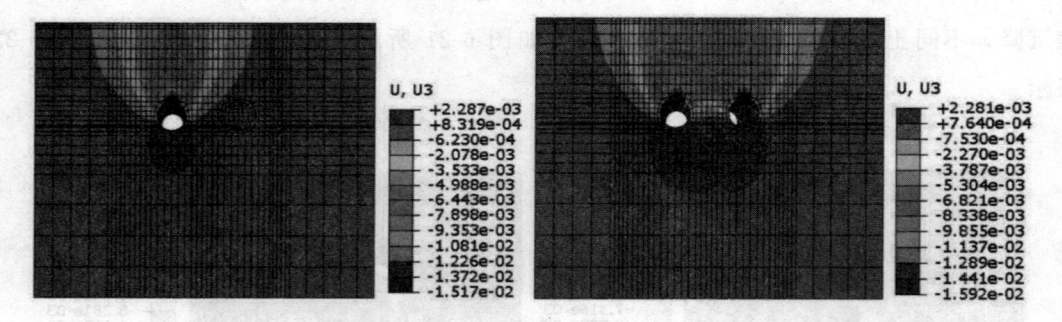

(d) $p=230$ kPa

图 6-21 不同土仓压力下的竖向位移云图(续)

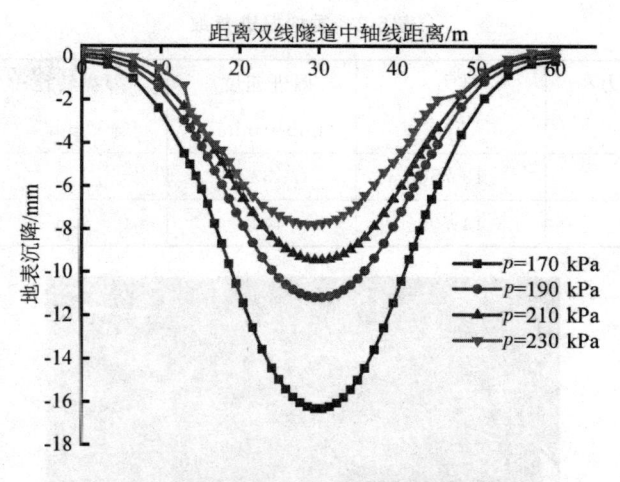

图 6-22 不同土仓压力下地表沉降曲线

由图 6-21 和图 6-22 可知，土仓压力分别为 170 kPa、190 kPa、210 kPa 和 230 kPa 时土体沉降最大值分别为 −20.42 mm、−16.45 mm、−13.13 mm 和 −7.45 mm。土仓压力从 170 kPa 增加到 230 kPa 时，土体沉降最大值从 −20.42 mm 减小到 −7.45 mm，减小了 12.97 m。由图 6-22 可知，土仓压力分别为 170 kPa、190 kPa、210 kPa 和 230 kPa 时地表沉降最大值分别为 −16.41 mm、−11.26 mm、−9.31 mm 和 −7.84 mm。土仓压力由 170 kPa 增加到 190 kPa 时，地表沉降最大值减小 5.15 mm；土仓压力由 190 kPa 增加到 210 kPa 时，地表沉降最大值减小 1.95 mm；土仓压力由 210 kPa 增加到 230 kPa 时，地表沉降最大值减小 1.47 mm。在 170 kPa 至 210 kPa 区间内，地表沉降最大值的减小随土仓压力的增加有明显效果，土仓压力大于 210 kPa 时，地表沉降最大值的减小随土仓压力的增加效果减弱。综上，该研究区间盾构隧道在现场实际施工时土仓压力控制在 210 kPa 效果更好。

6.3.6 施工过程地表沉降的控制措施

1. 施工参数控制

盾构施工参数需保持动态平衡，才能控制土仓压力。根据现场工程施工情况，对盾构机参数进行计算，然后根据沉降监测数据变化进行调整。盾构机施工参数调整前后见表 6-2，参数调整后现场盾构机作业如图 6-23 所示。

表 6-2 盾构掘进参数

统计	土仓压力/kPa	推力/kN	掘进速度/(mm·min^{-1})	刀盘转速/(r·min^{-1})	螺旋机转速/(r·min^{-1})
调整前	195	13 750	33	1.2	4.2
调整后	210	14 600	44	1.5	5.7

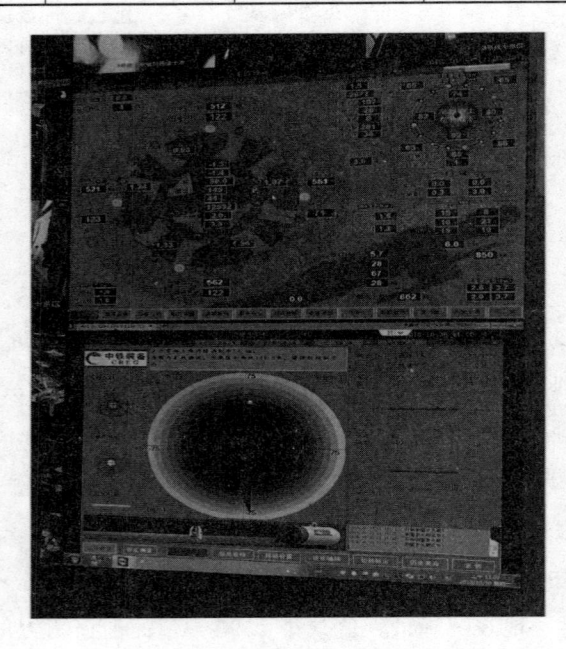

图 6-23 现场盾构机操作参数

2. 同步注浆控制

(1)同步注浆浆液的选择。根据本工程实际情况,同步注浆选用厚浆。厚浆的最大优势在于凝结时间长,起着同步的二次注浆作用,用来抵消后面隧道土体的时效沉降。

(2)同步注浆施工调整。同步注浆调整后的浆液配比为粉煤灰∶膨润土∶消石灰∶水∶河砂=300∶100∶100∶420∶500(单位:kg),不同环数同步注浆参数如表 6-3 所示。

表 6-3 同步注浆参数

环数	注入量/(m³/环)	填充率/%	注浆压力/MPa
0~50	4.69	92	0.30
50~100	4.78	98	0.33
100~150	4.74	96	0.32

3. 自动化监测控制

在施工现场横向和纵向布设监测网对地表沉降进行监测,若地表沉降瞬时变形超过±3 mm,现场施工人员需要及时解决。地表沉降值达到预警值-20 mm时,需要对盾构机的出土量和速度及时调整。工作人员需要对自动化监测数据进行处理并反馈给施工人员,以对地表沉降进行全面控制。隧道衬砌完成后如图6-24所示,施工完成后地表状况如图6-25所示,可以看出地表无明显变形。

图 6-24　隧道状况　　　　　　　图 6-25　地表状况

6.4　盾构施工对桥桩构筑物的影响

桥桩构筑物因其与隧道的相对位置不同而表现出受力变形形状的不同,此时,基础底部土层的变形和基础周围土层的变形对桥桩的影响也会不同,对于桩基础来说,受到的影响主要是:当隧道在桩底下方时,桩底的土体因隧道的开挖而产生的突然性沉降引起桩端承载力的部分或全部丧失。这种情况不仅会引起桩的沉降,而且对桩基的竖向承载力是个极大的考验。当桩周土体沉降产生桩侧摩擦阻力时,这种附加外力的作用对桩产生不利影响,将导致桩的附加沉降和附加内力的增加。

6.4.1　有限元盾构等效模拟及桩单元建立

1. 模型尺寸的选取及网格划分

在实际工程模拟建模中,土体是一个半无限体,但是在软件中需要根据隧道的影响范围合理地选取边界尺寸。众多模拟文献表明，地下隧道开挖后动应力应变仅在隧道周围距离隧道中心点 3～5 倍隧道直径范围内存在实际影响。以某穿越桥桩的盾构工程为研究对象，模型中，上部为桥面，两侧为桥台及铁路面。整体模型沿 X、Y、Z 轴建立模型，计算尺寸分别为 79.3 m×43 m×50.6 m。其中 Y 轴为隧道掘进方向，X 轴为隧道横断面，Z 轴为竖向，其中节点数为 14 804 个，单元数为 76 581 个。最上层为地铁路桥面，该处按实际隧道平均埋深取 13.6 m，距离铁路桥面 19.6 m。土体采用实体单元，盾构开挖隧道为圆形隧道，在 MIDAS-GTS 中采用布尔运算嵌入法将隧道嵌入土体中，隧道纵向长度取 43 m，隧道外径根据盾构机尺寸取为 6 m，内径为 5.4 m。在建立好隧道后，采用模型单元吸取功能，在隧道表面吸取平面，赋属性后成为隧道衬砌管片，并采用结构单元，隧道管片为预制管片，厚度为 0.3 m，管片宽度为 1.2 m，C50 混凝土，弹性模量为 $3.5×10^4$ MPa，泊松比为 0.2，容重为 25 kN/m³，衬砌管环由 4 个预制装配式钢筋混凝土管片拼装组成。

2. 本构模型及屈服准则

理想弹塑性模型的原理是其在达到屈服点之前应力与应变成正比关系，但是，超过屈服点后，应力不增长，应变还在不断增大。在理想的弹塑性材料中，材料达到屈服点就达到了临界破坏状态，屈服面和破坏面重合，但是对于实际中的加工硬化材料来说，屈服与破坏不是同时发生的，在达到破坏时，破坏面只是代表极限状态的一个屈服面。

在比较复杂的受力状态下，材料的屈服准则是指其达到屈服强度所需要满足的条件，这个屈服条件是用材料所受应力之间的相互关系的表达公式来表示，在一般研究中，通常采用莫尔-库仑(Mohr-Coulomb)屈服准则，这里采用岩土问题有限元分析中的这种屈服准则。原理如图 6-26、图 6-27 所示。本构模型如图 6-28 所示。

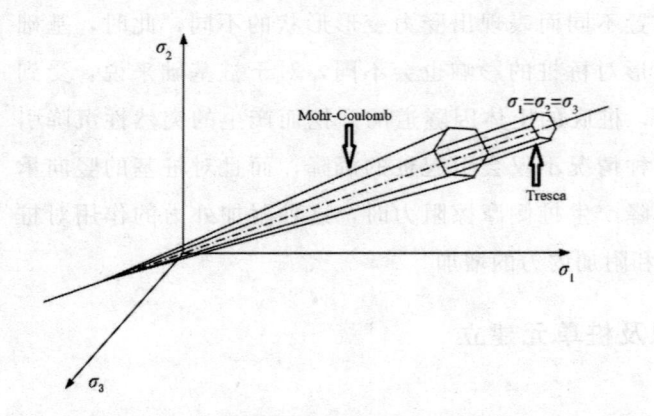

图 6-26 莫尔-库仑屈服准则屈服面

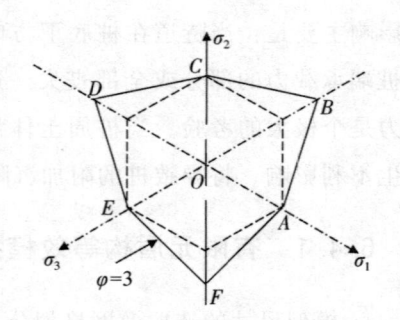

图 6-27 π 平面上的莫尔-库仑屈服曲线

第6章　下穿建(构)筑物盾构隧道动态施工及地层加固

图 6-28　建模模型

根据地质勘查报告，隧道上覆土层及穿越土层自上而下分别简化为素填土、全分化岩、强风化岩、中风化岩四个均质水平层状分布的土层，但到铁路桥下部后，强风化岩部分变为粉质黏土，导致地层发生突然性的沉降。具体参数见表6-4。

表 6-4　各土层主要物理力学参数

名称	厚度 h/m	弹性模量 e/kPa	泊松比	容重/ $(kN \cdot m^{-3})$	孔隙比	黏聚力 /kPa	摩擦角 /(°)	静侧压系数 K_0
杂填土	5	5.0×10^4	0.47	20	0.5	10	8	0.9
全风化岩	3	11.0×10^4	0.43	23	0.2	15	16	0.75
强风化岩	3	15.0×10^4	0.32	24	0.2	20	18	0.47
粉质黏土	6	12.0×10^4	0.35	20	0.3	12	10	0.8
中风化岩	23.6	25.0×10^4	0.33	25	0.2	25	25	0.48

在管片与围岩之间的空隙由注浆液进行填充,以防止围岩下沉和松散。这个空隙是一个闭合圈层,即为等代层。在数值计算中,等代层以增强管片弹性模量来模拟。

桥桩上部交通荷载的模拟按照国家铁路荷载规范,在铁路桥上模拟荷载为均值220 kN,道路荷载为100 kN。盾构施工土仓压力与注浆压力由现场施工实际值与前一节数值模拟共同参考选定此处盾构土仓压力与注浆压力分别为0.3 MPa、0.2 MPa。

根据规范以及众多文献模拟选取值,在此次模拟桩接触单元其法向弹性模量取为10×10^6 kN/m³,桩端承载力300 kN,桩端弹簧刚度30 000 kN/m,相对位移-摩擦力关系曲线见图6-29。

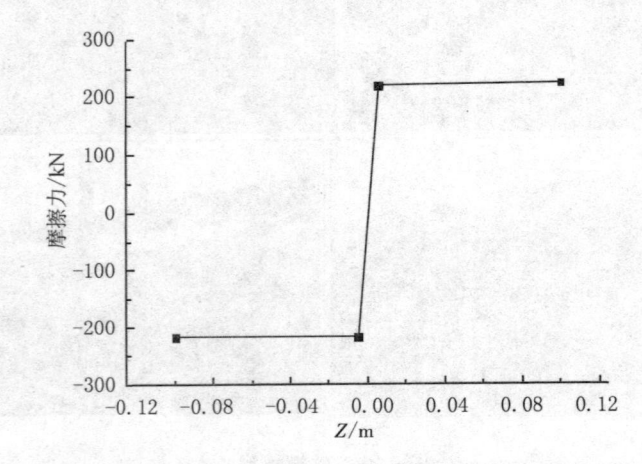

图 6-29 MIDAS-GTS 中所定义的相对位移-摩擦力关系曲线

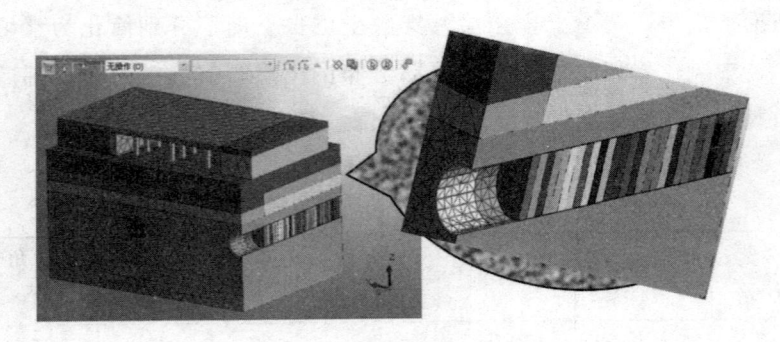

图 6-30 模拟开挖

采用MIDAS-GTS模拟某火车站铁路桥段如图6-30所示,隧道总长为43 m,盾构从0 m推进至43 m,每次推进一环,即1.2 m后施加管片,掌子面与管片间隔约4 m。土仓压力根据前一节模拟及现场施工调整定为0.35 MPa,方向沿Y轴,随着隧道开挖沿Y轴向前推进。每步开挖完后,施加管片并进行背后注浆。

第6章 下穿建(构)筑物盾构隧道动态施工及地层加固

在隧道模拟开挖计算中,首先,计算隧道初始应力场,及进行静力分析,隧道在位移边界约束条件及自重作用下,达到平衡,且初始位移清零。然后开始分部开挖,每开挖1步,施加管片,并施加下一步土仓压力。从第一步开挖开始一直开挖到第36步。

6.4.2 盾构施工过铁路桥段对桥桩影响模拟分析

1. 土体横向变形规律分析

在隧道开挖过程中,对周边土体的影响是一个整体性的影响,分别在 X、Y、Z 方向都会产生变形影响。在隧道施工以及众多研究中,一般只关注 Z 方向及竖向沉降的变化,对 X 方向的研究较少,但是在双线隧道施工中,X 方向位移变形也是不容忽视的,在此截取隧道开挖过程中部分影响图来反映 X 方向变形趋势。图 6-31 为隧道开挖对土体模向影响趋势图。

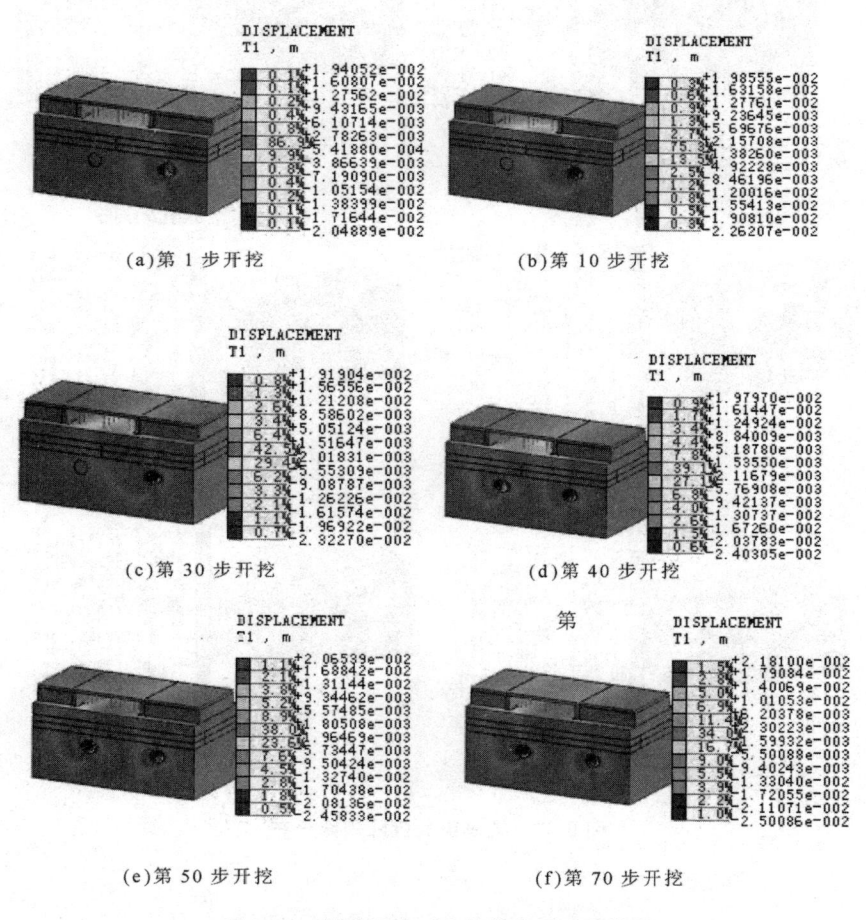

(a) 第 1 步开挖　　(b) 第 10 步开挖

(c) 第 30 步开挖　　(d) 第 40 步开挖

(e) 第 50 步开挖　　(f) 第 70 步开挖

图 6-31 隧道开挖对土体横向影响趋势图

由图 6-31 可以看出，在隧道开挖过程中，隧道周围土体的位移变形是向着土体损失的部分移动，即向隧道内侧移动，且随着隧道开挖深度的增加，横向影响范围及变形均增大。最大变形出现在隧道壁周围，为 2.3 cm，距离隧道越远，影响越小。由于实际工程中两隧道距离较远，故其相互影响较小。

2. 土体纵向变形规律分析

地表沉降在隧道开挖过程中是随着隧道开挖的前进而逐步产生沉降，并最终达到稳定的一个过程。在纵向监测中，更能反映隧道穿越不同土体所产生的差异沉降。在同一种土体中，其沉降监测结果整体呈现为一条递增曲线，及随着隧道开挖，距离掌子面越远，其沉降量越大，越靠近掌子面，其沉降量越小。图 6-32 为地表纵向沉降规律分布。

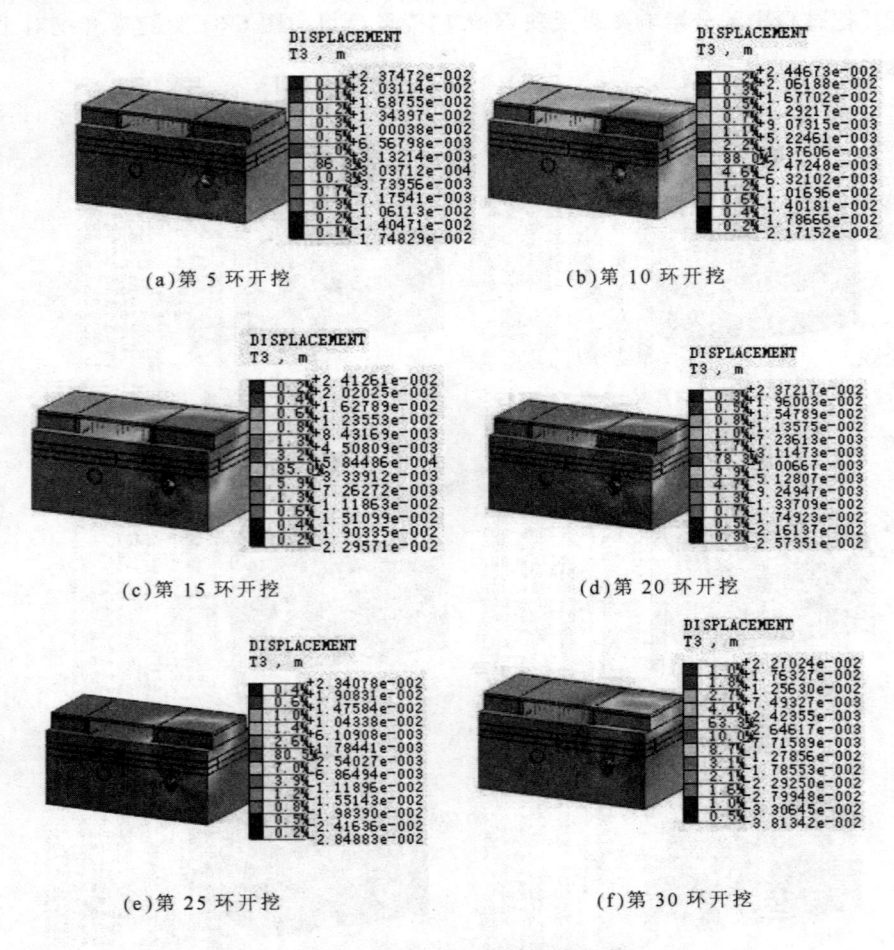

(a) 第 5 环开挖

(b) 第 10 环开挖

(c) 第 15 环开挖

(d) 第 20 环开挖

(e) 第 25 环开挖

(f) 第 30 环开挖

图 6-32　地表纵向沉降规律分布

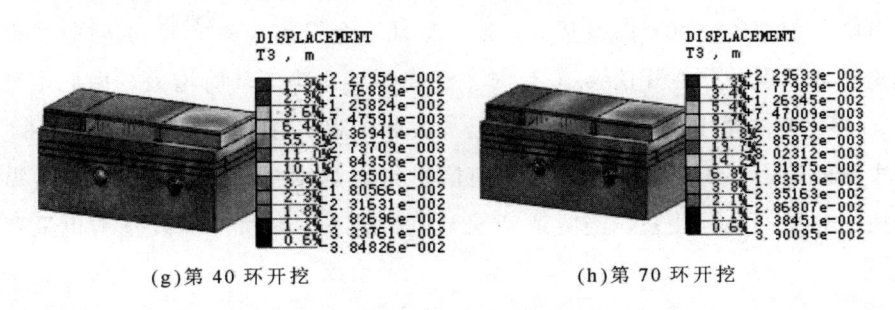

第6章 下穿建(构)筑物盾构隧道动态施工及地层加固

(g)第40环开挖　　　　　　　　(h)第70环开挖

图 6-32　地表纵向沉降规律分布(续)

图 6-32 反映了在隧道开挖过程中对其周围土体竖向沉降变形的影响，根据地质情况及现场处理措施，在隧道开挖 10 m 时，遇到粉质黏土，在继续开挖约 3~5 m 后，开始进行注浆加固，然后继续开挖。从图 6-33 中可以看出，在地层发生突变时，隧道上方土体位移发生突然沉降，且隧道周围土体变形范围变大，对应于图中第 10 环开挖，开挖隧道周围土体由强风化岩突变为粉质黏土，因此对比于第 5 环开挖，地表沉降范围明显增大，且沉降量变大。利用 Midas 边界条件改变属性功能模拟实际注浆加固施工，在第 10 环改变粉质黏土属性为强风化岩属性，模拟分析结果从第 15、20 环分析中可以看出，地表沉降范围没有继续扩大、延伸，直到右线隧道完全开挖完。但中间突变区产生的沉降却没有恢复，因此在地表监测中出现最大沉降区，最大沉降值为 19.4 mm。

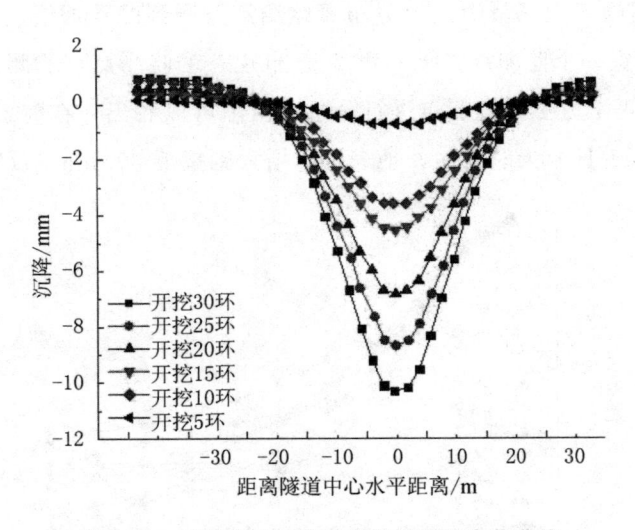

图 6-33　不同施工阶段地表模拟沉降变化曲线

隧道开挖时的模拟横向监测数据曲线如图 6-33 所示，取地层为粉质黏土及隧道开挖中沉降突变地段进行研究，沿其横断面布置监测点，将监测数据绘制成曲线，可以看出，地表整体沉降与前面研究沉降曲线基本一致，呈现一个槽状，和Peck沉降曲线近似正态分布的理论一致。但是，在开挖第10环时，沉降明显比第5环时增大，由此可见，在第5环到第10环之间隧道上部地层出现突变，与实际工程沉降结果相同。在图6-34中也有体现，图中取隧道中心线所在纵断面地表沉降进行监测绘制沉降曲线，隧道沿纵向的沉降值与隧道的开挖进尺有关系，当隧道开挖至监测点下方时沉降曲线基本也呈现一个沉降槽状。

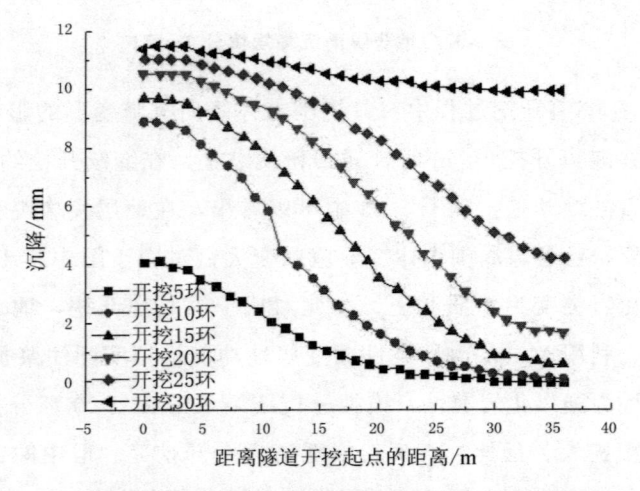

图6-34 不同施工阶段纵断面地表模拟沉降变化曲线

图6-35是利用施工现场隧道正上方布置监测点监测到的数据绘制的曲线，在隧道正上方横向每5 m布置一个监测点，纵向每2 m布置一个监测点，监测点基本覆盖隧道影响范围，选取隧道正上方2列监测点进行分析，由图可以看出，在隧道开挖至铁路桥时，从6月5日到6月11日6天时间内，地表沉降增大到接近20 mm，反映出地层的变化。

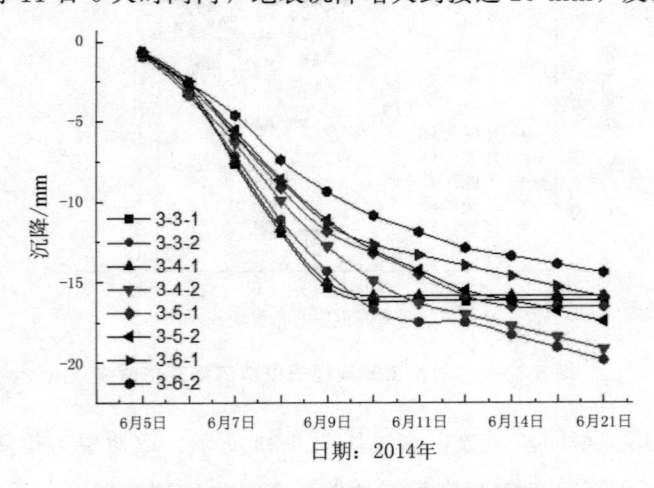

图6-35 施工现场盾构前15环纵向监测曲线

3. 土体盾构施工应力区

右线隧道开挖最大主应力、最大剪应力云图如图 6-36 所示。由图可以看出：盾构开挖对刀盘前方的土体应力影响较大，尤其是最大主应力，其上方土体次之。盾壳周围的应力变化较大。

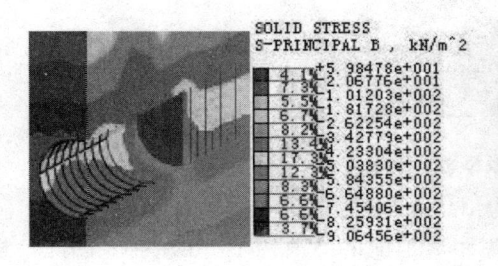

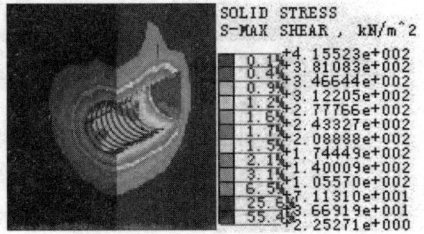

(a) 隧道最大主应力云图　　(b) 隧道最大剪应力云图

图 6-36　隧道开挖应力场

4. 土体盾构施工塑性区

隧道在开挖过程中形成的塑性区如图 6-37 所示，在开挖面处外围地层中，其破坏形式主要是剪切屈服，拉破坏区很小，所以土体的破坏形式主要是以屈服为主，大部分区域未发生区服破坏，只是在开挖面处地层发生剪切破坏。

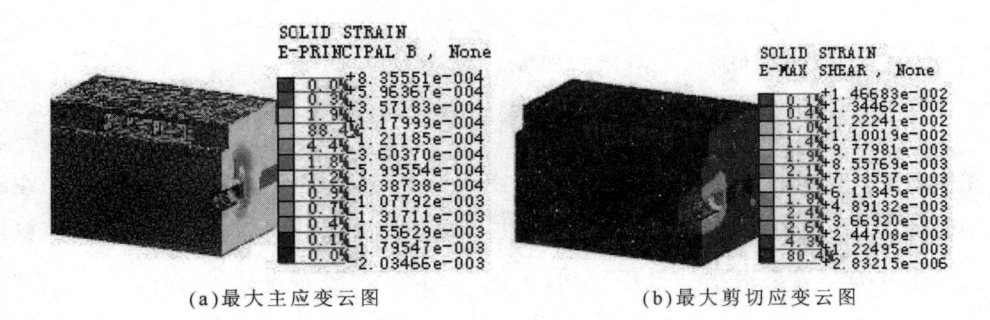

(a) 最大主应变云图　　(b) 最大剪切应变云图

图 6-37　隧道开挖剪切塑性区

桥柱位移沉降监测布点如图 6-38 所示，分别对距离右线隧道最近的第一列桥墩（QD01-01～QD01-07）右线桥墩和左线隧道上部桥墩（QD02-01～QD02-07、QD03-01～QD03-07））进行监测，以观测其在隧道开挖过程中，桥墩的沉降量。

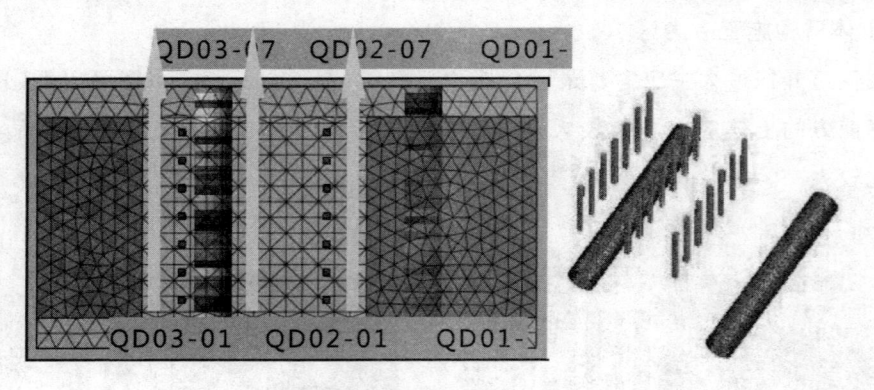

图 6-38　模拟桥墩监测布点图

由于桥桩在土层中埋深为 4~5 m，隧道距离地面的距离约 10 m 左右，因此，桥桩底端处于隧道拱顶之上，且整个桩身处于破裂面之上，故桥桩属于短桩范畴，如图 6-39 所示，所以桥桩变形主要为受土体作用而产生的竖向沉降变形。

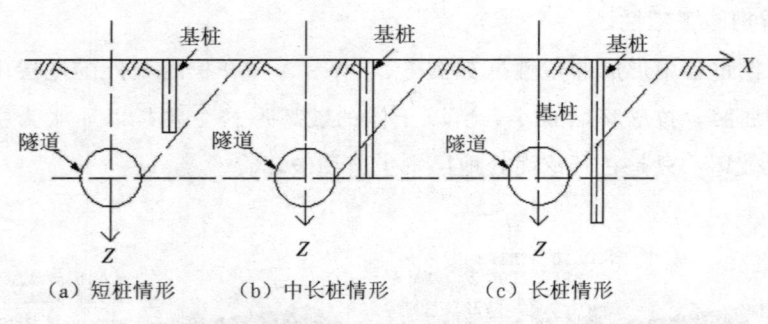

（a）短桩情形　　（b）中长桩情形　　（c）长桩情形

图 6-39　桩与隧道水平轴线以及破裂面的相对空间位置

在横向上，由于右线桥桩距离隧道水平距离为 13 m，稍大于 4 倍隧道半径；左线隧道处于桥桩下部，小于 4 倍隧道半径，参考日本隧道施工经验来划分隧道施工对桥桩影响范围、注意范围和需采取措施范围可知（见图 6-40），右线隧道处于②区，为注意范围，左线隧道处于③区，为需要采取措施的范围。

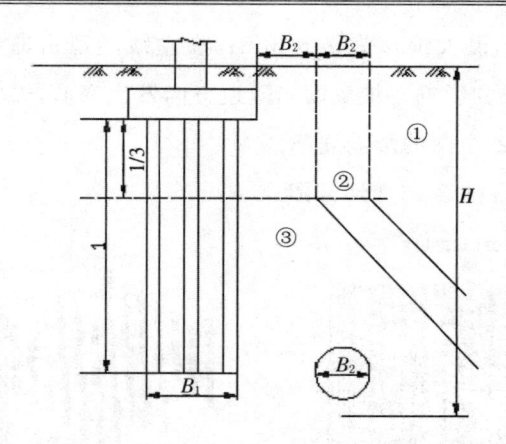

第6章 下穿建(构)筑物盾构隧道动态施工及地层加固

①为无影响范围；②为注意范围；③为需要采取措施的范围

图6-40 日本城市条件下隧道邻近桥桩的接近度划分

5. 地层损失对桩的 X 方向的影响规律

隧道施工开挖会对桩基变形产生影响，在隧道横断面及 X 轴方向的水平位移，桥桩在不同施工阶段的水平位移云图如图6-41所示，图中的桥桩实际变形也已绘制出，使分析更加直观。在隧道开挖过程中，桥桩桩基受土体变形影响发生偏向隧道方向的位移，桥桩桩顶受桥面及桥台作用横向变形较小。在右线隧道开挖完成后，受影响最大的为距离右

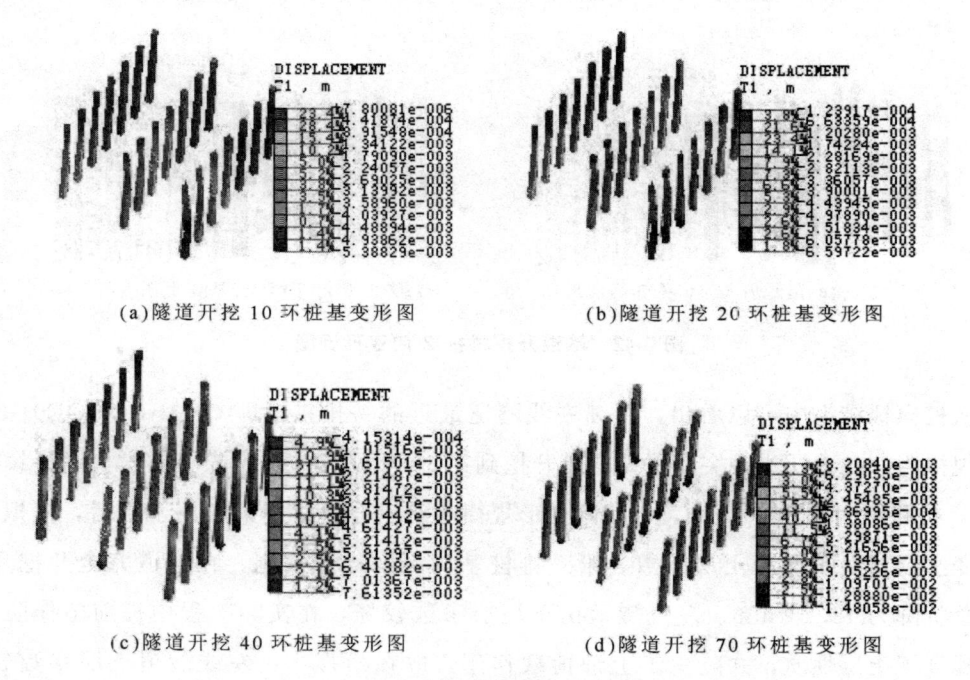

(a) 隧道开挖10环桩基变形图　　(b) 隧道开挖20环桩基变形图

(c) 隧道开挖40环桩基变形图　　(d) 隧道开挖70环桩基变形图

图6-41 隧道开挖桥桩变形云图

线隧道最近的一排桩基，最大位移为 7.6 mm；在左线隧道贯通后，从位移云图可以看出，桩基受隧道土体损失的影响，桩底朝向隧道方向发生变形，最大变形为 14.8 mm。

6. 地层损失对桩的 Z 方向的影响规律

图 6-42 为隧道开挖桥桩 Z 向变形云图。

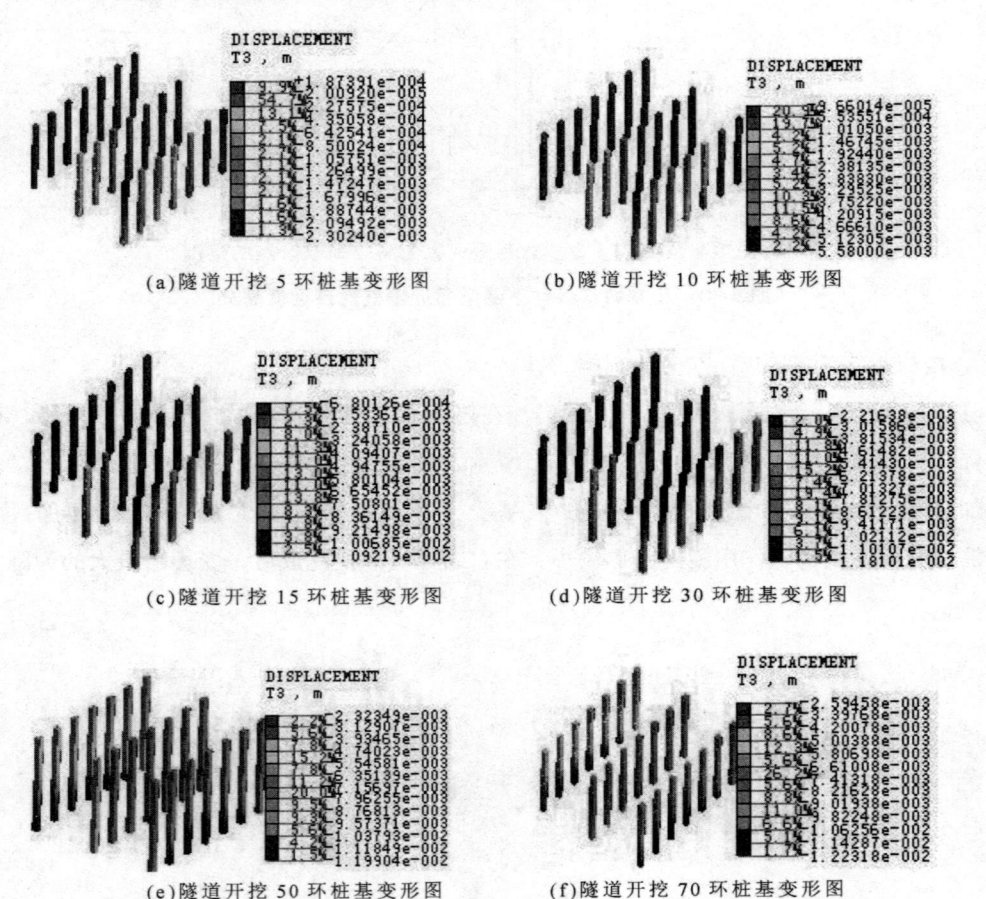

(a) 隧道开挖 5 环桩基变形图
(b) 隧道开挖 10 环桩基变形图
(c) 隧道开挖 15 环桩基变形图
(d) 隧道开挖 30 环桩基变形图
(e) 隧道开挖 50 环桩基变形图
(f) 隧道开挖 70 环桩基变形图

图 6-42 隧道开挖桥桩 Z 向变形云图

从桩模拟结果中可以看出，距离右线隧道最近的一排桩，即 QD01-01～QD01-07 的变化规律为：在地层出现突变层处隧道开挖到第 10 环处，桩基沉降突然增大，持续到第 15 环，位移增大到 10.9 mm，与实际变形规律相符。在后续注浆加固土层后，模拟中采用改变土层属性来提高土层参数。第一排桩基的沉降得到控制，在隧道完全开挖完后，最大总沉降为 12.23 mm。左线隧道由于地层参数较好，在实际工程中提前施作防护措施，提高了土层性质，并减少了上部荷载作用，故在模拟中，左线隧道土层参数较高，地层及桩基变形较小。

第6章 下穿建(构)筑物盾构隧道动态施工及地层加固

7. 桥桩实际监测与模拟监测数值对比

在盾构开挖隧道监测中,为了保证地铁隧道盾构施工下穿铁路桥段能安全通过,必须对其进行严格监控,一旦出现大位移,立即停止施工并做出相应处理措施,严格按照施工监测反馈程序施工。

选取右线桥桩 QD01-01~QD01-06 现场监测沉降较大桥桩绘制沉降变形曲线图,如图 6-43 所示。右线桥桩监测数据记录如表 6-5 所示,左线桥桩监测数据记录如表 6-6 所示。

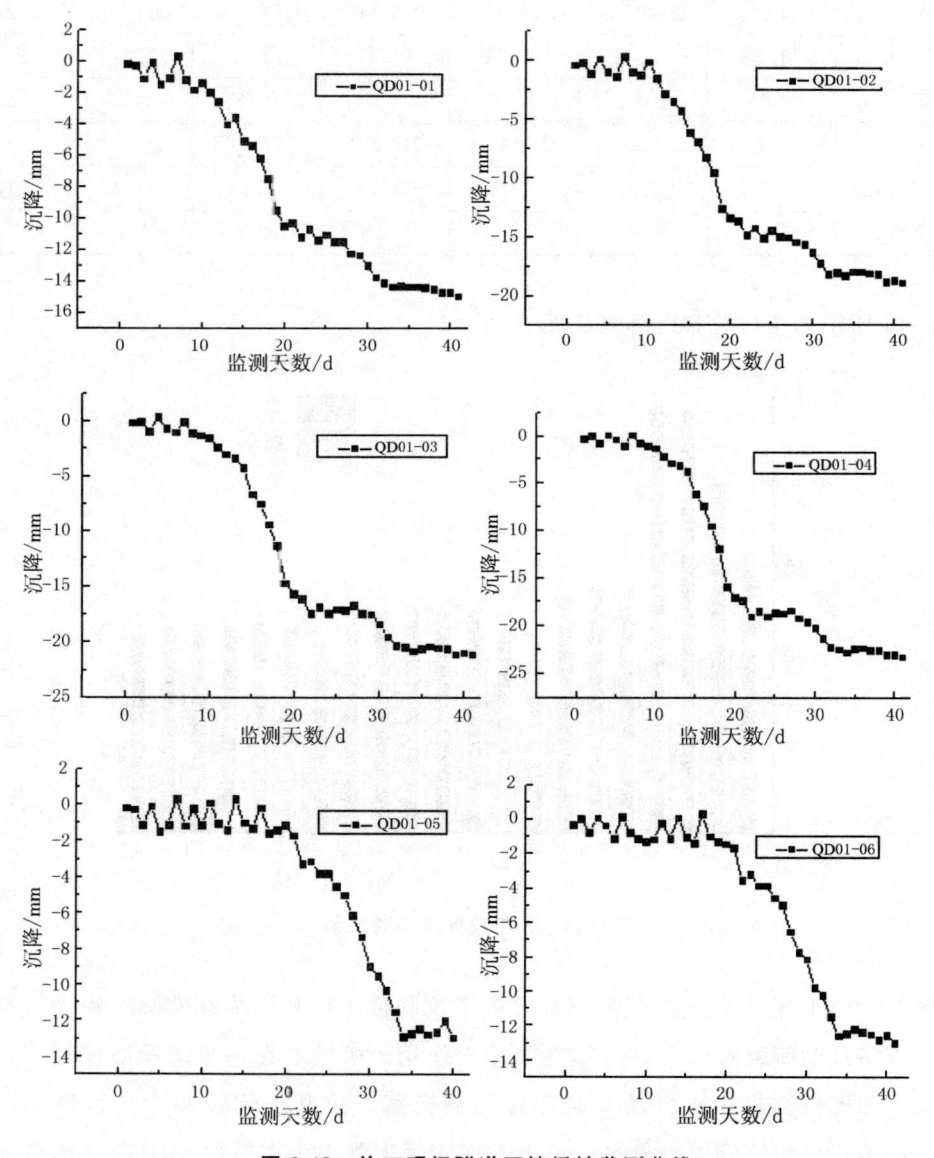

图 6-43 施工现场隧道开挖桥桩监测曲线

表 6-5　右线桥桩监测数据记录表

点号	QD01-01	QD01-02	QD01-03	QD01-04	QD01-05	QD01-06	QD01-07
实测沉降/mm	15.88	19.82	23.94	25.23	13.84	13.76	13.31
模拟沉降/mm	10.18	10.09	9.56	9.43	8.92	8.67	7.93

表 6-6　左线桥桩监测数据记录表

点号	QD02-01	QD02-02	QD02-03	QD02-04	QD02-05	QD02-06	QD02-07
实测沉降/mm	11.32	12.44	12.58	12.47	12.69	12.46	12.12
模拟沉降/mm	8.84	8.62	9.77	9.51	9.78	9.41	9.23
点号	QD03-01	QD03-02	QD03-03	QD03-04	QD03-05	QD03-06	QD03-07
实测沉降/mm	10.63	11.57	11.88	11.73	11.69	11.48	11.09
模拟沉降/mm	6.89	7.61	7.73	7.58	7.76	7.45	7.17

图 6-44 所示为桥桩位移沉降对比图。

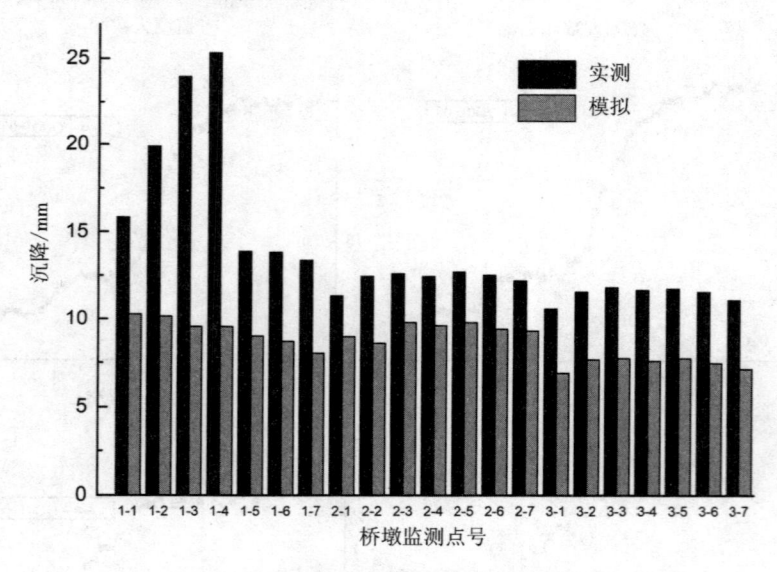

图 6-44　桥桩位移沉降对比图

由图 6-44 可以看出，实测沉降值都比模拟沉降值大，是因为在实际工程中，有铁路动荷载和道路移动荷载对地表有持续性的冲击作用，桥桩处在一个动荷载作用下，所以沉降较大，而模拟桥桩中，将动荷载简化为静荷载，故其沉降较小。在桥桩 QD1-2～QD1-5 沉降值比模拟沉降大出很多，是由于在实际工程中，在桥墩 QD1-2 时出现软弱土层并没有进行地表注浆加固，此前在开挖铁路桥段专家论证方案是快速开挖通过此段铁

第6章 下穿建(构)筑物盾构隧道动态施工及地层加固

路桥,在开挖到QD1-4时出现单日沉降量变大的情况,工程项目立即进行保压停工措施,并开展地表注浆加固措施,来控制位移沉降,在复工开挖到QD1-5时,由图表可以看出位移沉降得以控制,并与模拟值相近。

在左线铁路桥段时,工程项目吸取右线施工教训及经验,提前对左线进行注浆加固措施,在监测中,实测与模拟监测位移沉降都较小,在安全范围内。

图6-45为现场监测桩周土体位移变形曲线,即在右线隧道近排桩周同一侧埋置地表监测点,对隧道开挖从桥桩与地层两方面进行监测。从监测图中可以看出,桩周土体随着隧道开挖呈下沉趋势,但是与图6-46对比分析看出,桩周土体沉降明显比桩的沉降小,即桥桩桩基与土体有差异沉降,桩基摩擦阻力亦即发生变化。选取第一排桩前4根桥桩根据监测值,对比桩土位移沉降,如表6-7所示。

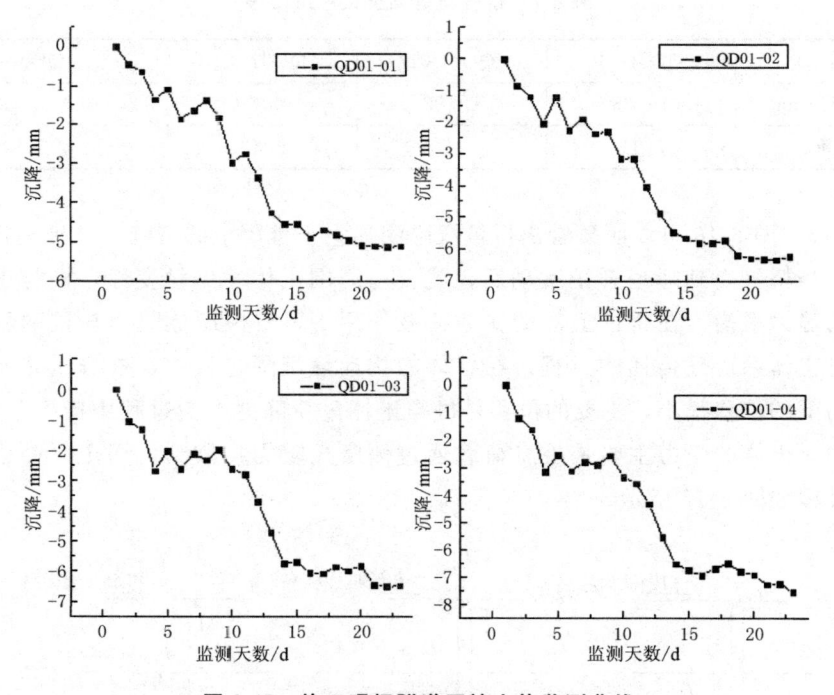

图6-45 施工现场隧道开挖土体监测曲线

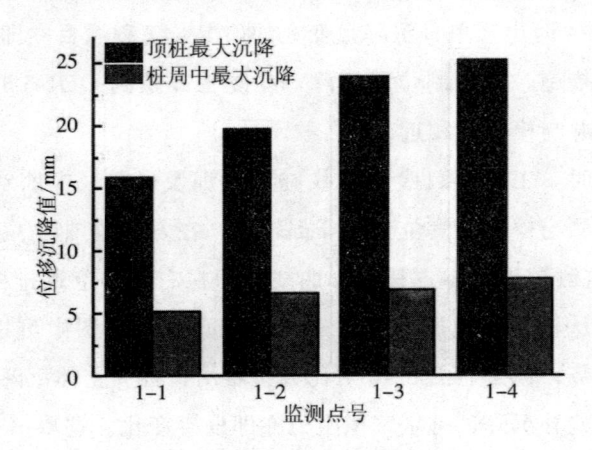

图 6-46　桩土监测对比图

表 6-7　桥桩与桩周土位移沉降表

点号	QD01-01	QD01-02	QD01-03	QD01-04
桥桩沉降/mm	15.88	19.82	23.94	25.23
桩周土沉降/mm	5.18	6.59	6.86	7.73

由表 6-7、图 6-46 可以明显看出桥桩沉降明显大于桩周土的沉降，从桩土作用力传递过程分析，当桥桩受到隧道开挖扰动后，就会与周围土体发生触变性，桩与周围土体重新生成新的静力平衡。在桥桩上部的交通荷载作用下，桩侧摩擦阻力与桩端阻力的发挥过程就是桩土体系荷载传递的过程。在桩体的扰动性沉降过程中，桩身压缩而产生的相对于土体向下的位移很小，主要的位移是桩与土体重新静力平衡过程中产生的位移沉降。在此过程中，土体的受力主要是桩身荷载通过侧摩擦阻力扩散到桩周土层中去。桩土作用力传递过程如图 6-47 所示。

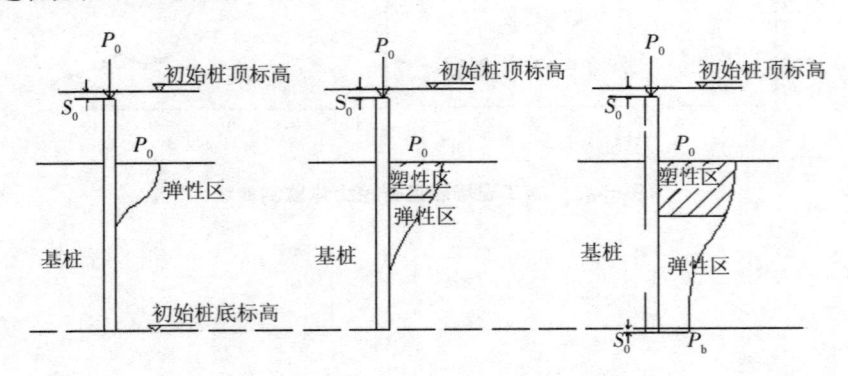

图 6-47　桩土作用力传递过程

隧道开挖引起桩基的桩侧摩擦阻力不断变化，在 MIDAS-GTS 中，桩侧摩擦阻力是通过桩周土体和桩的相对位移反映出来的,从图6-48可以看出,桩与桩周土体有差异沉降,因此,选择距离右线隧道最近的一排桩的第一个桩进行分析研究,将桩沿桩深度处及处在地层中部分的桩的桩侧摩擦阻力绘制于图6-49。可以看出,初始桩上部存在负摩擦阻力,成为施加在桩上的外荷载。随着隧道开挖的进行,负摩擦阻力逐渐消失,全部变为正摩擦阻力,且正摩擦阻力的数值比存在负摩擦阻力时小。

图6-48 隧道贯通后桥桩土体变形云图

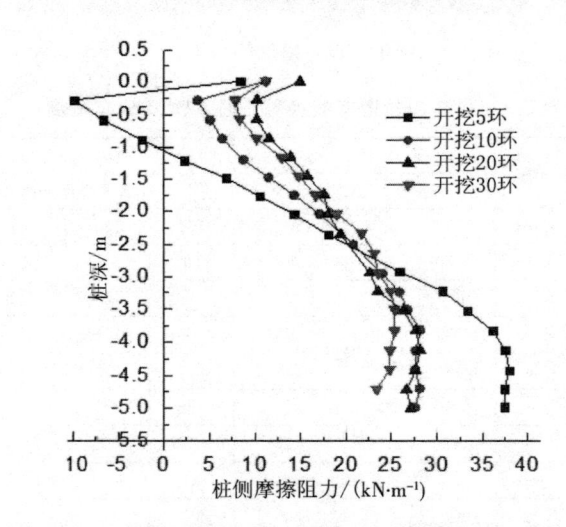

图6-49 隧道开挖不同施工阶段的桩基侧摩擦阻力变化曲线

6.5 盾构施工下穿既有铁路的数值模拟及施工控制研究

6.5.1 建立数值模型

采用FLAC 3D建立复杂的三维数值模型,数值模型如图6-50所示。本模型考虑了铁路桥及复杂软弱土体层对隧道的影响因素,铁路桥墩采用实体单元嵌入土体中,注浆圈的厚度采用改变注浆的强度和变形参数的方法进行控制。模型共120 770个单元,134 672个节点。由于隧道下穿铁路线,铁路荷载是必须要考虑的因素之一。表6-8为列车和轨道荷载换算土桩高度及分布宽度。

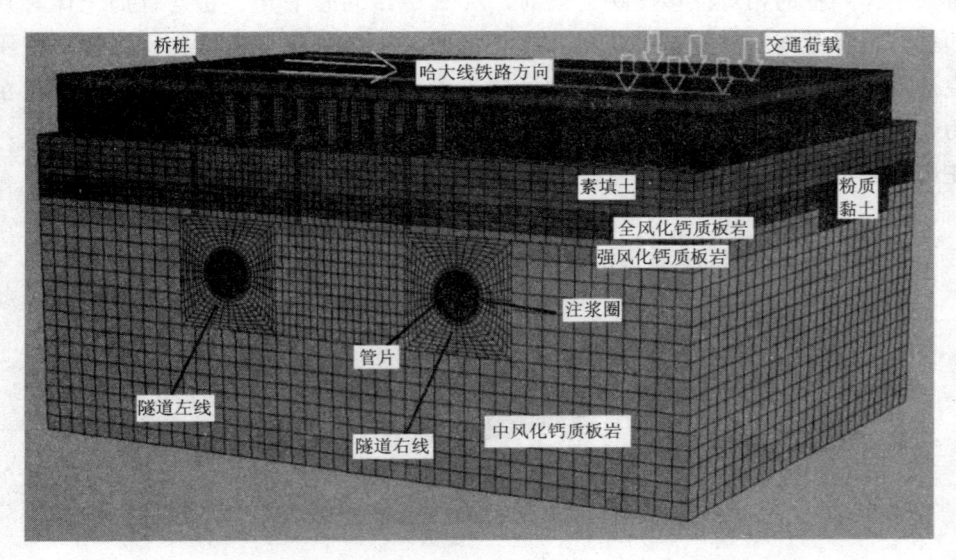

图 6-50　数值模型

表 6-8　列车和轨道荷载换算土柱高度及分布宽度

项目			单位	Ⅰ级铁路				Ⅱ级铁路		
				特重型	重型		次重型	次重型	中型	轻型
路段旅客列车设计行车速度 V			km/h	120≤V≤160	120<V≤160	120	120	80≤V≤120	80≤V≤100	80
轨道条件	钢轨		kg/m	75	60	60	60	50	50	50
	混凝土轨枕型号			Ⅲ	Ⅲ	Ⅲ	Ⅲ	Ⅱ	Ⅱ	Ⅱ	Ⅱ
	铺轨根数		根/km	1 680	1 680	1 680	1 680	1 840	1 840	1 840	1 840
	混凝土轨枕长度		m	2.6	2.6	2.6	2.6	2.5	2.5	2.5	2.5
	道床顶面宽度		m	3.5	3.5	3.4	3.4	3.3	3.3	3.0	2.9
	道床边坡坡率			1.75	1.75	1.75	1.75	1.75	1.75	1.75	1.5
土质	换算土柱	道床厚度	m	0.5	0.5	0.5	0.5	0.45	0.45	0.40	0.35
		换算土柱宽度	m	3.7	3.7	3.7	3.7	3.5	3.5	3.4	3.3
		荷载强度	kPa	60.3	60.2	59.7	59.7	60.1	60.1	59.1	58.5
		容重 18 kN/m³ 换算土柱高度	m	3.4	3.4	3.4	3.4	3.4	3.4	3.3	3.3
		19 kN/m³	m	3.2	3.2	3.2	3.2	3.2	3.2	3.2	3.1
		20 kN/m³	m	3.1	3.1	3.0	3.0	3.0	3.0	3.0	3.0

注：1. 表中换算土柱高度按特重型、重型、次重型轨道为无缝线路，中型、轻型为有缝线路轨道的计算值。当重型、次重型轨道铺设有缝线路时，其换算土柱高度应减小 0.1 m；

2. 容重与本表不符时，需另计算换算土柱高度；

3. 列车竖向荷载采用"中—活载"：轴重 220 kN，间距 1.5 m；

4. 列车和轨道荷载分布于路基面上的宽度，自轨枕底两端向下按 45°扩散角计算；

5. 数据来源：《铁路路基设计规范》(TB 10001—2016)

第6章 下穿建(构)筑物盾构隧道动态施工及地层加固

根据《铁路路基设计规范》(TB 10001—2016)的相关规定,在路基上方的上行和下行轨道上施加60.1 kPa的均布交通荷载。加载方式和范围如图6-51所示。

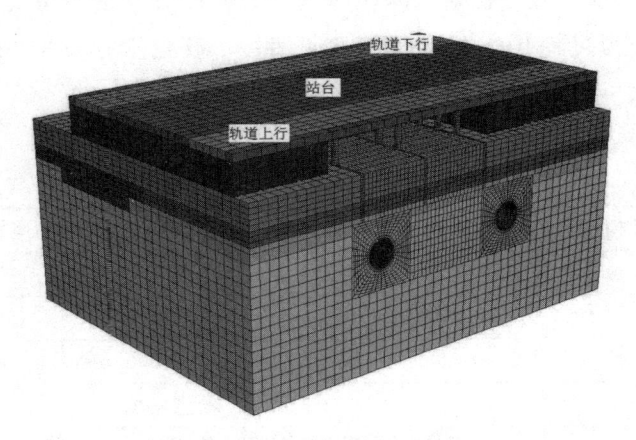

图6-51 交通荷载施加范围图

图6-52为施工过程中的监测点布置示意图,由于"穿越铁路桥"过程地质环境复杂,需要铁道部门、公路部门、居民建筑、地铁指挥部等多方部门的协同合作。施工安全是本开挖段的重要前提,必须针对此开挖段进行严密的监测。首先在铁路桥下承重桥墩上布置测点,每个桥墩下布设2个监测点,这样可以在其中一个测点被破坏时另外一个临时备用,示意图中合并为一个监测点(QCJ-1~QCJ-10)一共10个监测点,右线侧墙设置3个监测点(Q-1,Q-2,Q-3),铁路上方路基设置6个监测点(DB-1,DB-2,DB-3,DB-4,DB-5,DB-6)。

图6-52 右线测点布置示意图

根据本工程所处地区软土的特性及地质勘探资料,确定各层土的弹性模量,泊松比等参数；对于管片结构，选取C50混凝土参数。注浆层采用盾构法隧道引起的地表变形分析提出的"等代层"概念；盾构机采用钢材料。计算中各材料物理力学参数如表6-9所示。本节采用三维数值模拟方法对盾构法隧道开挖进行三维动态仿真，进尺为2.4 m（2倍管片的长度）。模拟过程共分为29步开挖，每一个开挖步分为3小步，即开挖当前土体、添加盾构管片、添加注浆层和衬砌的典型开挖模拟步骤。

表6-9 各围岩层及支护的参数取值

地层	弹性模量/GPa	泊松比	厚度/高度/m	密度/(kg·m⁻³)	内摩擦角/(°)	黏聚力/kPa
素填土	0.1	0.47	5	1 700	8	10
全风化钙质板岩	0.27	0.43	3	1 800	16	38
粉质黏土	0.12	0.35	6	2 000	10	12
强风化钙质板岩	0.28	0.32	3	1 800	18	40
中风化钙质板岩	0.8	0.32	31	2 700	25	58
铁路路基	60	0.30	1.5	2 500	30	6 000
铁路路堤	1	0.35	6	2 000	20	100
桥墩	10	0.25	15	9 000	28	1 000
管片	31.5	0.30	1.2	2 500	34	2 500
注浆圈	1.8	0.28	1.2	2 300	28	400

6.5.2 不同支护方式的对比分析

FLAC 3D开挖过程中，塑性区的参考意义很大，是标志岩体破坏程度的指标。在FLAC 3D中，塑性区的表现形式主要有四种（shera_now、tension_now、shear_past、tension_past），通过编写的FISH语言输出此四种塑性区的体积，如表6-10所示。从表中可以看出，塑性区主要集中在隧道的周围即管片外圈是容易发生破坏的地方，这是因为该位置出现应力集中所致，见图6-53。

表6-10 不同支护方式的塑性区体积

支护方式	shear_now	tension_now	shear_past	tension_past	总塑性区
毛洞开挖	24 833.00	0.40	49 858.00	2.00	74 693.40
有支护开挖	23 566.00	0.16	48 562.00	1.76	72 129.92
加大注浆量	23 289.00	0.24	48 428.00	1.76	71 719.00
减小注浆量	24 179.00	0.24	48 957.00	1.76	73 138.00

第6章 下穿建(构)筑物盾构隧道动态施工及地层加固

(a)竖向应力云图　　　　　　　　(b)横向应力云图

图 6-53　隧道的应力云图

图 6-54 为四种不同支护方式下的进尺为 48 m 处的纵断面塑性区分布云图。由图 6-54 结合表 6-10 的塑性区体积指数可以看出，毛洞开挖的塑性区体积最大，且分布于隧道周围，主要破坏形式有 shear-p(过去剪切破坏)和 shear-n、shear-p(现在及过去剪切破坏)和 shear-p、tension-p(过去剪切和受拉破坏)。施加支护后明显减小塑性区。

(a)毛洞开挖的塑性区云图　　　　　　　　(b)施加支护开挖的塑性区云图

(c)减小注浆量的塑性区云图　　　　　　　　(d)增大注浆量的塑性区云图

图 6-54　不同支护方式的塑性区云图

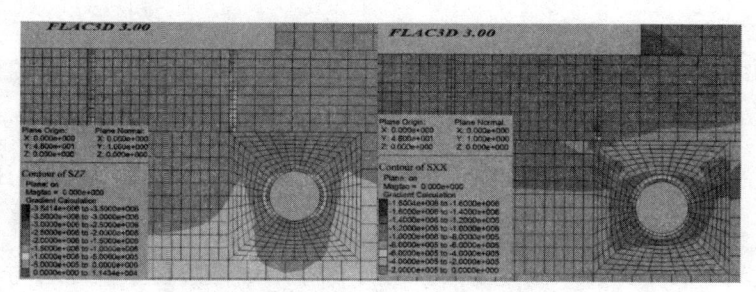

6.5.3 土仓压力对开挖的影响

本章所涉及的实际工程采用的是我国自主生产组装的土压平衡盾构机。土压平衡盾构机在施工过程中的主要控制参数有顶进系统油压、刀盘转速、土仓平衡压力、出渣量、盾尾注浆压力、盾尾注浆量及浆液强度等。由于在盾构施工过程中各参数的实际值受现场环境影响很大，参数的确定比较复杂。本节将重点研究盾构土仓压力与开挖面稳定间的规律。

土压平衡盾构机在施工时，为保证土仓压力，利用螺旋输送机控制土仓内泥土压力来保证开挖面的土压力与水压力的稳定，确保开挖面的安全。在此过程中仓内土体必须具备良好的塑性流动性，同时需要具备良好不透水性。但通常情况下开挖下土体无法满足塑性流动性及不透水性的要求，因此实际操作中会向开挖面、土仓、螺旋输送机注入泡沫改性剂，泡沫起到润滑作用，降低机械磨损，提高掘进速度。

参照相关文献，土仓压力的确定方法如下：

$$p_{max} = 地下水压 + 静止土压 + 预备压$$

$$p_{min} = 地下水压 + 主动土压 + 预备压$$

通常条件下，不同工程的地质条件相差很大，土压力的确定较为不易，实际操作中土仓压力初始设定范围一般为 0.05 MPa～0.50 MPa（通常不超过 0.5 MPa），根据现场情况确定初始值，在掘进过程中通过慢慢调整，找到合适的压力值。

土仓压力对开挖面稳定起到至关重要的作用，同时对地表位移也有着重要的影响。当压力过小时，开挖面前方地表沉降会增大，反之则会产生隆起现象。为此我们采取强度折减的方法对土仓压力进行研究，分析在不同围岩参数、不同平衡压力条件下围岩变形与塑性区发展的特性。

数值计算强度折减法的基本过程可以概括为：在弹塑性数值计算过程中，对初始材料强度参数进行折减，即

$$c' = K_0 \times c, \quad \tan\varphi' = K_0 \times \tan\varphi \qquad (6-9)$$

式中：c、φ 为初始围岩强度参数；c'、φ' 为折减后的围岩强度参数；K_0 为强度折减系数。

根据设备资料确定土仓压力范围为 0～0.5 MPa，围岩强度参数分别按 100%、75%、50%、25% 四个等级进行折减。

图 6-55 为不同土仓压力下的塑性区大小，从图中可以看出土仓压力的变化对塑性区的影响比较明显，土仓压力在 0.05 MPa～0.2 MPa 之间，塑性区变化不大，超过 0.2

MPa 时塑性区主要集中到隧道上方,当土仓压力为 0.5 MPa 时塑性区逐渐集中到注浆圈上方,说明土仓压力的大小不仅符合规范而且要符合实际的工程状况,压力过大可能会导致周边围岩的损坏和盾构机本身的磨损。

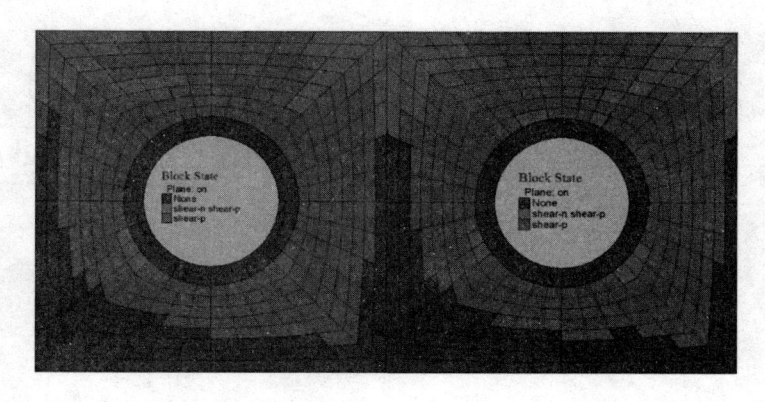

(a)土仓压力为 0.05 MPa   (b)土仓压力为 0.1 MPa

(c)土仓压力为 0.2 MPa   (d)土仓压力为 0.5 MPa

图 6-55 不同土仓压力的塑性区

图 6-56 不同土仓压力下,隧道周围的 SYY 的应力云图,从图中可以看出,土仓压力为 0 MPa 时,应力主要集中在拱腰位置。随着土仓压力的增大,应力集中区域大小和数值逐渐减小,并且当土仓压力达到 0.2 MPa 时,应力集中扩散到拱顶和拱底位置。此时的应力集中被拱顶和拱底有相应比例地分担,减小了拱腰承受的集中应力,尽量使得管片和注浆层受力均匀。

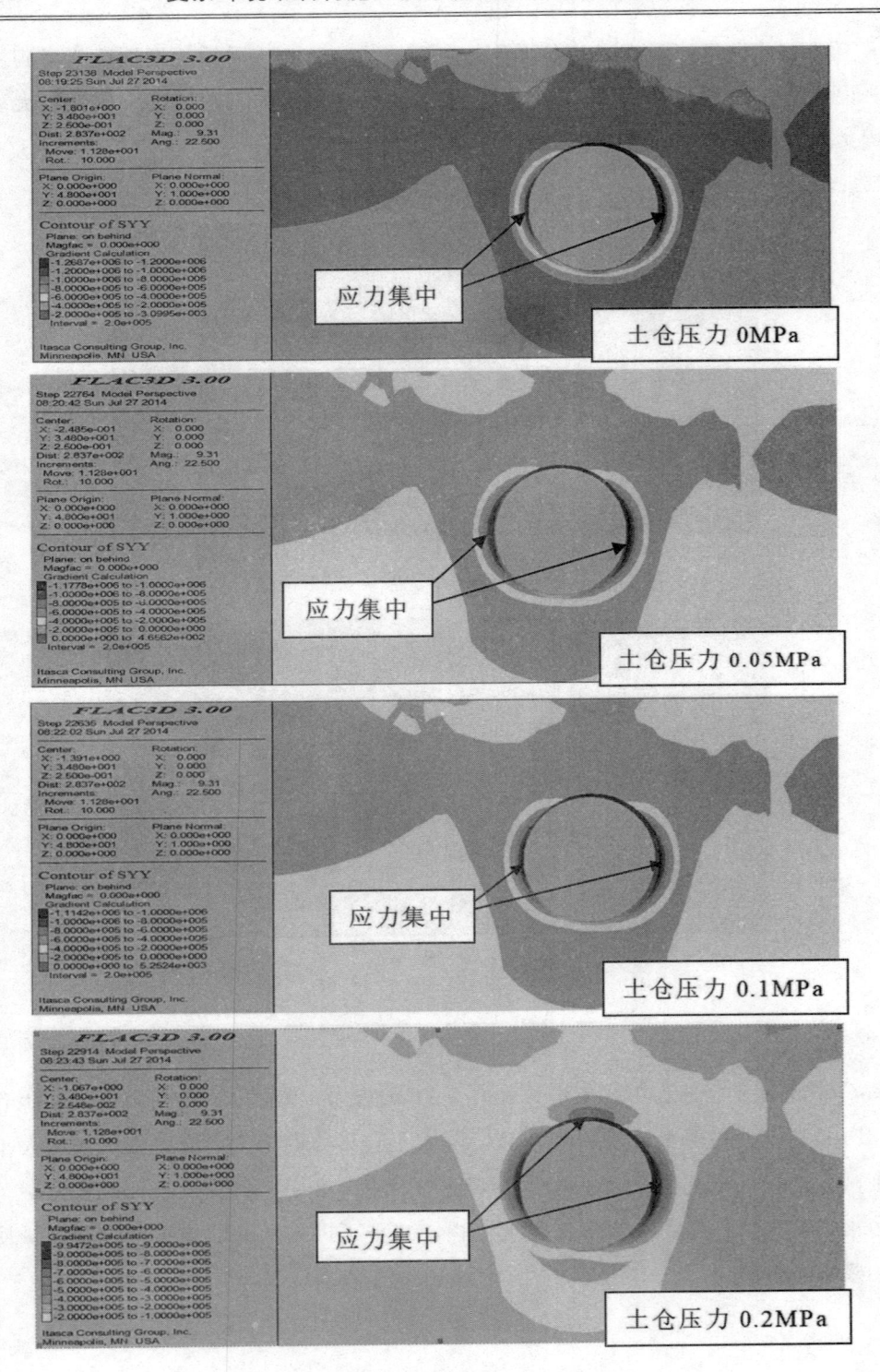

图 6-56　不同土仓压力的 SYY 应力云图

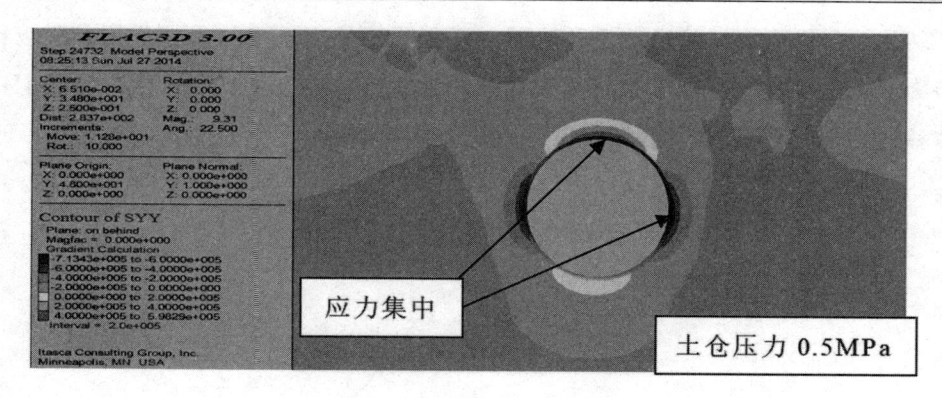

图 6-56 不同土仓压力的 SYY 应力云图(续)

以上计算结果，得出结论：土仓压力的变化对铁路的影响较大，对地表的沉降相对较小，土仓压力最好控制在 0.2 MPa 左右，压力过大可能引起地表的隆起和衬砌的损坏。开挖过程中，拱腰位置是容易出现应力集中的部位，可以适当加大土仓压力改善应力集中现象。与此同时，应当加大现场监控量测的力度。

6.5.4 模型测点沉降变形值分析

图 6-57 所示为桥墩在开挖过程中产生的位移。

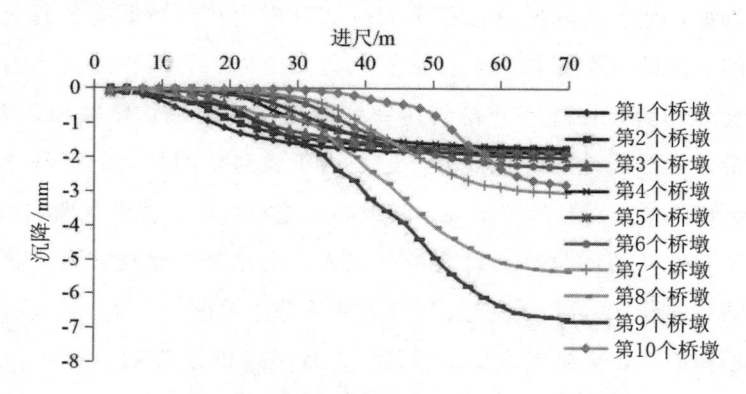

图 6-57 桥墩在开挖过程中产生的位移

从图 6-57 可以看出，桥墩的沉降受隧道开挖进尺的影响明显。第 1 至第 6 个桥墩的持力层的岩土体力学性能较强，为全风化钙质板岩和强风化钙质板岩，所以随着开挖进尺的推进，前 6 个桥墩的沉降值较小，变化趋势较平缓。对应实际监测点（QCJ16-2、QCJ17-2、QCJ18-2）的沉降变化曲线跟数模模拟的趋势和总位移沉降大体吻合，总沉降值达到 6 mm 左右。桥桩 7、桥桩 8、桥桩 9、桥桩 10 由于桩底持力层为粉质黏土，土体较软弱，桥桩受到上层铁路路基传来的恒定荷载和隧洞开挖引起的不平衡力，外力的消耗除了转化为和周围土体的摩擦之外，最主要是受到桩底土层的支撑作用。所以桩的沉降跟持力层的土层参数和路基火车荷载有很大的关系。QCJ19-2、QCJ19-3、QCJ19-4 的实测位移达到 12 mm 左右，沉降值和趋势跟模拟结果吻合。

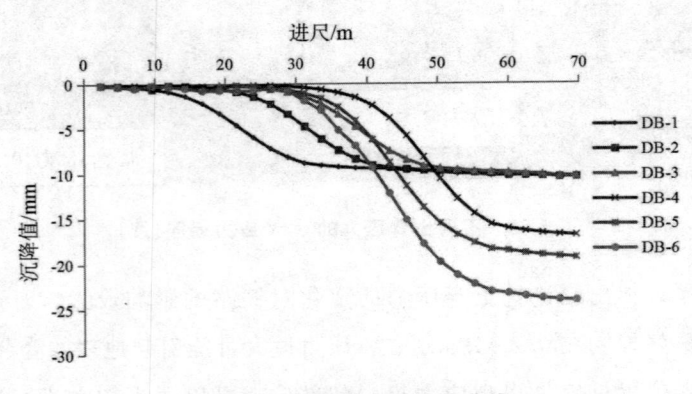

图 6-58　铁路路基的沉降曲线

及时施加管片支护、注浆是减小施工产生的位移、沉降的有效途径。而地表沉降的曲线和铁路桥上的监测点的沉降变化趋势有所不同，地表位移沉降在到达之前变化缓慢，直到开挖面到达时才逐步产生沉降，而且有很明显的"空间效应"，穿越铁路桥以后位移变化速率开始增加，地表沉降的总位移很大一部分产生在穿越既有建筑之后的阶段。所以做好穿越后的支护防卫工作是一个行之有效的安全措施。而铁路桥上的沉降监测点则表现出不同的变化趋势，在隧道开挖到达铁路桥的测点之前，铁路桥就开始产生沉降，且变化速率平滑，近似线性的变化规律，这是由于铁路桥的桥桩已经深入岩层内部，有的桥桩靠近隧道仅 1.7 m，且承重很大，隧道的开挖对桥桩的扰动在盾构机旋刀的运行之时就已经开始了。铁路桥的位移比地表位移点大，但是其变化规律是有迹可循的，施工期间可以通过增加注浆量、减小掘进速度等方式来减小铁路桥产生的位移沉降。

通过数值模拟研究，为施工方提出建议：开挖经过桩号 DK14+550 之后，即进入铁路下方段，加大盾构机喷浆量和注浆压力，增大土仓压力，控制在约 0.2 MPa，保证掌子面受力平衡；及时支护的同时，建议在开挖到达薄弱层之前采取注浆加固措施，依据每天实际监测沉降速率调整注浆参数，确保盾构机安全穿越既有铁路桥。

6.6 铁路路基注浆加固技术

6.6.1 注浆机理概述

注浆是指采用一定机械辅助将水泥浆或化学浆等浆液压入指定工程实体中,以驱赶缝隙水,并在岩体缝隙中流动扩散、凝固,最后形成固体堵水帷幕为目的的过程。要想获得更加完美的注浆效果,首先就必须掌握受注工程实体的水文地质情况,掌握其地下水的规律;其次还要了解所注的浆液材料的特性,并研究其在工程实体中的扩散流动的规律。前者是动力学所研究的内容,后者则是目前国际上正在研究的注浆理论。

通常情况下,灌注的浆液在岩土中的流动规律和地下水的运动规律相似,只不过浆液的流变性与地下水不同,运动阻力相对较为复杂。当注浆采用粒状浆材时,浆液中的不稳定悬浮浆液将在一定条件下会在岩体空隙中发生颗粒沉淀,从而使得浆体的流动规律发生较大变化。如果灌浆采用黏稠浆液,由于黏稠浆液属于非牛顿流体,浆液受到不同地层和压力的影响,其扩散的方式也不同,将其归纳起来可分为渗透注浆、压密注浆、劈裂注浆三种注浆理论。

1. 渗透注浆

黏稠浆液在注浆压力作用下克服阻力而渗入工程实体中的孔隙、裂隙中,使存在的实体中的气体和水被排挤出去,浆液代替气体和水充填孔隙或裂隙,从而形成较为密实的实体,达到灌浆加固的目的。注浆压力越大,吸浆量及浆液扩散范围就越广。渗透注浆理论是假定在注浆过程中,所用的注浆压力相对较小,工程实体的结构不受灌浆压力的扰动和破坏。对于粒状浆材如水泥、膨胀土等材料,仅能注入细沙及以上的土层中大于 0.1 mm 的孔隙或宽度超过 0.1 mm 的裂缝;对于化学浆材,仅能注入粉土及以上地层(渗透系数 $K=10^{-4}$ cm/s,粒径为 0.01 mm)中。

2. 压密注浆

通过钻孔向工程实体中压入浓浆,随着工程实体的压密和浆液的挤入,将在压浆点周围形成浆泡,通过浆泡挤压邻近的工程实体,使工程实体被压密,承载力得到提高。通过此方法,可用于整治一些地面建筑物不均匀沉降产生的病害。压密注浆的特点是它对于软弱土层能起到比较好的密实作用。压密注浆一般在细砂地层中应用,也可用于有充分排水条件的黏土和饱和黏性土地层,还可以用来在隧道开挖时对邻近土体进行加固,但其加固效果一般,加固区域埋深浅,只能保证 1~2 m 范围,且需要加固地层上面有建筑物的压力约束。

3. 劈裂注浆

劈裂注浆是浆液在高注浆压力作用下，将岩石或土体结构进行破坏和扰动，从而使岩石或土体中原有的孔隙或裂隙扩张成为新的裂缝或孔隙，从而增加工程实体的可注性和浆液的扩散范围。通常情况下，劈裂注浆所需压力较大。由于劈裂注浆是通过劈裂工程实体来达到充填浆液的，浆液与工程实体的接触面增加了，因此，劈裂注浆适合加固体积较大的工程实体，尤其是在断层带较为发育的软弱岩层中，效果最好。

4. 注浆压力控制

在国际上一直存在两种关于控制注浆压力的观点。一种观点是"尽可能加大注浆压力"，另一种观点则是"尽可能减小注浆压力"，两种观点截然相反，但却各有各的理由。清华大学周维垣根据现场试验、取样检测试验并利用岩溶结构运动有限元法计算岩溶受力情况，提出了高压注浆能提高岩体结构的整体性、密实性、抗渗性的机制(王志仁 等，1995)。

(1)在不破坏工程实体的整体性的前提下，压力越大，水泥注浆就越能充填工程实体。

(2)在使用高压注浆时，可使得岩溶存在一定压缩量，产生一定的侧向压力，从而提高了浆液的强度，并随着注浆深度的增加而增加。

(3)岩溶经注浆处理后，出现了较大的改变，与水泥注浆接触区出现许多钙化区，构成支持结构。

6.6.2 路基加固采用的注浆方式和注浆材料

钻杆注浆法是把钻机钻孔的钻杆充当注浆管而从钻杆前端注浆的一种方法，根据钻杆的数量不同又可分为单管钻杆注浆工法和双重管钻杆注浆工法。

钻杆为单层管时，在垂直注浆中工程应用较多，在水平注浆中应用较少，该注浆工法操作简便，而且效率高。通过钻孔结束后立即注浆的浆液来实现钻杆和地层间空隙充填密封。图 6-59 为路基注浆加固施工现场。

第6章 下穿建(构)筑物盾构隧道动态施工及地层加固

图 6-59 路基注浆加固施工现场

隧道挖至铁路线下方,造成铁路线沉降,经过技术部门及铁路相关部门综合讨论研究,确定了一套注浆方案。其中注浆点间隔为1 m,注浆时间为早9点至晚5点,晚9点至早5点,其余时间为钻孔钉眼时间。表6-11为各类注浆材料的适用范围。

表 6-11 各类浆材的适用范围

系列	浆液类别	砾石 大	砾石 中	砾石 小	砂粒 粗	砂粒 中	砂粒 细	粉粒	黏粒
无机系	单液水泥类	适用	适用	适用	适用				
	水泥粘土类	适用	适用	适用	适用	适用			
	水泥—水玻璃类	适用	适用	适用	适用	适用			
	水玻璃类	适用	适用	适用	适用	适用	适用		
	粘土类	适用	适用	适用	适用	适用			
	超细水泥类	适用	适用	适用	适用	适用	适用		
有机系	丙烯酰胺类	适用	适用	适用	适用	适用	适用	适用	
	木质素类	适用	适用	适用	适用	适用	适用	适用	
	脲醛树脂类	适用	适用	适用	适用	适用	适用	适用	
	糖醛树脂类	适用	适用	适用	适用	适用	适用	适用	
	改性环氧树脂类	适用	适用	适用	适用	适用	适用	适用	
粒径(mm)		10	4	2	0.5	0.25	0.05	0.005	
渗透系数/(cm·s^{-1})		10^{-1}		10^{-2}	10^{-3}	10^{-4}		10^{-6}	

由于路基上方存在火车动荷载,沉降较大,局部有溶洞结构,透水性强,因此经过研究讨论,该施工注浆材料选用水灰比为(0.6~1):1的水泥灌浆和环氧化学浆液混合性

注浆，水泥型号为 425♯普通硅酸盐水泥，实际注入水泥量 300 t，水泥的物理性能及力学性能如表 6-12 所示。

表 6-12 稳定性水泥浆液的物理及力学性能表

项目	析水率/%	漏斗黏度/s	流变参数值 Ton/m	流变参数值 N(cp)	凝胶时间 初凝	凝胶时间 终凝	结实强度/MPa 7 d	结实强度/MPa 8 d	结实湿容重/(g·cm^{-3})	结实干容重/(g·cm^{-3})
指标	1.8	26.7	0.75	12.3	11∶3	14∶24	11.1	16.5	1.82	1.31

6.7 小结

在盾构施工过程中，盾构机与岩土体相互作用间具有强烈的耦合关系，如何分析下穿构筑物盾构隧道动态施工对隧道受力和周围建筑物沉降的影响，是保障隧道施工安全的必要条件。本章主要通过数值计算与现场监测对下穿构筑物盾构隧道动态施工进行分析，获得主要结论如下：

(1)在盾构施工中，横向地表沉降呈 V 形，即在盾构正上方地表沉降大，两边沉降逐渐减小；纵向地表沉降呈 S 形，即盾构开挖面正前方呈隆起，开挖面后呈下沉，在距开挖面后一定距离沉降呈稳定。模拟沉降曲线与 Peck 经验公式得到的沉降槽能够较好地吻合，只要应用土体参数和桩基础参数准确，通过数值模拟得到的结果与实际情况相差不大。随着土仓压力的增大，地表沉降呈减小趋势，掌子面上的应力呈增大趋势，且塑性区范围增大；当注浆量增大，地表沉降减小，当注浆量过大时，破坏土体的自稳性，地表沉降变大；盾构机在穿越不同土层时，地表变化是不同的，可根据模拟结果调整参数。

(2)根据地质情况及现场处理措施，在地层发生突变时，即隧道上方土体位移发生突然沉降，或隧道周围土体变形范围变大的情况，在隧道开挖过程中对其周围土体竖向沉降变形进行分析。利用 MIDAS-GTS 边界条件改变属性功能模拟实际注浆加固施工后，地表沉降范围缩小，直到右线隧道完全开挖完。但中间突变区产生的沉降却没有恢复。

(3)盾构穿越桩基施工时，在桩所处位置的地表沉降值大于没有布置桩区域的地表沉降。且在地层突变处，桩沉降也发生明显突变。在通过桩基附近区域内，桩沉降速率明显比土体沉降速率大，在桩土相互作用中，通过程序反映出初始桩上部存在负摩擦阻力，成为施加在桩上的外荷载。随着隧道开挖的进行，负摩擦阻力逐渐消失，全部变为正摩阻力，且正摩擦阻力的数值比存在负摩擦阻力时小。在实际工程中，要注意加强盾构通过桩基时的地表沉降监测体系和完善紧急情况处理机制。

参考文献

Afshani A, Kawakami K, Konishi S, et al, 2019. Study of infrared thermal application for detecting defects within tunnel lining[J]. Tunnelling and Underground Space Technology, 86: 186-197.

Ariznavarreta-fernández F, González-palacio C, Menéndez-díaz A, et al, 2016. Measurement system with angular encoders for continuous monitoring of tunnel convergence[J]. Tunnelling and Underground Space Technology, 56: 176-185.

Attard L, Debono C J, Valentino G, et al, 2018. Tunnel inspection using photogrammetric techniques and image processing: a review [J]. Isprs Journal of Photogrammetry and Remote Sensing, 144: 180-188.

Chen L T, Poulosand H G, Loganathan N, 2012. Pileresponsescaused by tunneling [J]. Journalof Geotechnicaland Geoenvironmental Engineering, 125(3): 207-215.

Peila D. 2014. Soil conditioning for EPB shield tunneling[J]. KSCE Journal of Civil Engineering, 18 (3): 831-836.

HIGUCHI K, FUJISAWA K, ASAI K, 2007. Application of new landslide monitoring technique using optical fiber sensor at takisaka landslide[C]. Proceedings of 1st North Americ an Landslide Conference: 1-9.

Lars L, 2011. Advanced Technology of soil conditioning in epb shield tunnelling[D]. Chemical Eng., TBM Project Manager, MBT International, Zurich(CH).

Lee G, Ng C, 2015. Effects of advancing open face tunneling on an existing loaded pile[J]. Journal of Geotechnical & Geoenvironmental Engineering, 131(2): 193-201.

LIWINIZYN, 2009. Ground surface movements due to underground excavation[J]. Comprehensive Rock Engineering, 11(4): 781-817.

Loganathan N, Poulos H G, Xu K J, 2011. Ground and Pile-group responses due to tunnelling[J]. Soils & Foundations, 41(1): 57-67.

Chen L T, Poulos H G, Loganathan N, 2012. Pile responses caused by tunneling[J]. Journal of Geotechnical and Geoenvironmental Engineering, 125(3): 207-215.

Maidl B, Maidl U, Herrenknecht M, et al, 2015. Maschineller tunnelbau im schildvortrieb, 2. auflage[M]. Tunnel: 320-333.

MEHTA P, CHANDER D, SHAHIM M, et al, 2007. Distributed detection for landslide prediction using wireless sensor network[C]. Proceedings of First International Global Information Infrastructure Symposium: 195-198.

Meng Q, Qu F, Li S, 2011. Experimental investigation on viscoplastic parameters of conditioned sands in earth pressure balance shield tunneling[J]. Journal of Mechanical Science & Technology, 25(9): 2259-2266.

Mroueh H, 2012. Three dimensional analysis of the interaction between tunnelling and pile foundations[J]. Numerical Methods in Geomechanics, 27(4/5): 378-392.

Nuttens T, Stal C, De Backer H, et al, 2016. Laser scanning for precise ovalization measurements: standard deviations and smoothing levels [J]. Journal of Surveying Engineering, 142(4).

PECK R B, 1969. Deep excavations and tunnelling in soft ground[A]. Proceedings of 7th International Conference SMFE. Mexico City: State of the Art Volume: 225-290.

Rory RA Ball, David J Young, Jon Issacson, et al, 2012. Research in soil conditioning for tunneling through difficult soils[C]. Rapid Excavation and Tunneling Conference: 320-333.

Shang Y J, Cai J G, Hao W D, 2002. Intelligent back analysis of displacements using precedent type analysis for tunneling[J]. Tunnelling and Underground Space Technology, 17: 381-389.

SHINICHIRO I, et al, 2014. Settlement through above a model shield observed in a centrifuge[A]. Centrifuge, 98(5): 713-719.

Sugimoto K, Sugimoto T, Utagawa N, et al, 2018. Detection of internal defects of concrete structures based on statistical evaluation of healthy part of concrete by the noncontact acoustic inspection method[J]. Japanese Journal of Applied Physics, 57(7): 7.

Toshiyuki H, Grant R J, Calvello M. et al, 2016. The effect of overlying strata on the distribution of ground movements induced by tunnelling in clay[J]. Soils and Foundations，39(3)：63-73.

WU，B. R，CHIOU，SY，LEE CJ. et al，2011. Soil movements around parallel tunnels in soft ground[A]. Centrifug，98(3)：63-73.

Xu X，Yang H，2019. Intelligent crack extraction and analysis for tunnel structures with terrestrial laser scanning measurement[J]. Advances in Mechanical Engineering，11(9).

Yang Y，Wang G，Li H，et al，2017. The new clay mud and its improvement effects of tunnels[J]. Applied Clay Science，79(03)：49-56.

Zhang L，Cheng X，2018. Tunnel deformation analysis based on lidar points[J]. Chinese Journal of Lasers，45(4)：1-40.

Zrelli A，Ezzedine T，2017. Localization of damage using wireless sensor networks for tunnel health monitoring[C]. 13th Ieee International Wireless Communications and Mobile Computing Conference，Iwcmc 2017，June 26，2017-June 30，2017，[S. l.]：Institute of Electrical and Electronics Engineers Inc：1161-1165.

崔国华，王国强，何恩光，等，2016. 盾构掘进机主要技术参数的计算分析[J]. 矿山机械（12）：11-14+4.

曹净，孙长宁，宋志刚，2017. 上下接近盾构隧道周围土层参数反分析[J]. 昆明理工大学学报（自然科学版），42(01)：641-649.

曹校勇，刘永强，孙海东，等，2022. 复杂地层中基于流固耦合的盾构隧道开挖面稳定性研究[J]. 施工技术（中英文），51(21)：30-34.

陈英盈，2004. 土压平衡盾构机主要技术参数的选择[J]. 建筑机械化（06）：48-50+59.

段灿，2014. 盾构隧道端头加固设计与检测分析[J]. 城市建筑（02）：259.

邓聚龙，2018. 灰色预测与决策[M]. 武汉：华中理工大学出版社：9-53.

邓宗伟，伍振志，曹浩，等，2013. 基于流固耦合的泥水盾构隧道施工引发地表变形[J]. 中南大学学报（自然科学版），44(02)：785-791.

胡珉，周文波，2015. 基于多级神经网络的盾构法隧道施工参数控制[J]. 计算机工程（08）：192-194.

贺斯进，2012. 黄土盾构隧道膨润土泥浆渣土改良技术研究[J]. 隧道建设，32(04)：448-453.

胡胜利，2012. 适应复杂地质的盾构和掘进机技术及其工程应用[J]. 建筑机械（05）：68-69.

侯学渊，廖少明，2015. 施工段优化盾构施工参数的研究成果[J]. 地下工程与隧道，12(7)：6-17.

黄振恩，吴俊，张洋，等，2018. 考虑流固耦合效应的盾构隧道开挖面稳定性研究[J]. 现代隧道技术，55(05)：61-71.

江华，张晋勋，苏艺，等，2019. 砂卵石地层土压平衡盾构隧道施工土体改良试验研究[J]. 中国铁道科学（04）：40-45.

姜厚停，闫鑫，龚秋明，2008. 土压平衡盾构施工中泡沫改良圆砾地层试验研究[J]. 现代隧道技术，45(S1)：187-190.

柯书梅，2014. 地铁盾构在圆砾层端头加固设计[J]. 土工基础，28(03)：7-10.

连长江，李建平，2014. 盾构始发端头的硬岩处理技术探析[J]. 现代隧道技术，51(02)：140-146.

林刚，何川，2015. 连拱隧道施工全过程地层沉降三维数值模拟[J]. 公路（03）：136-140.

乐贵平，2013. 浅谈北京地区地铁隧道施工用盾构机选型[J]. 现代隧道技术（03）：14-30.

乐贵平，江玉生，2015. 土压平衡盾构法施工掘进面平衡压力初探[C]. 中国土木工程学会第十一届、隧道及地下工程分会第十三届年会论文集：38-45.

乐贵平，江玉生，2015. 北京地区盾构施工技术[J]. 都市快轨交通，19(2)：45-49.

凌昊，仇文革，孙兵，等，2016. 双孔盾构隧道近接施工离心模型试验研究[J]. 岩土力学，31(09)：2849-2853.

栾磊，2018. 上软下硬复杂地层盾构机刀盘刀具选型[J]. 城市建筑（29）：113-115.

连鹏远，2019. 富水砂层盾构施工技术[J]. 施工技术，48(S1)：866-868.

李世佳，赵国旭，刘典基，2015. 厦门复合地层条件下的盾构机选型研究[J]. 铁道建筑（12）：70-73.

李文举，武亚军，常莹，2014. 隧道盾构施工对临近桩基影响的数值模拟[J]. 上海大学学报（自然科学版），16(02)：210-215.

李雪，周顺华，王培鑫，等，2015. 隔离桩及盾构近接施工对高铁桩基的影响分析[J]. 岩土力学，36(S1)：235-240.

李晓霖，郭婷，惠丽萍，2014. 小间距平行盾构隧道施工的反分析研究[J]. 地下空间与工程学报，10(03)：641-649.

李燕旌，2014. 电力隧道施工盾构机选型分析[J]. 科技资讯（27）：97.

刘招伟，王梦恕，董新平，2013. 地铁隧道盾构法施工引起的地表沉降分析[J]. 岩石力学与工程学报（08）：1297-1301.

马相峰，王立川，龚伦，等，2021. 砂卵石地层双线地铁盾构下穿铁路路基变形及地层注浆加固研究[J]. 隧道建设(中英文)，41(S1)：181-188.

潘真，2020. 土压平衡盾构施工中渣土改良技术的应用[J]. 四川水泥(06)：142.

彭坤，陶连金，高玉春，等，2012. 盾构隧道下穿桥梁引起桩基变位的数值分析[J]. 地下空间与工程学报，8(03)：485-489.

乔国刚，2019. 土压平衡盾构用新型发泡剂的开发与泡沫改良土体研究[D]. 北京：中国矿业大学.

秦建设，朱伟，2014. 盾构施工中气泡应用效果评价研究[J]. 地下空间，24(3)：350-353，358.

孙兵，仇文革，2015. 双孔盾构隧道地表位移离心机模型试验研究[J]. 铁道建筑（02）：38-41.

孙钧，刘洪洲，2014. 交叠隧道盾构法施工土体变形的三维数值模拟[J]. 同济大学学报(自然科学版)（04）：379-385.

宋锦虎，缪林昌，戴仕敏，等，2013. 盾构施工对孔压扰动的三维流固耦合分析[J]. 岩土工程学报，35(02)：302-312.

宋克志，王梦恕，孙谋，2014. 基于Peck公式的盾构隧道地表沉降的可靠性分析[J]. 北方交通大学学报（04）：30-33.

宋天田，周顺华，2016. 复合地层条件下盾构刀盘设计研究[J]. 地下空间与工程学报（03）：479-482.

邵翔宇，2016. 复合性地层盾构施工中添加剂的应用[J]. 建筑技术，44（02）：111-114.

塔拉，2015. 隧道施工过程多元信息可视化分析系统研究及应用[D]. 大连：大连海事大学

陶龙光，刘波，丁城刚，等，2013. 盾构过地铁站施工对地表沉降影响的数值模拟[J]. 中国矿业大学学报（03）：27-31.

王常岭，李川，姜晓日，2013. 武汉地铁4号线盾构始发端设计与施工技术[J]. 现代城市轨道交通（01）：42-45.

王飞,冉小华,张韩,2016.深圳地区复合地层条件下盾构机选型分析[J].建筑机械化,37(04):62-65.

王垚,2016.盾构端头在多重限制条件下复合快速加固施工技术[J].中国水运(下半月),16(10):225-227.

王海明,夏清华,黄福昌,等,2018.无水大粒径砂卵石盾构综合施工技术[J].都市快轨交通,25(05):88-92.

王海涛,2016.城市地下工程安全远程自动监控系统的研制[D].天津:天津大学.

王金安,周家兴,李飞,等,2020.大直径水下盾构隧道开挖流固耦合效应研究[J].人民长江,51(09):175-182.

王明年,李志业,关宝树,2012.小间距浅埋暗挖隧道地表沉降控制技术研究[J].岩土力学,23(06):821-824.

吴群慧.新型泡沫材料在土压平衡盾构穿越富水砂性地层中的研制与应用[J].铁道标准设计,2016(08):54-57.

王世高,2017.北京地铁隧道施工用盾构设计方案的研究[C].中国土木工程学会快速轨道交通委员会学术交流会地下铁道专业委员会学术交流会.中国土木工程学会:38-45.

伍廷亮,张建新,孟光,2012.隧道盾构施工引起邻近建筑物及其桩基变形的数值分析[J].煤田地质与勘探,40(06):39-43.

王雅莉,2021.双线盾构下穿铁路路基沉降研究[J].水利科技与经济,27(11):31-37.

王志仁,周维垣,1995.岩体高压灌浆的力学效果研究[C].岩石与混凝土灌浆译文集:154-160.

谢超,廖章章,2020.土压平衡盾构隧道端头加固范围优化分析研究[J].施工技术,49(S1):566-571.

许恺,季昌,周顺华,2012.砂性土层盾构掘进面前土体改良现场试验[J].土木工程学报,45(09):147-155.

夏鹏举,包世波,任浩,等,2021.软硬不均地层泥水盾构施工关键技术[J].现代隧道技术,58(S2):134-140.

小泉淳,2017.盾构工法的自动化、智能化及其在工程实践中的应用[J].日本土木学会报告论文集,12(8):19-28.

徐前卫,2016.盾构施工参数的地层适应性模型试验及其理论研究[D].上海:同济

参考文献

大学.

袁海平,王斌,朱大勇,等,2014.盾构近距侧穿高架桥桩的施工力学行为研究[J].岩石力学与工程学报,33(07):1457-1464.

于宁,朱合华,2017.盾构隧道施工地表变形分析与三维有限元模拟[J].岩土力学,25(08):1330-1334.

杨平,朱逢斌,2016.城市隧道施工对邻近单桩工作性状影响[C].中国土木工程学会第十届土力学及岩土工程学术会议:38-45.

姚燕明,杨龙才,刘建国,2012.地铁车站施工对地面沉降影响的试验分析[J].城市轨道交通研究,(01):70-73.

邹春华,周顺华,徐正良,2010.基于位移反分析法的盾构掘进面土压力计算[J].中国铁道科学,31(04):53-58.

朱逢斌,杨平,林水仙,2014.盾构隧道施工对邻近承载桩基影响研究[J].岩土力学,31(12):3894-3900.

朱逢斌,杨平,ONG C W,2018.盾构隧道开挖对邻近桩基影响数值分析[J].岩土工程学报(02):298-302.

张峰瑞,姜谙男,赵亮,等,2021.基于DE-BP模型隧道围岩的动态分级[J].沈阳工业大学学报,43(01):105-112.

周冠南,周顺华,王春凯,等,2019.盾构隧道施工对短桩基—框架结构的影响[J].中国铁道科学,30(04):51-57.

赵慧,2011.隧道监测智能分析可视化系统研究与应用[D].大连:大连海事大学.

张恒,陈寿根,谭信荣,2012.近接桩基盾构隧道施工管片力学行为研究[J].现代隧道技术,49(06):101-107.

赵俊,刘维,甘鹏路,2013.盾构隧道施工对邻近桩基的影响研究[J].路基工程(04):97-102.

张立泉,2015.西安地铁全断面无水砂层盾构施工技术[J].铁道建筑技术,(07):103-106.

张宁,任建喜,2017.黄土地区盾构下穿陇海铁路及金花隧道的施工安全控制技术[J].城市轨道交通研究,20(03):124-126.

张帅坤,2017.超大直径泥水平衡盾构设备选型及应用[J].铁道建筑技术,(10):93-96+101.

朱伟,郭涛,魏康林,2016.盾构用气泡的性能及对开挖土体改良效果影响[J].地下空间与工程学报，2(4)：571-577.

张伟森，2018. 关于复合地层中盾构机刀具磨损的优化研究[J]. 铁道建筑技术，(01)：11-14.

钟小春，朱伟，2006. 盾构衬砌管片土压力反分析研究[J]. 岩土力学，(10)：1743-1748.

赵旭伟，2022. 软土地层盾构下穿铁路枢纽沉降规律及施工控制[J]. 隧道与地下工程灾害防治，4(02)：59-65.

张云，2001. 盾构法隧道的位移反分析及其工程应用[J]. 南京大学学报（自然科学版），37(03)：334-341.

张云，殷宗泽，徐永福，2016. 盾构法隧道引起的地表变形分析[J]. 岩石力学与工程学报，21(03)：388-392.

周永攀，2017. 北京地区卵石地层土压平衡盾构法施工土体改良技术研究[D]. 北京：北京工业大学.

周顺华，2014. 城市地铁车站和开挖环境模拟[D]. 成都：西南交通大学.

张玉祥，1998. 岩土工程时间序列预报问题初探[J]. 岩石力学与工程学报，17(05)：552-558.

张晓东，罗火灵，2015. VTK 图形图像开发进阶/信息科学与技术丛书[M]. 北京：机械工业出版社.

赵志峰，2015. 盾构隧道施工对桥梁桩基影响的数值分析[J]. 武汉理工大学学报，32(15)：47-50+59.